집합건물법상 **관리단**에서
유통산업발전법상 **대규모점포관리자**에 이르기까지
모든 판례 사례를 정리하였습니다

|제3판|

집합건물법의
관리단 분쟁사례

저자 **권 형 필** 변호사

◇ 관리인 선임. 해임

◇ 관리단 집회 절차(소집권자/소집동의/소집통지/의결권/의장/기타)

◇ 공용부분과 관련된 법적 분쟁

◇ 관리비 분쟁

◇ 주상복합건물에서의 법리구조

◇ 수익형 호텔에서의 관리

◇ 동종업종침해금지청구

◇ 유발법상 대규모점포관리자

◇ 아파트와 상가 간 주차방해금지

집합건물의 의미

집합건물법에서 구분소유의 목적의 의미 등 (대법원 2020. 2. 27 선고 2018다232898 판결 [건물])

집합건물법상 구분건물임을 판단하는 기준(대법원 2019. 11. 15. 선고 2019두46763 판결[조합설립인가취소])

관리단 당연설립

집합건물법 제23조 제1항 소정의 관리단은 어떠한 조직행위를 거쳐야 비로소 성립되는 단체가 아니라 구분소유관계가 성립하는 건물이 있는 경우 당연히 그 구분소유자 전원을 구성원으로 하여 성립되는 단체이다(대법원 1996. 8. 23. 선고 94다27199 판결)

구분소유자 외에 임차인까지 참석하여 임차인도 집합건물법이 적용되는 관리단의 구성원이 될 수 있도록 정관을 개정한 관리단 결의의 적부(서울민사지방법원 1993. 2. 2. 선고 91가합38971)

집합건물인 상가의 구분소유자 일부만이 주주가 되어 설립한 주식회사가 그 상가를 관리하였다 하더라도 이를 집합건물법 소정의 관리단으로 볼 수 없다고 한 사례(대법원 2002. 10. 11. 선고 2002다43851 판결)

관리단 사건에서 관리단만이 당사자능력을 가질 뿐, 관리단 대표회의는 당

사자능력이 없다(서울남부지방법원 2017카합20041 업무방해금지가처분)

일부 공용부분 관리단 성립 관련 사례

집합건물의 어느 부분이 일부공용부분인지 결정하는 기준 (대법원 2021. 1. 14 선고 2019다294947 판결 [공유물인도청구])

관리단 집회 관련 절차

1. 소집권자

구분소유자 1/5의 동의로서 관리인에게 관리단 집회 소집을 요구하는 경우 일정한 의안에 관하여 목적사항을 구체적으로 밝혀 요구하여야 하고 그렇지 않을 경우 해당 의안의 요구는 무효(의정부지방법원 고양지원 2015비합24 관리단집회소집허가)

구분소유자 1/5의 동의를 받은 사람은 법원에 관리단 집회 소집허가를 신청하게 되고 이 경우 구분소유자 1/5 전원이 소송의 당사자가 되어 법원에 허가를 신청하여야 한다(의정부지방법원 고양지원 2015비합24 관리단 집회 소집 허가).

관리규약에서 관리위원회 회장이 관리단 집회를 소집할 수 있다고 규정한 경우 실질적인 관리단집회 소집권한의 주체 (대전지방법원 천안지원 2018. 12. 14. 선고 2018가합476)

2. 소집동의

집합건물법 제33조 제4항에서 정한 임시 관리단집회를 소집할 수 있는 구분소유자의 수는 자연적 의미의 구분소유자를 의미한다(대법원 2016. 9. 23. 선고 2016다26860 판결).

관리단 집회 소집 동의와 관련하여 소집동의의 방식으로 문자나 팩스에 의한 동의도 가능하다(서울중앙지방법원 2016가합512212 판결).

관리단집회 소집 동의를 네이버밴드에 댓글 형식으로 받았더라도 원칙적으로 부적법하지는 않다(부산지방법원 동부지원 2016가합101708 판결)

소집동의의 방법에 문자메세지 전화 등을 통하여도 가능/ 일부 구분소유자에 대하여 우편함 삽입이 예외적으로 적법하다는 사례 (서울동부지방법원 2021. 1. 28. 선고 2019가합104929 [총회결의무효확인])

3. 소집통지

집합건물법상 소집통지는 완화된 발신주의를 채택하고 있어 집합건물법에 규정된 절차에 의하여 진행하면 충분하다(서울고등법원 2016라20966 결정).

소집통지서에 발의자 명단이 기재되지 않을 경우 부적법할 여지가 있다 (서울남부지방법원 2020. 6. 30. 선고 2019가합115700 [관리행위 중지 및 건물인도 등])

[동지] 소집통지서에 발의자를 기재해야 한다는 판례 (광주지방법원 2020. 7. 9. 선고 2019나66155 [관리사무소 인도청구])

4. 의결권

집합건물의 소유 및 관리에 관한 법률 제41조 제1항 본문에서 정한 구분소유자의 서면 결의의 수를 계산할 때에 한 사람이 집합건물 내에 수 개의 구분건물을 소유한 경우에는 이를 1인의 구분소유자로 보아야 한다(대법원 2011. 10. 13. 선고 2009다65546 판결 [관리비등]).

위임장 제출과 동시에 본인 확인 서류가 첨부되지 않았다고 하여 위법하다고 볼 수 없다 / 관리단집회에서 의결권을 대리행사하는 대리인 자격이 구분소유자로 한정되지는 않는다(서울고등법원 2011. 7. 21. 선고 2010나65841 판결).

위임장 제출과 동시에 본인 확인 서류가 첨부되지 않았다고 하여 위법하다고 볼 수 없다 / 관리단집회에서 의결권을 대리행사하는 대리인 자격이 구분소유자로 한정되지는 않는다(서울고등법원 2011. 7. 21. 선고 2010나65841 판결).

집합건물법 개정으로 인하여 구분소유자와 임대차 계약을 체결한 임차인은 구분소유자의 명시적 위임 없이도 관리단집회에서 의결권 행사가 가능하다(서울중앙지방법원 2016. 8. 18. 선고 2015가합534871 판결).

집합건물법 제41조 상의 관리단 집회를 하지 않을 경우 4/5의 동의를 받아야 한다는 규정은 강행법규로서, 관리단 규약으로 이를 감경 또는 가중할 수 없다(서울고등법원 2015. 11. 27. 선고 2015나6298 판결).

관리단 집회와 관련하여 구분소유자 또는 관리단의 구성원이 아닌 관리단 자체 즉 단체 자체에 대한 위임은 불가능하다(대구고등법원 2017나385).

구조상 이용상 독립성이 사라진 집합건물에서 집합건물법이 적용되는지 여부 그리고 의결권 행사자를 결정하는 기준(대법원 2013. 3. 28. 선고 2012다4985 판결)

하나의 전유부분의 공유자들이 과반수의 지분권자가 아닌 한 자신의 지분 비율대로 의결권을 행사할 수 없다 (서울고등법원 2019. 2. 13. 선고 2018나2022877)

관리단 집회에서 의결권 행사의 원칙적인 귀속주체는 '임차인'이 아닌 '구분소유자'이다 (서울중앙지방법원 2018. 10. 4. 선고 2018가합516782)

수분양자로서 분양대금을 완납하였음에도 분양자의 사정으로 소유권이전등기를 경료받지 못한 것이라면 구분소유자의 구성원이 되어 의결권을 행사할 수 있다(대법원 2005. 12. 16.자 2004마515 결정)

5. 결의취소의 소와 결의 무효확인의소의 구분

집합건물의 소유 및 관리에 관한 법률 제42조의2에서 정한 결의취소의 소의 대상이 되는 하자의 정도 및 위 규정에서 정한 취소사유로 인해 취소할 수 있는 결의가 제척기간 내에 제기된 결의취소의 소에 의하여 취소되지 않는 한 유효한지 여부(적극) (대법원 2021. 1. 14 선고 2018다273981 판결 [관리비])

집합건물법 제42조의2 결의취소의 소와 무효확인의 소의 관계 (의정부지방법원 고양지원 2017. 5. 17. 선고 2016가합1045 임시관리단집회및관리인선임무효확인)

관리단 집회 결의일로부터 6개월 이내에 결의와 관련한 하자를 원인으로 결의 무효확인의 소를 제기하였다면, 소송 중 결의 취소소송으로 소를 변경하였다고 하더라도 6개월의 제척기간을 준수한 것으로 본다(부산지방법원 2016가합3280 총회결의무효확인등).

관리단 집회에서 임원선임결의가 있은 후 다시 개최된 관리단집회에서 종전 결의를 그대로 인준하거나 재차 임원선임결의를 한 경우, 종전 임원선임결의의 무효확인을 구할 이익이 있는지 여부(원칙적 소극)(대법원 2011다69220 판결)

관리인 선임 그리고 해임

관리인 해임 소송을 제기할 경우 소송의 상대방은 관리단과 관리인을 상대로 해야 하고 그렇지 않을 경우 부적법 각하(대법원 2011. 6. 24. 선고 2011다1323 판결)

관리인 지위 부존재확인소송을 제기할 경우, 그 상대방은 관리단일뿐 관리인이 아니다(서울남부지방법원 2017가합103734 결의무효 확인의소)

관리인 선임 결의가 집합건물법 제41조 제1항에 의한 서면결의로 가능한지 여부(적극) 및 그와 같은 서면결의를 함에 있어서 관리단 집회의 소집·개최가 필요한지 여부(소극) (대법원 2006. 12. 8. 선고 2006다33340 판결)

집합건물의 "분양계약서"에 건축주를 집합건물의 관리인으로 한다는 내용이 포함된 사안에서, 수분양자들로 구성된 관리단집회의 관리인선임 결의

에 갈음하는 서면결의가 있다고 본 사례(대법원 2006. 12. 8. 선고 2006다33340 판결)

관리인이 존재하지 않고 운영위원회만 구성된 경우, 운영위원장은 관리인이 아니지만, 관리위원회 전원이 각자 관리단의 대표권을 행사할 수 있다(서울중앙지방법원 2015. 7. 16. 선고 2014가합592443 판결).

집합건물에서 관리단 층별 대표를 집합건물법상의 절차가 아닌 임의 추대 방식으로 선출할 경우, 그 지위는 인정될 수 없다(서울남부지방법원 2013. 10. 15. 선고 2013가합103569 판결).

관리인의 선임·해임을 관리단집회의 결의에 의하도록 한 집합건물의 소유 및 관리에 관한 법률 제24조 제2항이 강행규정인지 여부(대법원 2012. 3. 29. 선고 2009다45320 판결)

집합건물법 제24조 3항에 따른 해임청구권을 근거로 법원에 해임청구를 할 수 있는 사유(서울중앙지방법원 2013가합74290 판결)

집합건물법상 관리인 해임청구권이 인정된 사례 (수원지방법원 안양지원 2021. 10. 22. 선고 2021가합100880 [관리인해임 청구])

소제기 당시 부적법하게 선출된 관리단 대표라고 하더라도, 변론 종결 전까지 그 선출 및 소송행위에 관하여 관리단집회에서 적법하게 추인 받는다면 상대방은 더 이상 부적법함을 다툴 수가 없다(수원지방법원 안산지원 2013가단25811 판결).

구분소유자의 공용부분과 관련된 권한 및 한계

집합건물에서 특정 구분소유자가 공용부분을 배타적으로 사용할 경우, 다른 구분소유자는 관리단 집회를 거치지 않고 소유권에 기한 방해배제청구로서 특정 구분소유자에게 그 철거를 구할 수 있다(대법원 1995. 2. 28. 선고 94다9269 판결)

건물 외벽에 일부 구분소유자가 임의로 자신의 간판을 설치하였을 경우 구분소유자 중 1인이 소유권에 기한 방해배제청구로서 철거를 구할 수 있는지 여부(대법원 2011. 4. 28. 선고 2011다12163 판결)

구분소유자들에 대한 공용부분 수익금의 분배 여부는 관리단집회를 통하여 결정되어야 한다 (서울중앙지방법원 2021. 5. 13. 선고 2020가단2524 [수익금배분 청구의 소])

공용부분 변경 관련 분쟁

대지상에 견고한 철골조립식주차장을 설치하는 것이 공용부분 변경인지 아니면 관리행위인지 여부(대법원 2011. 3. 24. 선고 2010다85133 판결)

공용부분 관리를 넘어선 변경에 해당하는 정도, 범위(대법원 2008. 9. 25. 선고 2006다86597 판결)

특정 층의 에스컬레이터를 철거하였다고 하더라도 이는 해당 층 구분소유자에 대하여 개별적 동의를 받아야 하는 공용부분 변경 사항은 아니다(서울북부지방법원 2017. 2. 17. 선고 2016나32047 판결).

공용부분을 분양 또는 임대하는 내용의 계약을 체결하기 위해서는 모든 구분소유자의 동의가 필요하다(대법원 2016. 11. 24 선고 2015다39289 판결).

관리규약과 관련된 분쟁

관리규약 자체에 대한 무효확인을 구할 수는 없다 (광주지방법원 2021. 9. 16. 선고 2020가합1112 [관리규약 결의 무효확인])

일부 구분소유자와 세입자로 구성된 상가번영회와 상가관리규약이 집합건물법 소정의 관리단 및 규약에 해당하지 않는다고 본 원심판결을 파기한 사례(대법원 1996. 8. 23. 선고 94다27199 판결)

집합건물에 존재하는 관리 규약은 그 내용이 강행법규에 위반되거나 그 외 구분소유자의 소유권을 과도하게 침해하여 선량한 풍속 기타 사회질서에 위반된다고 볼 정도로 사회 관념상 현저히 타당성을 잃었다고 인정된다면 무효라고 보아야 할 것이다(대법원 2009. 4. 9 선고 2009다242 판결).

서울시 관리규약 준칙은 관리규약 개정을 위한 참조 자료에 불과하다(서울중앙지방법원 2017. 2. 16. 선고 2016가합6816 판결)

관리규약이 존재하지 않는 관리단에서는 관리위원회의 유효 여부 (서울남부지방법원 2018. 11. 9. 선고 2018가합100893)

구분소유자의 권한 및 한계

집합건물법상 열람 등사청구 권한을 가진 자 (대법원 2021. 3. 19. 선고 2020마7128 결정 [집합건물의소유및관리에관한법률위반])

공유물의 소수지분권자가 다른 공유자와 협의 없이 공유물의 전부 또는 일부를 독점적으로 점유·사용하고 있는 경우, 다른 소수지분권자가 공유물의 보존행위로서 공유물의 인도를 청구할 수 있는지 여부(소극) (대법원 2020. 5. 21 선고 2018다287522 전원합의체 판결 [부당이득금])

구분소유자가 가지는 공용부분에 관한 보존행위의 의미와 한계 (대법원 2019. 9. 25 선고 2015다42360 판결 [토지인도등])

구분소유자 중 일부가 정당한 권원 없이 집합건물의 복도, 계단 등과 같은 공용부분을 배타적으로 점유·사용한 경우, 해당 공용부분을 점유·사용함으로써 얻은 이익을 부당이득으로 반환할 의무가 있는지 여부(원칙적 적극) (대법원 2020. 5. 21 선고 2017다220744 전원합의체 판결 [건물인도등])

공동 이익에 반하는 자에 대한 청구

공동이익에 반하는 자에 대하여 청구를 할 수 있는 요건 및 당사자 적격(서울고등법원 1986. 10. 8. 선고 86나2225 판결)

공동이익에 반하는 자에 대한 결의는 금지된 행위가 "특정"되어야 하고 "구체적인 결의"를 통해서만 가능하다(인천지방법원 2016나14737 공작물 철거)

공동 이익에 반한 자에 대한 청구의 의미와 적용범위(서울남부지방법원 2015가단215391 판결)

일부 구분소유자가 그 구분소유자의 소유물을 훼손하는 행위에 대해서 일정한 요건하에 다른 구분소유자가 공동의 이익에 반함을 이유로 그 행위의 정지, 결과 제거, 예방에 필요한 조치를 청구할 수 있다(부산지방법원 동부지원 2019. 1. 9. 선고 2018가합104114)

관리비 관련 분쟁

관리비 채권의 귀속 주체가 당연히 관리단임을 전제로 위탁관리업체가 관리비 청구의 소를 제기한 경우 임의적 소송신탁에 해당하나 합리적 필요가 있으므로 당사자적격이 인정된다(대법원 2016. 12. 15. 선고 2014다87885, 87892 판결).

관리업체 명의로 하는 관리비 청구는 예외적으로 가능하지만 이미 위탁관리계약이 종료되었다면 더 이상 관리비청구에 있어 원고적격의 지위에 있지 않다 (서울중앙지방법원 2020. 12. 1. 선고 2019가합505109 [관리비])

관리업체에 대한 해지는 보류한 채 단순히 관리비 징수 권한만을 정지시킬 수 없다(대법원 2014. 2. 27. 선고 2011다88207 판결)

관리업체의 방해로 인하여 건물을 사용·수익하지 못하였을 경우 관리비 산정의 기준이 되는 기산점(대법원 2011. 9. 29. 선고 2009다26985,26992 판결)

임차인이 사용하였던 전기·수도료를 구분소유자에게 청구할 수 있다는 내용의 관리규약 또는 구분소유자간 합의가 존재하지 않은 이상 임차인이 사용한 전기·수도료를 구분소유자에게 청구할 수 없다(서울중앙지방법원 2012가단197564 판결).

관리단에서 관리규약에 없는 홍보비를 징수한 것은 무효로서 더 이상 지급할 의무는 없으나, 기 지급한 금액에 관하여 부당이득반환청구는 인정될 수 없다(인천지방법원 부천지원 2013가합1746 판결).

소방 안전상 등의 위험으로 인하여 영업을 못했다는 이유로 관리비 지급을 거절하기 위해서는 그 위험은 추상적 위험이 아닌 구체적 위험 정도여야 한다 (제주지방법원 2016. 6. 24. 선고 2014가단14596 판결)

일반관리비는 전유면적 비율이나 개별 사용량으로 관리비를 정할 수 없는 항목에 포함되므로, 별도의 정산방법에 의해 부담액이 결정될 수 있다(서울고등법원 2015나11986)

관리단이 그의 재산으로 채무를 완제할 수 없는 때에는 집합건물법 제27조 제1항에 의하여 구분소유자는 전유면적의 비율에 따라 결정되는 공유지분의 비율로 관리단의 채무를 변제할 책임을 진다(대법원 1997. 8. 29. 선고 97다19625 판결)

집합건물의 소유 및 관리에 관한 법률 제17조가 구분소유자가 제3자와 개별적인 계약을 통해 관리방식을 선택하고 그에 따른 비용부담과 정산방법 등을 구체적으로 정하는 것을 제한하는 규정인지 여부(소극) (대법원 2021. 9. 30 선고 2020다295304 판결 [부당이득반환청구의소])

관리비에 대한 부당이득반환 또는 불법행위 손해배상청구는 민법상의 총유규정이 적용되므로 관리단집회의 결의를 거쳐서 제기하여야 한다 (서울고등법원 2018. 12. 21. 선고 2018나2037176)

집합건물의 관리단 등 관리주체가 관리비 체납을 이유로 단전단수 조치를 하기 위한 요건 (대법원 2021. 9. 16 선고 2018다38607 판결 [손해배상(기)])

업종제한 관련 분쟁

수분양자의 지위를 양수한 자 등이 분양계약에서 정한 업종제한 약정을 위반할 경우 영업상 이익을 침해당할 처지에 있는 자가 동종업종의 영업금지를 청구할 수 있는지 (대법원 2006. 7. 4.자 2006마164,165 결정 [가처분이의])

지정 업종의 보호를 받고 있는 구분소유자가 있는 경우 관리규약 개정을 통하여 그와 같은 지정업종 보호를 삭제하는 경우에는 단순 관리규약의 개정만으로는 불가능하고 지정업종의 보호를 받은 구분소유자의 특별한 승낙이 있어야 가능하다(대법원 2006. 7. 4.자 2006마164,165 결정)

업종제한을 규정한 관리규약을 변경하는 것은 해당 업종을 독점적으로 영위하고 있는 구분소유자의 권리와 직접 관련이 있는 사항이기 때문에 일반 의결 정족수로는 부족하고 해당 구분소유자의 동의를 받아야 한다(서울북부지방법원 2014가합21780 판결).

가처분 진행 도중에도 업종이 지정된 점포의 소유자가 제3자에게 점포를 임대하여 고정적인 임대수익을 얻고 있다고 하여도 업종제한 약정을 위반한 동종의 점포를 상대로 영업금지가처분을 구할 보전의 필요성이 있다고 인정한 사례[대법원 2006. 7. 4.자 2006마164,165 결정]

업종이 제한된 채 분양된 점포의 양수인 또는 임차인은 업종 제한 약정을 준수할 의무가 있고, 수분양자들이나 구분소유자들 스스로의 합의로 해당 약정을 사후 변경할 수 있다(대법원 2012. 11. 29. 선고 2011다79258 판결)

관리규약에 의하여 새로이 업종 제한에 관한 조항을 신설할 경우 사실상 독점적으로 영업을 하고 있는 일부 구분소유자에게 집합건물법 제29조1항의 특별한 영향을 미치는 자에 해당함을 이유로 승낙을 받아야 하는지 여부(대법원 2006. 10. 12. 선고 2006다36004 판결)

분양계약서에 지정업종 또는 업종 제한이 명기된 경우 해당 업종 제한을 위반한 자에 대하여 동종업종의 영업금지를 청구할 수 있는 권리가 있고 이는 수분양자 뿐만 아니라 양수인 그리고 세입자까지 공통적으로 적용되어 세입자까지도 청구가 가능하다(대법원 2002. 12. 27. 선고 2002다45284 판결)

분양계약서 등에서 업종 제한을 두는 경우 수분양자들이나 구분소유자들 스스로의 합의가 아닌 임차인 등의 제3자 사이의 합의에 기하여 제한업종의 변경이 불가능하다(대법원 2003다45496 영업금지 등).

상가분양계약에 있어서 지정업종에 대한 경업금지의무는 수분양자들에게만 적용되는 것이 아니라 분양회사에게도 적용되고 이는 주된 채무이므로 이를 이유로 분양계약 해제도 가능하다(대법원 2005. 7. 14. 선고 2004다67011 판결).

관리단의 관리규약 개정시 특정 업종제한이 포함된다고 하더라도, 이러한 업종 제한이 특정 구분소유자의 이익을 해한다고 해석할 수 없다(서울중앙지방법원 2013가합93598).

주상복합건물에서의 분쟁

아파트/상가 업무시설에 대한 구분관리 안건에 대한 결의는 입주자대표회의 결의가 아니라 관리단 명의로 집회를 소집하여 아파트와 상가 구분소유자 모두의 의견을 수렴해야 한다(대전지방법원 2017카합50467).

주상복합건물에서 상가와 별도로 아파트로 구성되어 있을 경우 상가와 아파트가 당연히 구분되어 별도의 관리단이 성립되는 것은 아니다(서울동부지방법원 2015가합109728 판결).

주상복합단지에서 아파트와 상가가 구조적으로 분리되었다고 하더라도 집합건물법상 일부공용부분 관리단이 당연히 성립하는 것은 아니고 일정한 요건을 갖추어야 가능하다(대법원 2016. 12. 29. 선고 2015다239263 판결).

주상복합 건물 중 아파트 부분에 관하여 공동주택관리법(구 주택법)이 적용되기 위해서는 해당 건물이 구 주택법이 개정되기 전인 2007년 이후에 사용승인을 받았거나, 최소한 150세대 이상의 세대수로 구성되어야 한다(수원지방법원 2016. 12. 2. 선고 2015가합65236 판결).

주상복합 건물에서 상가만의 관리단이 성립하기 위해서는 집합건물법 제23조 제2항의 일부 공용부분 관리단으로서 별도의 조직행위를 거쳐야만 가능하다(서울고등법원 2017. 3. 7. 선고 2016나2071004 판결).

주상복합 건물에서 아파트와 상가가 분리되었다고 하더라도 공용부분 수익은 각자의 지분 비율에 의하여 분배된다(서울고등법원 2016나5643 판결).

수익형 호텔 관련 법적 분쟁

준공 지체 및 무이자 대출 약정 위반으로 계약해제 가능한지 여부 (제주지방법원 2017. 11. 2. 선고 2017가합10158 판결)

위탁운영계약의 실질은 임대차 계약이고 임대차 계약에 관한 그 의무를 이행하지 못하였을 경우에는 임대차 계약 해지할 수 있으며 더 나아가 현재 점유하고 있는 공용부분까지 관리단 또는 구분소유자에게 인도할 의무가 있다(

제주지방법원 2018. 1. 11. 선고 2017가합12086 판결).

수익형 호텔 관리단은 전체 공용부분에 대하여 관리단집회 결의로서 현재 위탁관리회사에 대해서 건물 인도를 청구할 수 있다(부산고등법원 2018. 10. 31. 선고 2018나52276 판결)

대규모 점포 관련 분쟁

구 유통산업발전법에 따른 대규모점포의 개설등록 및 구 재래시장 및 상점가 육성을 위한 특별법에 따른 시장관리자 지정이 '수리를 요하는 신고'로서 행정처분에 해당하는지 여부(적극) (대법원 2019. 9. 10 선고 2019다208953 판결 [관리비])

집합건물에 관리단외에 유통산업발전법상의 대규모 점포관리자가 별도로 있었을 경우라도 집합건물의 주차장 등 공용부분에 대한 관리권은 집합건물법상의 관리단에게 존재한다(대법원 2018. 7. 12. 선고 2017다291517, 2017다291524(독립당사자참가의소) 판결)

주차장 등의 공용부분이 대규모점포의 운영·관리에 불가분적으로 연결되어 있다는 특별한 사정이 없는 한 대규모점포관리자에게 공용부분에 대한 관리권한은 인정되지 않는다 (서울중앙지방법원 2019. 3. 8. 선고 2018카합21324)

유통산업발전법에 따라 대규모 점포 관리자가 선정되었을 경우 점포등에 대한 관리비 징수 등의 업무는 구분소유자로 이루어진 관리단이 아닌 유통산업발전법 상의 관리자에게 이관된다(대법원 2016. 3. 10. 선고 2014다46570 판결).

대규모점포관리자가 대규모점포의 구분소유자들이나 그들에게서 점포를 임차하여 매장을 운영하는 상인들에게 관리비를 부과·징수할 권한이 있는지 여부(적극) (대법원 2011. 10. 27. 선고 2008다7802 판결)

유발법상 대규모 점포 시장관리자가 대규모 점포의 구분소유자들로 구성된 '관리단'에 대하여 관리비를 청구할 수는 없다 (서울중앙지방법원 2019. 1. 23. 선고 2016나78105)

유발법상 대규모 점포 관리자가 점포입점상인으로부터 관리비를 징수하는 행위는 '대규모점포 등을 유지·관리하기 위한 업무'로 적법하다 (부산지방법원 2019. 1. 17. 선고 2017나47212)

대규모점포관리자가 관리단의 영업방해 행위로 인하여 피해를 입은 구분소유자에 대하여 관리비 청구를 할수 있는지 (대법원 2019. 12. 27. 선고 2018다41610 [관리비])

입주자대표회의와 관리단과의 관계

입주자대표회의에 집합건물법상의 관리단 권한을 포괄 위임하였다고 본 특별한 사례(대법원 2017. 3. 16. 선고 2015다3570 판결)

입주자대표회의가 공동주택의 구분소유자를 대리하여 공용부분 등의 구분소유권에 기초한 방해배제청구 등의 권리를 행사할 수 있다고 규정한 공동주택관리규약의 효력(=무효)(대법원 2003. 6. 24. 선고 2003다17774 판결)

입주자대표회의는 구분소유자를 대신하여 물권적 방해배제 청구를 대신하여 행사할 수 없고 대외적인 권한을 행사할 여지도 없다(수원지방법원 안산지원 2013가합6398 사건)

위탁관리업체와의 분쟁 및 기타 관리 관련 분쟁

집합건물이 만들어지고 구분소유자가 구성되기 전 시행사가 지정한 관리업체는 한시적인 관리업무만을 맡을 수 있을 뿐이다(부산지방법원 동부지원 2016카합10003 업무방해금지가처분).

관리단이나 관리인이 아닌 이상 구분소유자 개인으로서는 위탁관리업자에 대하여 계약의 해지를 요구할 수 없고, 계약 종료 확인을 구할 확인의 이익도 없다(인천지방법원 2013가합7055 판결).

관리단의 부적법한 대표가 체결한 위탁관리계약은 무효이고 더불어 표현대리가 성립할 여지가 없다면 위탁관리계약의 효력을 인정할 수 없다(서울고등법원 2016나2017185 판결).

방화셔터가 제대로 작동하지 않아서 손해가 확대되었다면, 관리단과 관리업체에게도 화재로 인한 손해를 배상할 책임이 있다(서울중앙지방법원 2014. 10. 16. 선고 2013가합535689 판결)

관리단이 주차 시설의 관리를 타 업체에 도급을 주었다면 주차시설의 고장으로 인하여 발생한 손해에 관하여 점유자의 책임을 부담하지 않고, 사회통념상 일반적으로 요구되는 정도의 방호조치 의무를 다하였으므로 소유자의 책임도 부담하지 않는다(서울중앙지방법원 2014나2265 판결)

관리단 정확히 관리인이 선임되기 이전 건축주와 계약한 관리업체의 관리권한이 유효한 기간 (청주지방법원 2018. 11. 8. 선고 2018카합133)

임기가 종료되었다고 하더라도 민법상 위임사무 처리규정에 따라 업무수행권이 존재함으로 관리인 지위 부존재 확인을 구할 이익이 있다(부산고등법원 2016나57178 회장당선무효확인).

대지사용권 관련 사례

구분건물의 전유부분에 대한 소유권이전등기만 경료되고 대지지분에 대한 소유권이전등기가 경료되기 전에 전유부분만에 관하여 설정된 저당권의 효력 범위가 추후 경매 절차시 대지지분까지 효력을 미치는 지 여부(대법원 2001. 9. 4. 선고 2001다22604 판결)

아파트일 경우 전유부분만 소유권이 이전되고 대지 지분에 관하여 소유명의가 아직까지 이루어지지 않아 이전이 되지 않고 있는 상황에서 해당 전유부분이 경매, 매도되었을 경우 대지 지분의 소유자 확정(대법원 2000. 11. 16. 선고 98다45652,45669 전원합의체 판결)

대지 지분이 정리되지 않았다고 하더라도 대지 지분은 구분소유권과 일체로 처분되어야 하지만 경매 목적물에 관하여 수분양자가 분양대금을 완납하지 못한 경우 분양자로서는 대지사용권을 근거로 분양대금 납부를 동시이행 항변할 수 있다(대법원 2006. 9. 22. 선고 2004다58611 판결)

구분건물의 전유부분에 대한 소유권이전등기만 경료되고 대지지분에 대한 소유권이전등기가 경료되기 전에 전유부분만에 관하여 설정된 저당권의 효력 범위가 추후 경매 절차시 대지지분까지 효력을 미치는 지 여부(대법원 2001. 9. 4. 선고 2001다22604 판결)

구분소유권이 이미 성립한 집합건물이 증축되어 새로운 전유부분이 생긴 경우, 새로운 전유부분을 위한 대지사용권이 인정되는지 여부(원칙적 소극) (대법원 2017. 5. 31. 선고 2014다236809 판결)

집합건물 대지의 소유자가 대지사용권 없이 전유부분을 소유하는 구분소유자에 대하여 전유부분의 철거를 구할 수 있는지 여부(적극) (대법원 2021. 7. 8 선고 2017다204247 판결 [건물등철거])

형사 범죄

단체의 대표자 개인이 자신이 소송당사자가 된 민·형사사건의 변호사 비용을 단체의 비용으로 지출한 경우, 횡령죄가 성립하는지 여부(원칙적 적극)(대법원 2011. 9. 29. 선고 2011도4677 판결)

관리단 집회에서 이미 완성된 투표지 대장에 피고인이 자신의 이름을 기입하여 일련번호를 하나 더 만들었다면 이는 사문서 변조 및 변조사문서 동행사죄에 해당한다(대법원 2010. 1. 28. 선고 2009도9997 판결)

부록 : 아파트와 상가간 주차방해 사건 정리(법률신문 기고)

CONTENTS

집합건물의 의미 · 28

관리단 당연설립 · 36

일부 공용부분 관리단 성립 관련 사례 · · · · · · · · · · · · · · · 47

관리단 집회 관련 절차 · 52

관리인 선임 그리고 해임 · 128

구분소유자의 공용부분과 관련된 권한 및 한계 · · · · · · · · · 156

공용부분 변경 관련 분쟁 · 167

관리규약과 관련된 분쟁 · 183

구분소유자의 권한 및 한계 · 197

공동 이익에 반하는 자에 대한 청구 · · · · · · · · · · · · · · · · 225

관리비 관련 분쟁 · 241

업종제한 관련 분쟁 · 279

주상복합건물에서의 분쟁 · 304

수익형 호텔 관련 법적 분쟁 · 330

대규모 점포 관련 분쟁 · 340

입주자대표회의와 관리단과의 관계 · · · · · · · · · · · · · · · · 375

위탁관리업체와의 분쟁 및 기타 관리 관련 분쟁 · · · · · · · · · 386

대지사용권 관련 사례 · 403

형사 범죄 · 425

부록 : 아파트와 상가간 주차방해 사건 정리 · · · · · · · · · · · 430

집합건물법상 관리단에서
유통산업발전법상 대규모점포관리자에 이르기까지
모든 판례 사례를 정리하였습니다

집합건물법의 관리단 분쟁사례

집합건물의 의미

집합건물법에서 구분소유의 목적의 의미 등 (대법원 2020. 2. 27 선고 2018다232898 판결 [건물])

판례해설

집합건물법에서는 1동의 건물 중 구조상 구분된 수개의 부분이 독립한 건물로서 구분소유의 목적이 되어야만 비로소 집합건물이라고 표현하며 이로써 구분소유권이 성립된다. 문제는 그 경계를 허물었을 경우로서 등기는 구분등기로 되어있는데 실제로는 소유권을 특정하는 경계 등이 사라진 경우이다.

대상판결은 이와 같이 벽이 제거되는 방법으로 건물로서의 독립성이 상실됨으로 인하여 일체화된 후 그 구획을 전유부분으로 하는 경우에는 <u>기존 구분 건물에 대한 등기를 무효로 판단하여 결국 그 소유권의 형태는 구분소유권이 아니라 공유관계로 변질되었다고 판단하였다</u>.

법원 판단

1. 1동의 건물 중 구조상 구분된 수개의 부분이 독립한 건물로서 구분소유권의 목적이 되었으나 그 구분건물들 사이의 격벽이 제거되는 등의 방법으로 각 구분건물이 건물로서의 독립성을 상실하여 일체화되고 이러한 일체화 후의 구획을 전유부분으로 하는 1개의 건물이 되었다면 기존 구분건물에 대한 등기는 합동으로 인하여 생겨난 새로운 건물 중에서 위 구분건물이 차지하는 비율에 상응하는 공유지분 등기로서의 효력만 인정된다(대법원 2010. 3. 22.자 2009마1385 결정 참조).

또한 인접한 구분건물 사이에 설치된 경계벽이 일정한 사유로 제거됨으로써 각 구분건물이 구분건물로서의 구조상 및 이용상의 독립성을 상실하게 되었다고 하더라도, 각 구분건물의 위치와 면적 등을 특정할 수 있고 사회통념상 그것이 구분건물로서의 복원을 전제로 한 일시적인 것일 뿐만 아니라 그 복원이 용이한 것이라면, 각 구분건물은 구분건물로서의 실체를 상실한다고 쉽게 단정할 수는 없고, 아직도 그 등기는 구분건물을 표상하는 등기로서 유효하지만(대법원 1999. 6. 2.자 98마1438 결정 참조), 구조상의 구분에 의하여 구분소유권의 객체 범위를 확정할 수 없는 경우에는 구조상의 독립성이 있다고 할 수 없고, 구분소유권의 객체로서 적합한 요건을 갖추지 못한 건물의 일부는 그에 관한 구분소유권이 성립할 수 없으므로, 건축물관리대장상 독립한 별개의 구분건물로 등재되고 등기부상에도 구분소유권의 목적으로 등기되어 있더라도, 그 등기는 그 자체로 무효이다(대법원 2008. 9. 11.자 2008마696 결정, 대법원 2010. 1. 14.자 2009마1449 결정 등 참조).

2. 원심은, 서울 중구 (지번 생략) 외 15필지 지상 ○○○시장 △△동 건물(이하 '□□□상가 건물'이라 한다) 내 구분건물인 제1, 2층 제10호, 1층 34.58㎡, 2층 27.84㎡(이하 '이 사건 건물'이라 한다)의 등기부상 소유자로서 위 □□□상가 건물 2층 제28호, 67호, 68호, 70호 점포(이하 '이 사건 각 점포'라 한다)의 점유자인 피고들을 상대로 위 각 점포의 인도를 구하는 원고들의 이 사건 주위적 청구에 대하여, 이 사건 건물의 리모델링 후 표시변경등기가 이루어지지 않아 이 사건 건물의 공부상 표시와 실제 현황이 달라졌다고 하더라도, **이 사건 건물 부분으로 특정된 □□□상가 건물 1층 203호, 204호, 207호, 276호와 2층 이 사건 각 점포가 다른 부분과 구분되는 독립성을 갖추어 구분소유의 객체가 되고 이 사건 건물의 소유권이 미치는 실제 부분에 포함되므로, 이 사건 각 점포에 대하여 이 사건 건물 소유권의 효력이 미친다고 보아, 피고들은 이 사건 건물의 소유자인 원고들에게 이 사건 각 점포 중 각 점유 부분을 인도할 의무가 있다고** 판단하였다.

3. 그러나 원심의 위와 같은 판단은 아래와 같은 이유에서 받아들이기 어렵다.

가. 원심판결 이유와 기록에 의하면, 아래와 같은 사실을 알 수 있다.

1) □□□상가 건물은 1958. 10. 30. 준공된 건물로 2002. 5. 실시된 구조안전점검 결과 위험건축물로 판정되어 서울특별시 등으로부터 보강지시명령을 받았고, 그에 따라 2005. 5.경부터 2006. 6.경까지 이루어진 건물 리모델링 공사(이하 '이 사건 리모델링'이라 한다)로 ① 그 구조가 철근콘크리트 구조에서 철골콘크리트 구조로, ② 층수가 2층에서 4층으로, ③ 면적이 1층 873.04㎡, 2층 702.75㎡에서 1층 및 2층 각 925㎡, 3층 및 4층 각 524.1㎡로 각 변경되었고, ④ 점포의 수도 기존 약 170개에서 증축 후 약 250개로 증가하였다.

2) 관할관청으로부터 이 사건 리모델링 공사의 허가를 받지 못하여 준공 이후에도 이 사건 건물에 관한 사용승인이 나지 않음에 따라, 이 사건 리모델링에 따른 공부상 표시변경등록 및 표시변경등기가 이루어지지 않았다.

3) 그 결과 ㅁㅁㅁ상가 건물의 구분소유 부분으로 각 등기된 15개의 건물 부분에 관한 건축물대장과 등기부는 현재 □□□상가 건물의 현황을 제대로 반영하지 못하고 있다.

4) 이 사건 건물에 관하여 개시된 서울중앙지방법원 2009타경13058호 및 2014타경1686호 각 임의경매사건의 감정평가서에는 이 사건 건물의 현황에 관하여, "□□□상가 건물은 공부상 호실로 구분되어 있지 아니하고 공부상 호실과는 별도로 지주회에서 구획한 각 층별 위치를 점유하여 사용 중"이고, "본건 건물은 집합건축물로 등기되어 있으나 약 2년 전 증개축으로 공유자 사이에 위치가 특정되어 있지 않고 공유자 전체가 공동운영(임대)하여 지분비율대로 수익을 배분하는 형태로 운용되고 있는 것으

로 조사되므로 본건 평가는 토지 및 건물 소유지분만 각각 평가하되, 건물은 증·개축하여 공부와 현황이 상이"하며, "본건의 호명칭은 '1, 2층 10호'이나 이런 호수는 없고, 실제 점유하고 있는 현황은 1층 203, 204, 207, 276호와 2층 28, 67, 69, 70호를 점유하고 있다."라고 기재되었다.

나. 위와 같은 사실관계를 앞서 본 법리에 비추어 보면, □□□상가 건물 내 기존 구분소유 부분으로 각 등기된 15개의 구분건물은, 격벽이 처음부터 없었거나 이 사건 리모델링으로 제거되고, 구조, 위치와 면적이 모두 변경됨으로써 구분건물로서의 구조상 및 이용상의 독립성을 상실하여 일체화되었다고 보이는바, 비록 위와 같은 일체화 후에 □□□상가 건물이 약 250개의 점포로 나뉘어 이용되고 있더라도, □□□상가 건물의 구조상의 구분에 의해서는 기존 구분등기에 따른 구분소유권의 객체 범위를 확정할 수 없고, 위 리모델링이 기존 구분건물로서 복원을 전제로 한 일시적인 것이라거나 복원이 용이해 보이지도 않으므로 기존 구분건물로서의 구조상의 독립성이 있다고 할 수 없다. 따라서 **이 사건 건물에 관한 구분등기는 그 자체로 무효이고, 이 사건 리모델링으로 생겨난 새로운 □□□상가 건물 중에서 이 사건 건물이 차지하는 비율에 상응하는 공유지분 등기로서의 효력만 인정**된다.

다. 그런데도 그 판시와 같은 사정만으로 이 사건 각 점포에 대하여 이 사건 건물 소유권의 효력이 미친다고 판단한 원심판결은 구분건물의 소유권의 효력에 관한 법리를 오해하는 등으로 판결에 영향을 미친 잘못이 있다.

집합건물법상 구분건물임을 판단하는 기준(대법원 2019. 11. 15. 선고 2019두46763 판결[조합설립인가취소])

> **판례해설**
>
> 집합건물이라고 함은 1동의 건물을 수인이 구분하여 소유를 가지는 경우를 의미하고 그에 따라 집합건물법의 적용여부가 결정된다.
>
> 더 나아가 지금까지 한 층에 수인의 구분소유자가 존재하며 구분소유권이 명확히 특정되지 않은 오픈 상가일 경우에는 물권의 성립이 불분명하여 결국 구분된 소유권을 인정하지 않은 경향이 있었으나 이와 같은 경우 소유권의 특성과 관련하여 공유인지 전유인지 여부 및 담보물권의 유·무효 여부가 문제되었다.
>
> 대상판결에서 오픈 상가에 관하여 구조상 독립성 요건을 완화한 집합건물의 소유 및 관리에 관한 법률(이하 '집합건물법'이라고 한다) 제1조의2에 따라 <u>경계를 명확하게 식별할 수 있는 표지를 바닥에 견고하게 설치하고 구분점포별로 부여된 건물번호표지를 견고하게 부착함으로써 구분소유권의 객체가 될 수 있다</u>고 판시함으로서 이전의 모든 문제를 일거에 해결하였던 것이다.

법원 판단

[1] 1동의 건물에 대하여 구분소유가 성립하기 위해서는 객관적·물리적인 측면에서 1동의 건물이 존재하고 구분된 건물부분이 구조상·이용상 독립성을 갖추어야 할 뿐 아니라 1동의 건물 중 물리적으로 구획된 건물부분을 각각 구분소유권의 객체로 하려는 구분행위가 있어야 한다. 여기서 구조상의 독립성은 주로 소유권의 목적이 되는 객체에 대한 물적 지배의 범위를 명확히 할 필요성 때문에 요구되는 것이므로 구조상의 구분에 의하여 구분소유권의 객체 범위를 확정할 수 없는 경우에는 구조상의 독립성이 있다고 할 수 없으나, 다만 **일정한 범위의 상가건물에 관하여는 구조상 독립성 요건을 완화한 집합건물의 소유 및 관리에 관한 법률(이하 '집합건물법'이라고 한다) 제1조의2에 따라 경계를 명확하게 식별할 수 있는 표지를 바닥에 견고하게 설치하고 구분점포별로 부여된 건물번호 표지를 견고하게 부착함으로써 구분소유권의 객체**가 될 수 있다. 그리고 이용상 독립성이란 구분소유권의 대상이 되는 해당 건물부분이 그 자체만으로 독립하여 하나의 건물로서의 기능과 효용을 갖춘 것을 말하는데, **이와 같은 의미의 이용상 독립성이 인정되는지는 해당 부분의 효용가치, 외부로 직접 통행할 수 있는지 여부 등을 고려하여 판단하여야 한다. 특히 해당 건물부분이 집합건물법 제1조의2의 적용을 받는 '구분점포'인 경우에는 그러한 구분점포의 특성을 고려하여야 한다.** 나아가 구분행위는 건물의 물리적 형질에 변경을 가함이 없이 법률관념상 그 건물의 특정 부분을 구분하여 별개의 소유권의

객체로 하려는 일종의 법률행위로서, 그 시기나 방식에 특별한 제한이 있는 것은 아니고 처분권자의 구분의사가 객관적으로 외부에 표시되면 인정된다. 따라서 구분건물이 물리적으로 완성되기 전에도 건축허가 신청이나 분양계약 등을 통하여 장래 신축되는 건물을 구분건물로 하겠다는 구분의사가 객관적으로 표시되면 구분행위의 존재를 인정할 수 있고, 이후 1동의 건물 및 구분행위에 상응하는 구분건물이 객관적·물리적으로 완성되면 아직 그 건물이 집합건축물대장에 등록되거나 구분건물로서 등기부에 등기되지 않았더라도 그 시점에서 구분소유가 성립한다. 특히 일반건물로 등기된 기존의 건물이 구분건물로 변경등기되기 전이라도, 위와 같은 요건들을 갖추면 구분소유권이 성립한다.

관리단 당연설립

집합건물법 제23조 제1항 소정의 관리단은 어떠한 조직행위를 거쳐야 비로소 성립되는 단체가 아니라 구분소유관계가 성립하는 건물이 있는 경우 당연히 그 구분소유자 전원을 구성원으로 하여 성립되는 단체이다(대법원 1996. 8. 23. 선고 94다27199 판결)

판례 해설

민법상 법인이 성립하기 위해서는 민법에 규정된 요건을 갖추어야 비로소 설립등기를 할 수 있다. 반면에 법인이 아닌 사단(비법인 사단)이 성립하기 위해서는 최소한 대표자와 더불어 조직, 사원 그리고 정관이 존재하여야 하는바, 민법상 정관은 구성원의 3분의 2 이상 혹은 예외적으로 4분의 3 이상의 동의를 받아야만 성립이 가능하다.

그러나 집합건물법상 관리단은 집합건물법 제23조 제1항에 따라서 비록 위와 같은 요건이 충족되지 않더라도 자연 성립되는바, 그 이유는 집합건물법에 그와 같은 요건 즉 구성원의 요건, 관리규약 등이 모두 규정되어 있기 때문이다. 그러나 이와 같은 사실을 이해하지 못하는 일반인들, 특히 법률전문가 조차도 소송 당시에 관리규약이 존재하지 않았음을 이유로 해당 관리단 성립이 부적법하다는 등의 주장하고 있는 것이 사실이다.

다만 관리단이라고 하더라도 외부적 의사표시를 하기 위해서는 최소한 대표자 등이 선정되어야 하고, 집합건물법 제24조에서는 이처럼 외부적인 의사표시를 할 수 있는 자로 관리인의 선임을 예정하고 있는바, 즉, 관리인은 이미 성립한 관리단을 대표하여 외부적 의사표시를 하는 존재라 할 것이다.

또한 집합건물법상 관리인은 집합건물법 제24조의 절차에 따라 관리단 집회에서 구분소유자 및 의결권 2분의 1 이상의 동의를 받아 선출될 수 있는 바, 관리인까지 선출된 상황에서는 비록 관리규약이 없다고 하더라도 집합건물법상 관리단이 관리행위를 자유롭게 할 수 있게 되고, 그 업무 중 하나가 바로 관리비 및 관리업체 선정 등이다.

이와 같은 법리를 오해한 채, 일부 구분소유자나 기타 법률가들이 관리단 집회에서 4분의 3 이상의 동의를 받지도 않았는데 어떻게 비법인 사단으로써 적법할 수 있냐고 항변하고 있으니 다소 답답할 따름이다.

법원 판단

집합건물의소유및관리에관한법률(이하 법이라 한다.) 제23조 제1항은 '**건물에 대하여 구분소유관계가 성립되면 구분소유자는 전원으로써 건물 및 그 대지와 부속시설의 관리에 관한 사업의 시행을 목적으로 하는 관리단을 구성한다**.'고 규정하고 있는바, 관리단은 어떠한 조직행위를 거쳐야 비로소 성립되는 단체가 아니라 **구분소유관계가 성립하는 건물이 있는 경우 당연히 그 구분소유자 전원을 구성원으로 하여 성립되는 단체**라 할 것이고(당원 1995. 3. 10. 선고 94다49687, 94 다49694 판결 참조), 구분소유자로 구성되어 있는 단체로서 법 제23조 제1항의 취지에 부합하는 것이면 **그 존립형식이나 명칭에 불구하고 관리단으로서의 역할을 수행할 수 있으며**, 구분소유자와 구분소유자가 아닌 자로 구성된 단체라 하더라도 구분소유자만으로 구성된 관리단의 성격을 겸유할 수도 있다고 할 것이다. 그리고 **구분소유자는 건물과 대지 또는 부속시설의 관리 또는 사용에 관한 구분소유자 상호간의 사항 중 법에서 규정하지 아니한 사항을 규약으로써 정할 수 있고**(법 제28조 제1항), 규약의 설정·변경 및 폐지는 관리단집회에서 구분소유자 및 의결권의 각 4분의 3 이상의 찬성을 얻어 행하며(법 제29조 제1항), 법 또는 규약에 의하여 관리단집회에서 결의할 것으로 정한 사항에 관하여 구분소유자 및 의결권의 각 5분의 4 이상의 서면에 의한 합의가 있는 때에는 관리단집회의 결의가 있는 것으로 보는 것으로(법 제41조 제1항), 의결권은 서면 또는 대리인에 의하여 행사할 수 있고(법 제38조 제2항), 법 제41조 제1항의 서면에 의한 결의 역시 대리인에 의하더라도 가능하다고 보아야 할 것이며, 이러한 결의에 의하여 설정된 규약은 구분소유자의 특별승계인 및 점유자에 대하여도 효력이 있는 것이다(법 제42조 제1항, 제2항).

그런데 원심이 적법하게 확정한 사실관계에 의하면, 위 군인공제회가 이 사건 상가건물 내 점포 21개를 분양함에 있어서 입점 이후에는 수분양자들로 상가 자치기구인 번영회를 구성하여 그 관리규약에 따라 전체 상가를 관리하기로 약정하였고, 이 사건 상가에서 점포를 운영하는 상인 21명 중 피신청인을 제외한 나머지 20명(기록에 의하면 각 점포의 소유자 및 세입자로서 점포당 1명씩으로 구성되어 있다)이 분양계약시의 약정에 따라 1993. 2. 23. A상가번영회를 조직하고 상가관리규약을 제정하였다는 것인바, **A상가번영회는 비록 그 구성원에 구분소유자 아닌 세입자가 포함되어 있다 하더라도 경우에 따라서는 구분소유자만으로 구성되는 관리단으로서의 성격을 겸유**할 수 있을 뿐 아니라, A상가번영회의 상가관리규약을 제정함에 있어서도 점포당 1명씩만이 결의에 참여한 점에 비추어 보면, **세입자가 구분소유자를 대리하여 의결권을 행사하였거나 서면에 의한 결의를 하였다고 볼 여지**가 있고, 그러한 경우 위 **상가관리규약은 관리단 규약으로서의 효력을 갖게 된다고 할 것**이다.

그렇다면 원심으로서는 마땅히 **A상가번영회가 관리단의 성격을 갖는지 및 그 상가관리규약이 관리단 규약으로서의 요건을 갖추었는지 등을 좀더 심리하여 본 후 상가관리규약상의 업종제한조항의 효력이 피신청인에게 미치는지의 여부를 판단하였어야 할 것**인데도, 이에 이르지 아니하고 A상가번영회와 그 상가관리규약이 법 소정의 관리단 및 규약의 성격을 갖지 않는다고 속단한 나머지 상가관리규약은 그 당사자들 사이에 있어서 채권적 효력만이 있어 피신청인이 규약의 가입자가 아닌 이상 피신청인에 대하여 그 효력이 미친다고 할 수 없다고 판단하여 신청인의 이 사건 가처분신청을 배척하고 말았으니, 이는 관리단과 관리단 규약에 대한 법리를 오해하여 심리를 다하지 아니한 위법을 저지른 것으로 판결 결과에 영향을 미쳤음이 명백하다고 할 것이다. 이 점을 지적하는 논지는 이유 있다.

> 제23조(관리단의 당연 설립 등)
> ① 건물에 대하여 구분소유 관계가 성립되면 구분소유자 전원을 구성원으로 하여 건물과 그 대지 및 부속시설의 관리에 관한 사업의 시행을 목적으로 하는 관리단이 설립된다.

구분소유자 외에 임차인까지 참석하여 임차인도 집합건물법이 적용되는 관리단의 구성원이 될 수 있도록 정관을 개정한 관리단 결의의 적부(서울민사지방법원 1993. 2. 2. 선고 91가합38971)

> **판례 해설**
>
> 아주 오래전 판례이지만 현재까지도 유효하며 오히려 의미 있는 판결에 해당한다.
>
> 즉 <u>집합건물법상 관리단은 구분소유자로만 이루어진 단체</u>이며 그에 따라 관리규약을 만들 수 있으나, 관리단의 성질에 반하는 내용의 관리규약은 집합건물법 해당 조항의 강행규정에 의하여 무효로 판단될 수밖에

> 없다는 것이다.
>
> 대상판결 역시 관리단의 구성원으로 임차인까지 포함된다는 규약이 만들어진 경우 이는 집합건물법의 취지 등에 비추어 부적법하다고 판단하였다.

법원 판단

1. 1동의 건물 중 구조상 구분된 수개의 부분이 독립한 건물로서 사용될 수 있을 때 그 각 부분은 소유권의 목적으로 할 수 있는데 이를 건물의 구분소유라 하는바, 이에 관하여는 1984.4.10. 법률 제3725호로 제정된 집합건물의소유및관리에관한법률(이하 집합건물법이라 한다)이 적용되는데, 위 법 제23조 제1항은 건물에 대하여 구분소유관계가 성립되면 구분소유자는 전원으로써 건물 및 그 대지와 부속시설의 관리에 관한 사업의 시행을 목적으로 하는 관리단을 구성한다고 규정하고 있어, 이에 의하면 **집합건물법이 적용되는 집합건물의 경우에는 반드시 관리단이 구성되어야 하고, <u>그 구성원은 구분소유자만이 될 수 있고, 그 구분소유자가 그 전유부분을 타인에게 임대하여 임차인이 사실상 그 전유부분을 점유, 사용하고 있는 경우에도 그 임차인은 위 관리단의 구성원이 될 수 없는 것</u>으로, 이는 구분소유자의 그 건물이나 대지, 부속시설 등에 대한 공동관리의식을 높이기 위한 것**이며, 또 위 법 제24조 제1,2항은 구분소유자가 10인 이상일 때에는 관리인을 선임하여야 하고, 그 선임은 관리단집회의 결의에 의한다고 규정하며, 위 법 제28조 제

1항은 건물과 대지 또는 부속시설의 관리 또는 사용에 관한 구분소유자 상호간의 사항 중 이 법에서 규정하지 아니한 사항은 규약으로 정할 수 있다고 규정하고, 위 법 제29조 제1항 전단은 그 규약의 개정은 앞서 본 관리단집회에서 구분소유자 및 의결권의 각 4분의 3 이상의 찬성을 얻어 행한다라고 규정하고 있는바, 이 때 규약이라 함은 관리단의 최고 자치규범 내지는 일종의 정관에 유사한 객관화된 단체의 자치법규로, 그 중요성에 비추어 보아 위 법 **제23조 제1항, 제29조 제1항 전단은 각 강행규정으로, 그 규약의 개정은 구분 소유자들로서만 구성된 관리단집회의 결의에 의하지 아니하면 안 되며**, 또 설사 **구분소유자 전원의 합의가 있다고 하더라도 위 규정과 다른 규정을 두는 것은 허용되지 않는다고 해석함이 상당하다**고 보여진다.

집합건물인 상가의 구분소유자 일부만이 주주가 되어 설립한 주식회사가 그 상가를 관리하였다 하더라도 이를 집합건물법 소정의 관리단으로 볼 수 없다고 한 사례(대법원 2002. 10. 11. 선고 2002다43851 판결)

판례 해설

집합건물법상 관리인과 건물 관리업체는 근본적으로 다르다. 즉 집합건물법상 관리인은 동법 제24조에서 규정한 바와 같이 관리단 집회의 결에 의해서만 선임·해임될 수 있다. 거기에 더하여 관리인으로 선출된다면 동법 제25조의 관리단 대표로서의 권한을 행사할 수 있다. 그에 반하여 관리업체는 단순 용역업체에 불과하여 관리단과 계약을 체결하고 관리업무를 맡을 뿐 관리단에 어떠한 권한을 행사할 수 있는 것이 아니다. 그럼에도 불구하고 일반적으로 관리업체가 관리인인 양 생각하는 경우가 종종 있고 대상판결과 같은 내용의 판시가 나오게 된다.

대상판결은 구분소유자 일부만이 주주로 되어 있는 주식회사가 관리업무를 맡아 왔는바 그와 같은 주식회사가 관리단 집회에서 관리인으로 선출되었다면 모를까 단순히 주식회사 일부 또는 전부의 주주가 관리단에 소속되어 있는 일부 구분소유자로 구성된 경우에는 이를 집합건물법상 관리인이라 볼 수 없고 결국 기존 주식회사의 행위에 관하여 관리단이 승계할 의무는 존재하지 않는다고 보았다.

법원 판단

주식회사와 피고는 집합건물인 대림프라자 상가건물의 관리단으로서 동일성을 가지고 있으므로 주식회사가 상가 관리단으로서 가지고 있는 모든 채권채무는 피고에게 포괄승계되었으므로, 이 사건 승계집행문이 부여되어야 한다는 원고의 주장에 대하여, 집합건물의소유및관리에관한법률 제23조 제1항에서 정한 관리단은 건물에 관하여 구분소유관계가 성립하면 어떠한 조직행위가 없더라도 당연히 성립하는 것이지만, 그 구분소유자 전원을 구성원으로 하여 성립되는 것인데, 원고가 제출한 모든 증거들에 의하여도 **주식회사가 이 사건 상가의 구분소유자 전원을 구성원으로 하여 성립된 단체라고 인정하기에 부족**하고, 달리 이를 인정할 만한 증거가 없을 뿐만 아니라, 오히려 위에서 인정한 사실에 의하면, **주식회사는 구분소유자 등 8명만이 주주가 되어 설립된 상법상의 회사에 불과**하고, 비록 주식회사가 이 사건 상가의 운영을 위하여 설립되었고, 또 실제 운영하였다고 하더라도 **같은 법률에서 정한 관리단에 해당한다고 할 수는 없으므로**, 주식회사가 이 사건 상가의 관리단임을 전제로 하는 원고의 위 주장은 나아가 살펴볼 필요 없이 이유 없다고 판단하여, 원고의 위 주장을 배척하였다.

> 제23조(관리단의 당연 설립 등)
> ① 건물에 대하여 구분소유 관계가 성립되면 구분소유자 전원을 구성원으로 하여 건물과 그 대지 및 부속시설의 관리에 관한 사업의 시행을 목적으로 하는 관리단이 설립된다.

관리단 사건에서 관리단만이 당사자능력을 가질 뿐, 관리단 대표회의는 당사자능력이 없다(서울남부지방법원 2017카합20041 업무방해금지가처분)

> **판례 해설**
>
> 아파트와 관련된 소송에서 입주자대표회의가 당사자 능력을 가지는 것을 보고, 집합건물 사건에서 그와 유사한 기관인 관리위원회 또는 관리단 대표회의를 당사자로 기재하여 소송을 하는 경우가 종종 있다. 즉 아파트 입주자대표회의는 동대표들로 구성되어 있고 관리단 대표회의는 층

별 대표들로 구성되어 있기 때문에 언뜻 보면 관리단 대표회의도 그와 같이 인정될 수 있는 것으로 착각하는 것이다.

그러나 법원에서는 일관되게 관리단 대표회의는 관리단의 내부기구에 불과하며 집합건물 사건에서는 **관리단만이 적법한 당사자 능력을 가질 수 있다고 판단한다.** 이는 아파트 관련 소송에서 <u>입주자대표회의만이 당사자 능력을 가지고 있고 그 산하 선거관리위원회는 하부 기구에 불과하다는 법리와도 유사하다.</u>

이와 같은 점을 고려하여 관리단 내부의 관리단 대표회의가 모든 의사결정을 하더라도 <u>소송 자체는 '관리단'의 이름으로 제기</u>하여야 한다는 점을 기억하여야 할 것이다.

법원 판단

채권자 관리단대표회의의 신청에 관하여

제1항의 소명사실에 의하면, **채권자 관리단대표회의는** 관리규약 제15조 제2항에 근거하여 관리단을 대표하기 위하여 전체 구분소유자 중 관리인을 포함하여 7명의 임원으로 구성된 조직으로서 OOOOOO타워 관리단의 업무 중 중요사항을 심의·결정하는 집합건물의 소유 및 관리에 관한 법률(이하 '집합건물법'이라고 한다)상의 **관리위원회 또는 이 사건 집합건물 관리단의 내부기구에 불과**한 것으로 보이고[채권자 관리단 대표회의는 채무자가 채권자 관리단대표회의가 이 사건 집합건물

의 관리단임을 자백하였다고 주장하나, 이는 사실에 관한 사항이 아니고 당사자능력에 관한 사항이므로 채무자가 다투지 아니한다고 하여 법원은 여기에 구속되지 아니하고(이른바 권리자백에 해당할 뿐이다) 직권으로 채권자 관리단대표회의의 당사자능력에 관하여 판단할 수 있다], 스스로 단체로서의 실체를 갖추고 독자적인 활동을 하고 있다고 볼만한 자료는 없으며, 이 사건 집합건물의 구분소유자 전원을 구성원으로 하여 당연히 성립된 단체인 관리단 또는 위 관리단의 관리인으로 볼 수 없으므로 **당사자능력이 인정되지 아니한다.**

> 민사소송법 제52조(법인이 아닌 사단 등의 당사자능력) 법인이 아닌 사단이나 재단은 대표자 또는 관리인이 있는 경우에는 그 사단이나 재단의 이름으로 당사자가 될 수 있다.

일부 공용부분 관리단 성립 관련 사례

집합건물의 어느 부분이 일부 공용부분인지 결정하는 기준 (대법원 2021. 1. 14 선고 2019다294947 판결 [공유물인도청구])

> **판례 해설**
>
> 집합건물의 공용부분 중 일부의 구분소유자만의 공용에 제공되는 것임이 명백한 일부 공용부분은 그 구분소유자들의 공유에 속한다. 이때 <u>건물의 어느 부분이 구분소유자의 전원 또는 일부의 공용에 제공되는지는 소유자들 사이에 특단의 합의가 없는 한 구분소유가 성립될 당시 건물의 구조에 따른 객관적인 용도에 의하여 결정</u>되고(대법원 2016. 5. 27. 선고 2015다77212 판결, 대법원 2018. 10. 4. 선고 2018다217875 판결 등 참조), 구분소유가 성립될 당시 건물의 구조에 따른 객관적인 용도에 비추어 일부공용부분인 부분의 구조나 이용 상황을 그 후에 변경하더라도, <u>그 부분을 공유하는 일부 구분소유자 전원의 승낙을 포함한 소유자들의 특단의 합의가 없는 한, 그러한 사정만으로 일부공용부분이 전체공용부분이 되는 것은 아니다.</u>
>
> 대상판결은 하나의 아파트 각각의 동의 입주민이나 구분소유자들이 다른 동에 관하여 자유로운 출입이 가능한지 여부 즉 다른 동 옥상이

전체 공용부분인지 아니면 일부 공용부분인지 여부가 문제가 되었는 바, 일부 공용부분의 기준은 구분소유자가 성립될 당시의 건물을 구조를 기준으로 판단하여야 하고 자유로운 출입이 불가능한 구조인 점에서 다른 동의 옥상은 일부 공용부분이라고 하여 해당 동 구분소유자만을 위한 일부 공용부분이라고 판단하였으며, 이에 대해 구분소유자 전체의 동의가 아닌 이상 입주자대표회의가 의결을 통하여 일부 공용부분이 전체 공용부분으로 변경되는 것은 아니라고 판단하였다.

법원 판단

집합건물의 공용부분 중 일부의 구분소유자만의 공용에 제공되는 것임이 명백한 일부 공용부분은 그들 구분소유자의 공유에 속한다[집합건물의 소유 및 관리에 관한 법률(이하 '집합건물법'이라고 한다) 제10조 제1항]. 이때 **건물의 어느 부분이 구분소유자의 전원 또는 일부의 공용에 제공되는지는 소유자들 사이에 특단의 합의가 없는 한 구분소유가 성립될 당시 건물의 구조에 따른 객관적인 용도에 의하여 결정되고**(대법원 2016. 5. 27. 선고 2015다77212 판결, 대법원 2018. 10. 4. 선고 2018다217875 판결 등 참조), **구분소유가 성립될 당시 건물의 구조에 따른 객관적인 용도에 비추어 일부공용부분인 부분의 구조나 이용 상황을 그 후에 변경하더라도, 그 부분을 공유하는 일부 구분소유자 전원의 승낙을 포함한 소유자들의 특단의 합의가 없는 한, 그러한 사정만으로 일부공용부분이 전체공용부분이 되는 것은 아니다.** 그리고 이러한 법리는 여러 동의 집합건물로 이루어진 단지 내의 특정 동의 건물 부분으로서 구분소유의 대상이 아닌 부분이 해당 단지 구분소유자 전원의 공유에 속하는지, 해당 동 구분소유자 등 일부의 구분소유자만이 공유하는 것인지를 판단할 때에도 마찬가지로 적용된다(집합건물법 제52조, 제51조, 제3조 제1항 참조).

2. 원심은, 이 사건 옥상이 설치된 ○○○동이 아닌 이 사건 아파트 단지 내 다른 동의 구분소유자도 관리사무소의 승인을 얻어 ○○○동 출입구로 출입하는 방법으로 이 사건 옥상에 접근이 가능한 점, 이 사건 옥상에 설치된 잔디밭에 의한 조경 개선의 편익과 ○○○동이 아닌 같은 단지 내 다른 7개 동 옥상에 설치된 이동통신 중계기에 의한 이동통신 음영지역의 제거라는 편익을 각 해당 시설이 설치되지 않은 다른 동 구분소유자들도 누리는 점, 이 사건 아파트 단지 전체 입주자대표회의가 이 사건 옥상 등에 텃밭을 조성하는 결의를 한 것은 이 사건 옥상이 전체공용부분에 해당함을 전제로 한 것으로 볼 수 있다는 점 등의 이유를 들어 이 사건 옥상이 ○○○동 구분소유자만이 공용하도록 제공되는 것임이 명백하다고 볼 수 없고, 따라서 △△△동의 구분소유자 중 1인인 반소원고 등 이 사건 아파트 단지의 구분소유자 전원이 이 사건 옥상을 공유한다고 판단하였다.

3. 그러나 원심의 이와 같은 판단은 다음과 같은 이유로 그대로 수긍하기 어렵다.

가. 원심판결 이유와 기록에 의하면, 이 사건 옥상은 ○○○동 건물의 지붕과 일체를 이루도록 설치되어 있고, ○○○동 구분소유자는 그가 구분소유하는 ○○○동의 내부 또는 외부에서 이 사건 옥상에 접근할 수 있으나, 다른 동의 구분소유자는 관리사무소의 승인을 얻어 ○○○동 지하와 1층 출입구를 통해 출입하지 않고서는 이 사건 옥상에 접근조차 할 수 없음을 알 수 있다. 또 위와 같은 구조적 상황은 ○○○동 등 이 사건 아파트 단지 전체에 관하여 구분소유가 성립된 때의 상황과 변함이 없는 것으로 보인다.

나. 위와 같은 사실관계를 앞서 본 법리에 비추어 본다. ○○○동 구분소유자는 이 사건 옥상과 일체를 이루는 지붕을 건물의 안전과 외관 유지라는 기본적 용도대로 이용할 뿐 아니라 이 사건 옥상을 능동적으로 이용하는 데에 건물의 구조상 아무런 장애가 없는 반면, 다른 동의 구분소유자는 ○○○동 출입구에 의하여 이 사건 옥상에의 접근이 차단되고, 다만 입주자대표회의 등의 결정을 집행하는 관리사무소의 승인을 얻어 이 사건 옥상에 접근할 수 있을 뿐이므로, 건물의 구조에 따른 이 사건 옥상의 이용 가능성에서 ○○○동 구분소유자와 ○○○동 구분소유자 아닌 이 사건 아파트 단지 구분소유자는 본질적인 차이가 있다고 할 것이다. 따라서 이 사건 옥상은 ○○○동 구분소유자만의 공용에 제공되는 것임이 명백한 일부공용부분으로서 ○○○동 구분소유자만의 공유에 속한다고 보아야 하고, 이 사건 아파트의 구분소유가 성립한 후에 이 사건 옥상 등을 어느 용도로 이용한 데 따른 반사

적 이익의 귀속이나 ○○○동 구분소유자 전원의 승낙을 포함한 구분소유자들의 특단의 합의가 아닌 입주자대표회의의 결정을 고려하여 이 사건 옥상 소유권의 귀속주체를 달리 볼 수 없다.

다. 그럼에도 그 판시와 같은 이유만으로 이 사건 옥상이 이 사건 아파트 단지의 구분소유자 전원이 소유하는 전체공용부분에 해당한다고 본 원심의 판단에는 단지를 구성하는 집합건물 부분의 소유권 귀속에 관한 법리를 오해하여 판결에 영향을 미친 잘못이 있다. 이 점을 지적하는 상고이유 주장은 이유 있다.

관리단 집회 관련 절차

1. 소집권자

구분소유자 1/5의 동의로서 관리인에게 관리단 집회 소집을 요구하는 경우 일정한 의안에 관하여 목적사항을 구체적으로 밝혀 요구하여야 하고 그렇지 않을 경우 해당 의안의 요구는 무효(의정부지방법원 고양지원 2015비합24 관리단집회소집허가)

> **판례 해설**
>
> 뒤에서 보는 바와 같이 일정한 의안에 관하여는 구체적인 목적사항을 기재하여야만 적법하고 그렇지 않을 경우 본 판례에서 보는 것과 같이 해당 의안은 부적법한 의안으로 무효로 판단될 우려가 있다(즉 원칙적으로 관리단 집회 전체가 무효로 되진 않는다).

법원 판단

신청인들은 별지 2 제1, 4항 기재 사항과 제2항 중 '그 위탁 관리사무소에 대한 신임'을 회의 목적으로 하는 관리단집회 소집 허가를 구한다.

그러나 집합건물법 제26조 제1항은 "관리인은 대통령령으로 정하는 바에 따라 매년 1회 이상 구분소유자에게 그 사무에 관한 보고를 하여야 한다."고 규정하고 있고, 집합건물법 시행령 제6조 제1항은 관리인이 보고해야 할 사무로 '관리단의 사무 집행을 위한 분담금액과 비용의 산정방법, 징수·지출·적립내역에 관한 사항(제1호)', '제1호 외에 관리단이 얻은 수입 및 그 사용 내역에 관한 사항(제2호)', '관리위탁계약 등 관리단이 체결하는 계약의 당사자 선정과정 및 계약조건에 관한 사항(제3호)'을 규정하고 있으며, 제2항은 "관리인은 규약에 달리 정한 바가 없으면 월 1회 구분소유자에게 관리단의 사무 집행을 위한 분담금액과 비용의 산정방법을 서면으로 보고하여야 한다."고 규정하고 있다. 따라서 **관리비 내역, 그 근거자료 공개는 법률이 정하고 있는 관리인의 의무이므로, 관리단집회에서 결의할 사항이 아니거나 회의 목적으로 하기에 적절한 사항이 아니라고 본다.** 그리고 관리사무소는 통상 관리인이 정해지면 관리인의 직원으로 구성하거나 관리인이 위탁하여 구성하는 것이므로, 별지 2 제2항 중 '관리사무소에 대한 신임'도 관리단 집회에서 결의할 사항이 아니거나 회의 목적으로 하기에 적절한 사항이 아니라고 본다.

또한 관리단집회의 소집은 회의의 목적 사항을 구체적으로 밝혀 청구하여야 하는데, 위 **'규약 변경'은 변경할 규약이 무엇인지조차 특정되지 않았다. 게다가 소갑 제9호증의 기재에 의하면 신청인들이 보낸 소집통지서에 "4) 규약 변경(현재 집합건물법 등에 따라 무효인 규약**

의 많으며, 구분소유자들의 관리인에 대한 감독 기능을 강화하기 위한 관리위원회 제도 도입 등을 위함)"이라고 기재되어 있기는 하나, 무효인 규약이 무엇인지 알 수 없으므로, 신청인들이 회의의 목적 사항을 구체적으로 밝혔다고 볼 수 없다.

> 제34조(집회소집통지)
> ① 관리단집회를 소집하려면 관리단집회일 1주일 전에 회의의 목적사항을 구체적으로 밝혀 각 구분소유자에게 통지하여야 한다. 다만, 이 기간은 규약으로 달리 정할 수 있다.

구분소유자 1/5의 동의를 받은 사람은 법원에 관리단 집회 소집허가를 신청하게 되고 이 경우 구분소유자 1/5 전원이 소송의 당사자가 되어 법원에 허가를 신청하여야 한다(의정부지방법원 고양지원 2015비합24 관리단 집회 소집 허가).

> 판례 해설
>
> 집합건물법 제33조에 따르면 관리인이 있는 경우 구분소유자 1/5의 소집 요청에도 불구하고 관리인이 받아들이지 않을 경우 법원 허가를 통하여 관리단 집회를 자체적으로 소집할 수 있다. 다만 법원에 소집허가를 신청할 경우 대부분의 일반인뿐만 아니라 법조인마저도 구분소유자의 일부만을 신청당사자로 하여 허가 신청을 하는 등의 실수를 하는 경우가 종종

있다.

> 집합건물법 제33조에 의하여 소집요청 및 소집 허가를 신청할 수 있는 자는 구분소유자 1/5이므로 소집동의를 했던 "**구분소유자 1/5 전원"이 신청 당사자가 되어 신청**을 하여야 하고, 그렇지 않을 경우에는 부적법하여 각하될 수 있으므로 대상판결의 법리를 특히 유의하여 이와 같은 실수를 하지 않는 것이 필요하다.

법원 판단

집합건물법은 구분소유자의 1/5 이상이 회의의 목적 사항을 구체적으로 밝혀 관리인에게 관리단집회의 소집을 청구하였음에도 관리인이 그 소집통지 절차를 밟지 아니한 경우 청구한 구분소유자는 법원에 그 소집허가를 신청할 수 있도록 규정하고 있다(제33조 제1, 3항).

위 인정 사실에 의하면, **구분소유자 총수의 1/5인 31명(155명 × 1/5)을 넘는 69명이 이 사건 소집청구를 하였음에도 사건본인의 관리인이 임시 관리단집회를 소집하지 않았고, 위 69명 중 신청인들 57명이 이 사건 신청을 하였으므로**, 특별한 사정이 없는 한 위 규정에 따라 신청인들에 대하여 주문 제1항 기재 사항을 회의 목적으로 하는 임시 관리단집회 **소집을 허가함이 상당**하다(별지 2 제2항 중 '관리인 신임', 제3항 기재 사항은, 현 관리인을 해임하고 새로운 관리인 선임하며, 관리위원회를 설치하고 관리위원회 위원 선임하기 위한 것이므로, 그 의미를

분명하게 하기 위해 주문 제1항 기재 사항을 회의 목적으로 한다)

> 제33조(임시 관리단집회)
> ① 관리인은 필요하다고 인정할 때에는 관리단집회를 소집할 수 있다.
> ② 구분소유자의 5분의 1 이상이 회의의 목적 사항을 구체적으로 밝혀 관리단집회의 소집을 청구하면 관리인은 관리단집회를 소집하여야 한다. 이 정수(定數)는 규약으로 감경할 수 있다.
> ③ 제2항의 청구가 있은 후 1주일 내에 관리인이 청구일부터 2주일 이내의 날을 관리단집회일로 하는 소집통지 절차를 밟지 아니하면 소집을 청구한 구분소유자는 법원의 허가를 받아 관리단집회를 소집할 수 있다.

관리규약에서 관리위원회 회장이 관리단 집회를 소집할 수 있다고 규정한 경우 실질적인 관리단집회 소집권한의 주체 (대전지방법원 천안지원 2018. 12. 14. 선고 2018가합476)

> **판례 해설**
>
> 집합건물법에서는 실질적으로 매회 구분소유자 전체를 소집하여 관리단집회를 개최하기가 어려운 점을 입법적으로 보완하기 위해 관리위원회라는 제도를 마련하였다. 이러한 관리위원회는 관리단집회에서 처리하는 일부 안건을 처리하고, 관리인의 사무 집행을 감독하는 역할(집합건물법 제26조의2 제2항)을 하기도 하는데, 종종 이러한 관리위원회에 법률상 부여한 권한보다 더 많은 권한을 부여하려는 관리단들도 종종 존재한다.

특히 관리위원회 회장이 관리인이나 관리단의 임원 등을 겸직할 수 있는지가 문제가 될 수 있다. 이에 서울시 상가집합건물 표준관리규약 제63조 제2항에서는 다음과 같은 규정을 두어 관리위원회에 지나친 권한을 부여하지 않도록 하고 있으나 대상이 되는 사안은 이를 규약으로 규정하지 않아 문제가 생긴 경우에 해당한다.

상가 집합건물 표준관리규약
제63조(관리위원회 위원의 자격 등)
① 관리위원회 위원의 자격에 관하여는 제53조를 준용한다.
② 관리위원회 위원은 관리인, 관리단 임원, 감사를 겸직할 수 없다.

당해 사안에서는 오히려 건물의 관리규약을 통해 관리위원회의 회장에게 관리인을 겸직할 수 있도록 하고, 관리인의 권한인 관리단집회 소집권한을 관리위원회의 회장에게 주었는바, 원고는 이 사건 건물 구분소유자가 아니라서 관리위원회 회장의 자격이 없는 K가 관리단 집회를 소집하였기 때문에 무효라고 주장하였다. 그러나 당해 판결은, 관리위원회의 회장이 구분소유자여야 한다는 점은 인정하지만 원칙적으로 관리위원회 회장이 관리인을 겸직할 수 없고 따라서 이 사건 규약에서 관리단 소집의 주체를 관리위원회 회장으로 규정하였다 하더라도 관리단 소집의 주체는 관리인에 한정되기 때문에 구분소유자는 아니지만 관리인인 K가 소집한 관리단집회는 적법하다고 적시하고 있다.

법원 판단

가. 관련법리

집합건물법에 따르면 집합건물의 경우 구분소유자 전원을 구성원으로 하여 건물과 대지 및 부속시설의 관리에 관한 사업의 시행을 목적으로 하는 관리단이 당연히 성립하고(법 제23조 제1항), 관리단을 대표하고 관리단의 사무를 집행하는 자는 관리인이며, 관리인은 원칙적으로 관리단 집회의 결의로 선임·해임되었는바, 구분소유자일 필요가 없다(법 제24조 제1항 내지 제3항). 한편, 관리단에는 규약으로 정하는 바에 따라 관리위원회를 둘 수 있고, 관리위원회를 둘 경우 관리위원회는 관리인의 사무 집행을 감독하며, 관리인은 일정한 행위를 하려면 관리위원회의 결의를 거쳐야 하는바(법 제26조의2, 제25조 제1항), 관리위원회의 위원장 1인 및 위원은 구분소유자 중에서 관리단 집회의 결의에 의하여 선출하고(법 제26조의3 제1항, 동법 시행령 제7조 제3항), 관리위원회의 위원장은 관리위원회를 소집하고 그 회의를 주재할 수 있다(동법 시행령 제9조, 제11조 제1항 제1호).

다. 판단

1) 원고의 주장 중 1)부분에 관한 판단

이 사건 건물 관리규약 제3장 관리단 집회의 장에는 이 사건 건물 관리단 집회 소집과 관련하여 '관리위원회 회장'이 이를 소집하도록 규정하고 있지만, 앞서 본 **집합건물법에 따른 관리위원회의 업무와 역할 등**

을 종합하여보면 관리인(관리단 대표)과 관리위원회 회장이 구분되는 것임에도 불구하고, 이 사건 관리규약 제20조 제1항은 관리위원회 회장이 관리인도 겸직하도록 규정하고 있는 등(이 규정의 효력여부는 별론으로 한다) 이 사건 관리규약에서 관리인과 관리위원회 회장을 혼용하여 사용하고 있는 것으로 보이는 점 등에 비추어 **이는 그 기재에도 불구하고 실질적으로 관리단 대표가 관리단 집회를 소집하면 된다는 의미**로 해석할 수 있다. 따라서 앞서 본 집합건물법에 따르면 **관리단을 대표하는 관리인은 구분소유자일 필요가 없으므로** 이 사건 건물의 I호 구분소유자인 J의 남편 K가 관리인으로서 관리단 집회를 소집하였다면 K가 구분소유자가 아니라고 하더라도 그 이유만으로 2018. 1. 25. 개최된 이 사건 건물 관리단 집회가 무효라고 볼 수 없는바, 이와 다른 전제에 선 원고의 이 부분 주장은 이유없다.

제26조의2(관리위원회의 설치 및 기능)
② 관리위원회는 이 법 또는 규약으로 정한 관리인의 사무 집행을 감독한다.

2. 소집동의

집합건물법 제33조 제4항에서 정한 임시 관리단집회를 소집할 수 있는 구분소유자의 수는 자연적 의미의 구분소유자를 의미한다(대법원 2016. 9. 23. 선고 2016다26860 판결).

> **판례 해설**
>
> 집합건물법 제33조에서 규정한 관리단 집회를 소집할 수 있는 방법으로 ① 관리인이 하거나, ② 관리인이 있는 경우 구분소유자 1/5이 동의를 얻어 관리인에게 소집요청을 하고 이에 대하여 소집을 하지 않으면 법원의 허가를 얻어 소집을 할 수 있고, ③ 만약 관리인이 없는 경우라면 구분소유자 1/5이 소집동의를 하여 소집할 수 있고 이때 소집권자는 구분소유자 1/5에 해당하는 자들이다.
>
> 대상판결은 구분소유자 1/5의 동의요건과 관련하여 이때의 구분소유자의 개념에 관하여 판시한 것이다. 집합건물법상 다른 규정에서도 역시 "구분소유자"라는 개념이 등장하고, 이때의 구분소유자는 자연적 의미의 구분소유자일뿐 구분소유권을 전제하지 않는다고 판시하고 있는바, **소집동의권자 역시 자연적 의미의 구분소유자인지 여부가 문제**되었다.
>
> 대상판결은 집합건물법상 다른 조항과 동일하게 제33조 소정의 구분소유자 역시 자연적 의미의 구분소유자를 의미한다고 정리하였다.

법원 판단

1. 집합건물의 소유 및 관리에 관한 법률(이하 '집합건물법'이라 한다) 제33조 제4항은 "관리인이 없는 경우에는 구분소유자의 5분의 1 이상은 관리단집회를 소집할 수 있다. 이 정수는 규약으로 감경할 수 있다."라고 규정하고 있다. 여기서 '구분소유자'라고 정하고 있는 점을 고려하면, 위 규정에서 정한 **임시 관리단집회를 소집할 수 있는 구분소유자의 수를 계산할 때에 한 사람이 그 집합건물 내에 수 개의 구분건물을 소유한 경우에는 이를 1인의 구분소유자로 보아야** 한다.

2. 기록에 의하면, 이 사건 집합건물 내 전체 구분건물인 46개 호실 중 5개 호실을 소유하고 있는 소외 1, 11개 호실을 소유하고 있는 소외 2, 2개 호실을 소유하고 있는 소외 3 등 3명이 이 사건 집합건물에 관한 관리단 임시총회의 소집을 요구한 사실, 이에 따라 2014. 12. 5. 임시 관리단집회인 임시총회가 개최되어 소외 1을 원고의 대표자로 선임하는 결의가 이루어진 사실이 인정된다.

피고는 원심에서 첫째, 집합건물법 제33조 제4항에 따르면 관리인이 없는 경우 구분소유자의 5분의 1 이상이 관리단집회를 소집할 수 있는데, 구분소유자의 5분의 1에 미달하는 구분소유자 3명만이 관리단집회를 소집하였고, 둘째, 집합건물법 제34조 제1항에 따라 관리단집회를 소집하려면 관리단집회 1주일 전에 회의의 목적사항을 구체적으로 밝혀 각 구분소유자에게 통지하여야 하는데, 원고는 관리단집회인 임시총회 2일 전인 2014. 12. 3.에 이르러서야 구분소유자 중 1인인 소외 4에게 소집통지를 하였으므로, 소외 1을 원고의 대표자로 선임한 2014. 12. 5.자 임시총회결의는 무효이고, 결국 이 사건 소는 대표권이 없는 자에 의하여 제기된 것으로서 부적법하다고 본안전항변을 하였음을 알 수 있다.

이러한 경우 원심으로서는 앞에서 본 법리에 따라 **이 사건 집합건물 내에 수 개의 구분건물을 소유한 사람을 1인의 구분소유자로 계산**하여 위 구분소유자 3명이 2014. 12. 5.자 관리단 **임시총회를 소집할 당시 이 사건 집합건물의 전체 구분소유자가 몇 명이었는지를 심리**한 다음, 집합건물법 제33조 제4항이 임시 관리단집회의 소집 요건으로 규정하고 있는 '**구분소유자의 5분의 1 이상이 소집할 것**'이라는 요건을 충족하였는지 또는 이 사건 집합건물의 관리단 규약에서 위 규정이 정한 정족수 요건보다 감경된 정족수 요건을 규정하고 있다면 그 규약에서 정한 정족수 요건을 충족하였는지를 살펴 위 2014. 12. 5.자 임시총회가 적법하게 소집되었는지를 판단하였어야 할 것이다.

제33조(임시 관리단집회)
④ 관리인이 없는 경우에는 구분소유자의 5분의 1 이상은 관리단집회를 소집할 수 있다. 이 정수는 규약으로 감경할 수 있다.

관리단 집회 소집 동의와 관련하여 소집동의의 방식으로 문자나 팩스에 의한 동의도 가능하다(서울중앙지방법원 2016가합512212 판결).

법원 판단

살피건대, 앞서 기초사실에서 본 바와 같이 이 사건 상가 구분소유자 109명이 이 사건 관리단집회의 소집에 동의함으로써 집합건물법 제33조 제4항에서 정하는 요건을 충족하였고, **관리단집회의 의결방법에 관하여 집합건물법 제38조 등에서 제한하는 것과 달리 관리단집회 소집의 동의방법에는 아무런 제한이 없으므로 문자나 팩스 등에 의한 동의가 위법하다고 볼 수 없으며**, 을 제10호증의 기재에 의하면, 피고 관리단 명의로 소집동의서를 징구한 사실은 인정되나, 구분소유자들의 동의의 의사만 표시된다면 동의서를 누구의 명의로 징구하였는지 여부가 동의의 효력에 영향을 미친다고 볼 수도 없다.

> 제33조(임시 관리단집회)
> ① 관리인은 필요하다고 인정할 때에는 관리단집회를 소집할 수 있다.
> ② 구분소유자의 5분의 1 이상이 회의의 목적 사항을 구체적으로 밝혀 관리단집회의 소집을 청구하면 관리인은 관리단집회를 소집하여야 한다. 이 정수(定數)는 규약으로 감경할 수 있다.
> ③ 제2항의 청구가 있은 후 1주일 내에 관리인이 청구일부터 2주일 이내의 날을 관리단집회일로 하는 소집통지 절차를 밟지 아니하면 소집을 청구한 구분소유자는 법원의 허가를 받아 관리단집회를 소집할 수 있다.
> ④ 관리인이 없는 경우에는 구분소유자의 5분의 1 이상은 관리단집회를 소집할 수 있다. 이 정수는 규약으로 감경할 수 있다

관리단집회 소집 동의를 네이버밴드에 댓글 형식으로 받았더라도 원칙적으로 부적법하지는 않다(부산지방법원 동부지원 2016가합101708 판결)

원고 주장

이 사건 결의 당시 피고의 관리인이 없었으므로 구분소유자 1/5 이상이 관리단집회를 소집하여야 하는데, 이 사건 관리단집회는 구분소유자 1/5 이상의 소집에 의하여 개최되지 않았다. E이 2016. 3. 14. 네이버밴드에 올린 글에는 관리단 집회의 개최일시, 목적, 안건 등이 기재되어 있지 않았으므로 구분소유자들이 네이버밴드에서 E의 글에 대하여 댓글을 단 것만으로는 집합건물법 제33조 제4항에 따라 관리단집회를 함께 소집한 것으로 볼 수 없다. 또한 본인 확인 절차가 없었기 때문에 위 댓글을 단 사람들이 실제 구분소유자인지 알 수 없고, 댓글을 단 사람 이름과 해당 호실 구분소유자의 이름이 다른 경우, 적법한 위임 내지 대리권 수여 없이 '대리인'으로 표시하여 댓글을 단 경우, 동일인이 중복으로 댓글을 단 경우에 해당하는 54개의 댓글을 제외하면 관리단집회 소집을 위해 필요한 구분소유자의 수 94명(467명의 1/5)에 미달한다.

법원 판단

갑 제6, 7호증, 을 제6호증(가지번호 포함)의 각 기재와 변론 전체의 취지에 의하면, ① 피고는 2015. 3. 21. 구분소유자 153명이 참석한 임시총회를 개최하여 관리인 및 임원을 선출하는 결의를 하였는데 2015. 12. 15. 이 법원 2015카합10045호 직부집행정지가처분 사건에서 '적법한 소집절차를 거치지 않았고 의결정족수를 충족하지 못하였다'는 이유로 위와 같이 선출된 관리인 및 임원들의 직무집행을 정지한다는 내용의 가처분 결정을 받은 사실, ② 그러자 일부 구분소유자들이 이 사건 건물의 모든 세대의 부동산등기부등본을 발급받아 구분소유자들 전원의 주소를 확보한 다음, 위 결의에서 선출된 임원 중 한 명이었던 H가 구분소유자들에게 '전체 소유자들에게 통지되고 전체 소유자의 과반수 이상의 찬성을 받은 새로운 관리단을 발족시킬 재총회 개최 방법을 찾게 되었으므로, 동봉하는 위임장에 날인하여 보내달라'는 취지의 호소문을 보내면서 회신용 우편봉투에 관리단집회시 임원 선출 표결권 등을 위임한다는 취지의 위임장을 동봉하였던 사실, ③ 2016. 2.경까지 구분소유자 과반수로부터 위임장이 회신되자 E은 2016. 3. 14. 'I'이라는 네이버밴드에 '과반수의 위임장이 확보되었으니 댓글로 100명의 구분소유자들이 응원 및 동의의 글을 남겨주면 이를 총회 소집 요구의 의미로 받아들여 다음 준비를 이행하겠다'는 취지의 글을 게시한 사실, ④ 이에 2016. 3. 30. 까지 총 156개의 댓글이 달린 사실이 인정된다.

위 인정사실에 의하면 E의 글에 댓글을 단 구분소유자들은 2015. 12.경 받은 호소문을 통하여 관리인을 포함한 관리단 임원 선출을 위한 관리단집회를 개최하려 한다는 것을 분명하게 인식한 상태에서 관리단집회 소집에 대하여 동의의 의사표시를 하였다고 보이고, 집합건물법은 구분소유자들이 집합건물법 제33조 제4항에 따라 관리단집회를 소집할 때의 절차, 형식 및 방법 등에 관하여 아무런 제한을 두고 있지 않으므로 **이 사건 건물구분소유자들로 구성된 네이버밴드에서 댓글의 형식으로 소집 동의의 의사표시를 한 것도 집합건물법 제33조 제4항의 소집행위에 해당한다**고 봄이 상당하다.

한편, 앞서 등 증거에 의하면 피고가 부동산등기부등본으로 확인한 구분소유자들의 주소로 호소문을 발송하였고 그 호소문에 네이버밴드 가입 방법이 안내되어 있었던 사실이 인정되는바, 이에 비추어 네이버밴드에 가입한 사람들은 위와 같은 경위로 호소문을 받은 구분소유자들일 것으로 보이므로, 댓글 게재 시 본인 확인 절차가 없다는 사정만으로 댓글에 표시된 구분소유자 의사의 진정성을 섣불리 부정할 수는 없다.

제33조(임시 관리단집회)
④ 관리인이 없는 경우에는 구분소유자의 5분의 1 이상은 관리단집회를 소집할 수 있다. 이 정수는 규약으로 감경할 수 있다.

소집동의의 방법에 문자메세지 전화 등을 통하여도 가능/ 일부 구분소유자에 대하여 우편함 삽입이 예외적으로 적법하다는 사례 (서울동부지방법원 2021. 1. 28. 선고 2019가합104929 [총회결의무효확인])

판례해설

소집동의서나 서면결의서에 대한 위조 여부는 위조를 주장하는 상대방에게 소명책임이 있다. 더 나아가 기존 하급심 판결(서울고등법원 2011. 7. 21. 선고 2010나65841 판결)에서는 각 서면에 관하여 신분증 사본 역시 필요하지 않다는 것을 볼 수 있다. 대상판결에서 상대방은 소집동의서 등이 위조되었다고 주장하였으나 이에 관한 소명책임을 다하지 못하였다.

특히 이 사건에서 주의깊게 보아야 하는 점은 **소명의 편의를 위하여 소집통지의 방법으로 준등기를 이용하고 있는데 이 사건에서는 우편함 삽입을 일단 인정**하였다. 집합건물법에서는 소집통지의 장소로서 전유부분 소재지라고 규정하고 있고 이는 우편함 삽입으로 가능할 것으로 보이나 이는 소명방법으로 지극히 미약하여 **실제로 다른 여러 하급심 판결에서는 이를 인정받지 못하였다**(다만 이 사건에서는 해당 건물에 거주하지 않은 구분소유자에 대하여는 이미 등기로 모두 송달하였다).

따라서 안전하게 관리단집회를 인정받기 위해서는 우편함 삽입에 그치는 것이 아니라 준등기 또는 최소한 우편 통수라도 받아두어야 할 것이다.

법원 판단

가) 을 제7호증의 1, 을 제10, 12호증의 각 기재에 변론 전체의 취지를 더하여 알 수 있는 다음과 같은 사정 등에 비추어 볼 때, D는 원고의 동의를 얻어 원고 명의의 이 사건 총회 소집 동의서를 작성한 것으로 보이고, 달리 D가 원고 명의의 총회 소집 동의서를 위조하였다고 볼 만한 증거가 없다. 설령, **D가 원고의 동의 없이 원고 명의의 이 사건 총회 소집 동의서를 작성하였다고 하더라도, 원고 외에 22명의 구분소유자들이 이 사건 총회 소집에 동의한 이상, 이 사건 총회는 집합건물법 제33조 제4항에서 정하는 구분소유자 5분의 1 이상의 소집요건을 갖추었으므로 적법**하다.

① 원고와 D는 2018. 6. 21.경부터 같은 달 25.경 사이에 문자메시지, 전화 등을 통해 이 사건 총회 소집 동의서 작성과 관련하여 연락을 주고 받았다.

② D는 원고에게 관리단 구성과 관련하여 임대인 과반수의 동의가 필요하기 때문에 원고의 동의가 필요하다는 취지의 문자메시지를 보낸 바 있고, 원고는 2018. 6. 25. D에게 문자메시지를 통해 원고의 주민등록번호 앞자리와 주소를 알려줬다.

③ 원고는 D가 남긴 메시지를 통해 2018. 7. 17.경 이 사건 총회가 개최된 사실을 알았음에도 상당 기간 총회 결의 등에 관한 이의를 제기한 바도 없다.

④ 원고는 이 사건 총회 소집 동의서를 위조하였다는 사문서위조 등

의 범죄사실로 D를 형사고소 하였으나, 서울동부지방검찰청 검사는 2019. 12. 30. D에 대하여 혐의없음(증거불충분)의 불기소결정을 하였다.

나) 나아가 원고는 갑 제6, 8호증(각 가지번호 포함)을 근거로 원고 외에 다른 구분소유자들 명의의 이 사건 총회 소집 동의서와 위임 동의서도 위조되었다고 주장하나, 을 제6, 7호증(각 가지번호 포함) 및 변론 전체의 취지에 의하여 알 수 있는 다음과 같은 사정 등에 비추어 볼 때, 원고가 제출한 증거들만으로는 원고의 위 주장을 인정하기에 부족하고, 달리 이를 인정할 증거가 없다.

① 이 사건 총회 소집 및 위임 동의서에는 구분소유자들의 전유부분의 층과 호수, 주민등록번호 앞자리와 연락처, 주소 등이 명확하게 기재되어 있다.

② 위 동의서의 작성명의자인 구분소유자들이 이 사건 총회 개최 이후 현재까지 동의서 작성과 관련한 이의를 제기한 바도 없다.

③ 이 사건 총회 소집이나 의결권 위임 등에 관하여 동의한 적이 없다는 취지의 사실확인서를 작성한 구분소유자들은 그들 명의로 된 이 사건 총회 소집 동의서나 위임 동의서가 작성된 바 없는 사람들이다.

다) 또한 원고 주장과 같이 이 사건 총회 소집 당시 E가 이 사건 상가의 관리인으로 선임되어 있었다고 인정할 증거가 없고, E가 이 사건 상가를 사실상 관리하고 있었다고 하더라도, 집합건물법 제33조 제4항에서 규정한 관리인에 사실상의 관리인도 포함된다고 해석할 만한 법적 근거도 없다(이 사건 상가의 관리규약 제3조에서도 '관리인은 집합건물법 제

24조에 의하여 선임하여야 하는 자'라고 규정하고 있다).

결국 E가 이 사건 상가 관리단집회의 결의에 의하여 적법하게 선임되었음을 인정할 만한 증거가 없는 이상, D 등 이 사건 총회 소집요구자들(이하 'D 등')이 이 사건 상가의 관리인이 없음을 전제로 집합건물법 제33조 제4항에 따라 이 사건 총회를 소집한 것에 어떠한 하자가 있다고 볼 수 없다.

나. 이 사건 총회의 집회소집통지 절차 위반 여부

가) 을 제3, 17, 19호증의 각 기재에 변론 전체의 취지를 종합하면, D 등이 구분소유자들의 등기부등본상 주소지로 이 사건 총회 소집통지서를 발송하였을 뿐만 아니라, D 등이 2018. 7. 9.경 집합건물법 제34조 제3항에 따라 '구분소유자가 소유하는 전유부분이 있는 장소'인 이 사건 상가의 해당 호실 우편함에 소집통지서를 넣어 둔 사실이 인정된다(이는 상가의 경우 구분소유자들이 전유부분을 임대하여 상가에 상주하지 않는 경우가 많으므로, 전유부분이 있는 장소뿐만 아니라 등기부등본에 기재된 주소지로도 소집통지를 발송한 것으로 보인다). 따라서 이 사건 총회는 집합건물법상 적법한 소집통지 절차를 거친 것으로 보인다.

나) 또한 집합건물법은 구분소유자가 소유하는 전유부분이 있는 장소로의 소집통지는 통상적으로 도달할 시기에 도달한 것으로 보고 있고(제34조 제3항 후문), D 등이 구분소유자들의 각 전유부분인 이 사건 상

가의 우편함에 소집통지서를 넣어둔 이상, 구분소유자들 중 일부가 소집통지서를 실제로 수령하지 못하였다고 하더라도 위와 같은 통지방법이 위법하다고 볼 수 없고, 설령 통지방법에 하자가 인정된다고 하더라도 그 하자가 중대하여 이에 기초한 이 사건 총회 결의 자체가 무효가 된다고 보기는 어렵다.

3. 소집통지

집합건물법상 소집통지는 완화된 발신주의를 채택하고 있어 집합건물법에 규정된 절차에 의하여 진행하면 충분하다(서울고등법원 2016라20966 결정).

판례 해설

관리단과 관련된 소송을 진행하다 보면 가끔씩 상대방으로부터 민법상 도달주의를 근거로 **소집통지가 "도달"되지 않았다는 이유로 반박**하는 주장을 보게 된다. 더 나아가 하급심 법원마저도 이와 동일한 법리에 따른 판단을 내리곤 한다.

그러나 집합건물법에서는 분명히 **소집을 "통지"하여야 한다**고 규정되어 있고, 더욱이 **그 통지는 통상적으로 도달할 시기에 도달한 것으로 "본다"**라고 규정하여 도달주의의 예외를 규정하고 있는바, 이는 대상판결에서 설시하는 바와 같이 **"완화된 발신주의"**를 채택하고 있는 것이다.

이와 같이 집합건물법의 소집통지에 관하여 완화된 발신주의를 채택하고 있는 이유는 만약 **도달주의를 채택할 경우**, 실제로 구분소유자에게 소집통지서가 도달될 때까지 관리단집회를 개최할 수 없으므로 사실상 관리단집회 개최가 불가능하게 되기 때문이다. 즉 구분소유자가 건물에 거주하고 있으면 문제가 없으나, 그렇지 않고 다른 주소를 가지고 있을 경우에는 그들의 주소를 전부 확인하는 것이 거의 불가능에 가깝기 때문이다. 이와 같은 이유로 집합건물법에서는 구분소유자가 소유하는 전유부분이 있는 장소에 발송하면 충분하다고 규정하고 있는 것이다.

다만 판결문에서도 보는 바와 같이 소집통지자가 **일부러 구분소유자들에 대한 통지를 게을리하거나 그 취지에 부합하지 않게 통지를 한다면 이는 결의 취소의 사유가 된다고** 판단하고 있으므로 주의하여야 할 것이다.

법원 판단

서울 중구 I에 있는 집합건물인 E상가(이하 '이 사건 상가'라 한다)의 구분소유자들인 J 외 63명이 서울중앙지방법원 2015비합75호 임시관리단집회허가의 결정에 따라 이 사건 집회를 소집함에 있어 **이 사건 상가 구분소유자들 전체의 등기사항증명서 기재 주소지로 소집통지를 발송하였으나, 그 중 일부의 구분소유자들이 그 통지를 수령하지 못하였다.**

그러나 ① **집합건물법 제34조는 '관리단집회의 소집통지는 구분소유자가 관리인에게 따로 통지장소를 제출하였으면 그 장소로 발송하**

고, 제출하지 아니하였으면 구분소유자가 소유하는 전유부분이 있는 장소로 발송한다. 이 경우 통지는 통상적으로 도달할 시기에 도달한 것으로 본다(제3항)', '건물 내에 주소를 가지는 구분소유자 또는 통지장소를 제출하지 아니한 구분소유자에 대한 통지는 건물 내의 적당한 장소에 게시함으로써 소집통지를 갈음할 수 있음을 규약으로 정할 수 있다. 이 경우 통지는 게시한 때에 도달한 것으로 본다(제4항)'고 규정함으로써 **관리단집회 소집권자의 소집통지의무를 발신주의 등으로 완화**하고 있는 점, ② 이 사건 집회의 소집통지가 구분소유자가 소유하는 전유부분이 있는 장소로 발송되지는 않았지만, **오히려 구분소유자가 소유하는 전유부분에 대한 등기사항증명서 기재 주소지로 발송하는 등으로 상당한 노력을 기울인 것으로 보일 뿐만 아니라, 이 사건 상가 내에 공고문을 게시하기도** 하였던 점 등에 비추어 보면, **위와 같은 소집통지의 방법은 이 사건 집회의 참석률을 높이려는 목적에서 이루어진 것으로 보이는 점**, ③ 집합건물법 제42조의2에 따른 결의취소의 소는 상법 제376조의 총회결의취소의 소와 달리 법원의 재량에 의한 청구기각(상법 제279조 참조) 등의 제도가 마련되어 있지 않고, 결의의 효력에 영향을 미칠 수 없는 정도의 **경미한 하자의 경우에도 결의를 취소한다면 오히려 관리단에게 손해를 끼치거나 일반거래의 안전을 해치는 결과**가 될 수도 있는 점 등에 비추어 집합건물법상의 취소사유를 인정함에 있어 상법상의 총회결의취소의 사유보다 더 엄격하게 해석할 필요도 있는 점 등을 종합하면, **위 사정만으로 이 사건 집회의 결의에 취소사유가 있다고 단정하기 어렵다.**

> 제34조(집회소집통지)
> ③ 제1항의 통지는 구분소유자가 관리인에게 따로 통지장소를 제출하였으면 그 장소로 발송하고, 제출하지 아니하였으면 구분소유자가 소유하는 전유부분이 있는 장소로 발송한다. 이 경우 제1항의 통지는 통상적으로 도달할 시기에 도달한 것으로 본다.

소집통지서에 발의자 명단이 기재되지 않을 경우 부적법할 여지가 있다 (서울남부지방법원 2020. 6. 30. 선고 2019가합115700 [관리행위 중지 및 건물인도 등])

> **판례 해설**
>
> 구분소유자 1/5의 동의를 받아 관리단 집회 절차를 진행할 경우 소집통지서에 발의자 명단을 기재해야 한다는 판례가 종종 있고 본 사례 역시 동일한 판례이다. 그러나 발의자 기재 여부는 집합건물법에 명시적으로 나타나지 않기 때문에 과연 발의자 명단을 기재하지 않았다는 이유만으로 관리단집회에 하자가 존재한다고 보기 어렵고 실제 다른 하급심 판례 역시 그와 같은 견해이다.
>
> 다만 이 사건에서 발의자를 기재하지 않은 점에 관하여 결의 취소사유에 해당할 뿐 무효사유가 아니라고 하여 제소기간이 도과된 원고의 청구를 기각하지는 않았다.

법원 판단(이 사건 관리단 집회의 소집 절차의 하자에 관하여 소집동의 및 통지)

가) 구분소유자 5분의 1 이상의 이 사건 관리단 집회 소집 위임

앞서 본 것과 같이 H이 집합건물법에 의하여 선임된 이 사건 건물의 적법한 관리인이라고 볼 수 없는 이상 이 사건 건물의 구분소유자의 5분의 1은 집합건물법 제33조 제4항의 규정에 따라 법원의 허가절차를 거치지 않고 바로 관리단집회를 소집할 수 있다.

앞서 든 증거에 변론 전체의 취지를 종합하면, 이 사건 관리단집회 당시에 이 사건 건물의 전체 구분소유자 142명 중 5분의 1 이상인 32명<각주2>의 구분소유자가 "A 구분소유자로서 효과적인 건물관리를 위한 ① 관리인 선임의 건, ② 임원 선출의 건, ③ 관리업체 선정동의의 건에 대한 의결을 하기 위한 구분소유자 K의 임시 관리단 집회 소집에 동의합니다."라고 기재된 이 사건 추진위원회 명의의 소집동의서(갑 제7호증)에 각 자신의 성명, 주소 및 구분소유하고 있는 호수를 적고 서명 또는 날인한 사실을 인정할 수 있으므로 이 사건 추진위원회가 이 사건 건물의 구분소유자 중 5분의 1 이상으로부터 관리단집회의 소집에 관한 사항을 위임받았다고 볼 수 있다.

이에 대하여 피고들은 소집동의서가 사실과 다르게 작성되었다고 주장하나, **위 동의서에 I가 아닌 K라고 기재되어 있다고 하여도 이 사건**

건물의 구분소유자들을 기망하여 소집한 것이라거나 위 동의서에 인감증명이 첨부되어 있지 아니하였다는 사정만으로 위 동의서의 진정성립이 부인되거나 이 사건 동의서가 진정한 의사가 없는 상태에서 작성되었다고 단정하기 어렵고, 을 제6호증의 기재에 의하면, L(M호), N(O호), P(Q호), R(S호 점유자), T(U호), V(W호) 6명이 위임을 취소한다는 내용의 사실확인서를 제출하였으나, **이 중 P, V를 제외한 나머지 4명은 소집동의서를 제출하지도 않았고, 위 사실확인서 내용과 같은 동의서 철회도 이 사건 관리단집회 이후인 것으로 보이며, 위 P, V가 동의서를 철회한 것으로 보더라도 이 사건 건물의 전체 구분소유자 142명 중 5분의 1 이상인 30명의 구분소유자가 소집동의서를 제출한 이상 관리단집회 소집에 있어 하자가 있다고 보기 어렵다.**

나) 집회 소집에 동의하였거나 이를 위임한 각 구분소유자의 명의를 밝히지 아니한 하자

다만 집합건물법 제33조 제4항은 "관리인이 없는 경우에는 구분소유자의 5분의 1이상은 관리단집회를 소집할 수 있다."라고 정하고 있다. 그런데 위 규정에 의하여 관리단집회의 소집통지를 하기 위해서는 통지를 받은 구분소유자들이 그 집회가 적법하게 소집된 것임을 알 수 있도록 집회소집에 동의한 5분의 1 이상의 구분소유자 전부의 명의로 소집통지를 하거나, **구분소유자로부터 소집의 위임을 받았다면 최소한 위임자의 명단을 첨부하여 각 구분소유자들에게 개별적으로 통지하여야 할**

것이고, 위와 같은 소집통지가 이루어지지 않을 경우 관리단집회의 소집통지를 받은 구분소유자들은 5분의 1 이상의 구분소유자들의 동의에 따라 관리단집회가 소집된다는 사정을 알 수 없으므로 이를 적법한 소집통지라고 볼 수 없다.

이 사건 건물의 구분소유자들에게 발송된 소집안내문(갑 제10호증)에는 'A 관리단 조직구성 추진위원회'라는 명의로 이 사건 관리단집회를 소집한다는 취지의 내용만이 기재되어 있을 뿐, 위 소집 안내문에 이 사건 관리단집회의 소집에 동의한 구분소유자들의 명단(갑 제7호증)은 첨부되어 있지 아니한 점, 이 사건 건물의 내부에 부착된 소집공고문(갑 제11호증) 역시 'A 관리단 조직구성 추진위원회'의 명의만이 기재되어 있을 뿐이므로, 이 사건 건물의 구분소유자들은 이 사건 관리단집회가 이 사건 건물의 구분소유자 5분의 1 이상의 동의에 따라 소집된다는 사실을 인식하기 어려웠을 것인 점 등을 위 법리에 비추어 보면, 이 사건 관리단집회의 소집 절차에는 이 사건 관리단집회 소집에 동의하였거나 이를 위임한 각 구분소유자의 명의를 밝히지 아니하고 이 사건 관리단집회의 소집을 통지한 하자가 있다고 봄이 상당하다.

3) 이 사건 결의의 효력에 관하여

이 사건 결의에 집회 소집에 동의하였거나 이를 위임한 각 구분소유자의 명의를 밝히지 아니하고 이 사건 관리단집회의 소집을 통지한 하자가 있으나, 집합건물법 제42조의2 제1호는 "구분소유자는 집회의 소

집 절차나 결의 방법이 법령 또는 규약에 위반되거나 현저하게 불공정한 경우에는 집회 결의 사실을 안 날부터 6개월 이내에, 결의한 날부터 1년 이내에 결의취소의 소를 제기할 수 있다."라고 정하고 있고 이 경우 그 취소의 소는 규정취지상 형성의 소로 보아야 하는바, 제33조 제4항에 의한 관리단집회 소집을 통지할 때에 그 집회의 소집에 동의하였거나, 소집을 위임한 각 구분소유자의 명의를 밝히지 않은 것은 위 조항의 "소집 절차가 법령 또는 규약에 위반된 경우"에 해당함이 분명하므로, 위와 같은 하자는 집합건물법 제42조의2 제1호가 정한 결의 취소의 사유가 될 뿐 더 나아가 결의 무효의 사유라고까지 보기는 어렵다.

그런데 이 사건 결의로부터 1년 이내인 2019. 6. 30.까지 이 사건 결의 취소의 소를 제기하였음을 인정할 만한 증거가 없으므로 결국 이 사건 결의는 유효하다.

[동지] 소집통지서에 발의자를 기재해야 한다는 판례 (광주지방법원 2020. 7. 9. 선고 2019나66155 [관리사무소 인도청구])

법원 판단

집합건물법 제33조 제4항은 "관리인이 없는 경우에는 구분소유자의 5분의 1 이상은 관리단집회를 소집할 수 있다"고 규정하고 있다. 그런데

위 규정에 의하여 관리단집회의 소집통지를 하기 위해서는 그 규정의 취지상, 통지를 받은 구분소유자들이 그 집회가 적법하게 소집된 것임을 알 수 있도록 집회소집에 동의한 5분의 1 이상의 구분소유자 전부의 명의로 소집통지를 하거나, 구분소유자로부터 소집의 위임을 받았다면 최소한 위임자의 명단을 첨부하여 각 구분소유자들에게 개별적으로 통지하여야 한다고 봄이 상당하고, 위와 같은 소집통지가 이루어지지 않을 경우 관리단집회의 소집통지를 받은 구분소유자들은 5분의 1 이상의 구분소유자들의 동의에 따라 관리단집회가 소집된다는 사정을 알 수 없으므로 이를 적법한 소집통지라고 볼 수 없다.

돌이켜 이 사건에 관하여 보건대, 갑제5호증의 1, 을 제9호증의 각 기재에 의하면, 이 사건 제1차 집회는 관리인이 없는 상황에서 소집되었으면서도, 위 집회의 소집에 동의한 구분소유자 5분의 1 이상의 명의로 소집통지가 이루어지지 않았을 뿐 아니라 소집통지를 함에 있어서 집회소집에 동의한 구분소유자들의 명단도 첨부되지 않은 사실을 알 수 있으므로, 이 사건 결의는 그 소집절차상 중대·명백한 하자가 있어 무효라고 할 것이다. 따라서 D가 원고의 관리인으로 적법하게 선임되었다고 볼 수 없는 이상, 이 사건 소는 적법한 대표권이 없는 자에 의하여 제기된 것으로 부적법하다.

4. 의결권

집합건물의 소유 및 관리에 관한 법률 제41조 제1항 본문에서 정한 구분소유자의 서면 결의의 수를 계산할 때에 한 사람이 집합건물 내에 수 개의 구분건물을 소유한 경우에는 이를 1인의 구분소유자로 보아야 한다(대법원 2011. 10. 13. 선고 2009다65546 판결 [관리비등]).

판례 해설

최근에는 일단락 되었으나 이전에는 구분소유자의 개념에 관하여 다소의 다툼이 있었다. 즉 수 개의 구분소유권을 가진 구분소유자에 대하여 구분소유권의 개수대로 정족수가 산정되는지 아니면 수 개의 구분소유권을 가지고 있더라도 결국 자연적 의미에서 하나의 의결권만을 행사할 수 있는지 다소의 해석의 여지가 있었고, 이 사건 원심에서도 구분소유권의 개수대로 정족수를 계산하였다.

그러나 집합건물법 자체에는 '구분소유권 및 의결권의 2/3, 3/4'라고 규정되어 있어 구분소유권과 더불어 의결권, 즉 면적을 고려해 정족수를 산정하는바, 결국 수 개의 구분소유권을 가진 구분소유자가 하나의 정족수만 가진다고 하더라도 그와 별도로 의결권, 즉 면적을 고려하여 전체 정족수를 산정하기 때문에 크게 불리한 것이 없었고, 오히려 이와 같은 산정하는 것이 타당하였다.

결국 구분소유권을 많이 가진 사람과 구분소유권은 하나이지만 구분

> 소유자로서의 권리를 가진 사람의 이해관계를 고려하여 두 개 모두 정족수 산정의 기초로 해석하는 것이 집합건물법의 취지에 타당하다고 할 것이다.

법원 판단

1. 원심은 제1심판결 이유를 인용하여, 이 사건 관리단규약은 집합건물법 제41조 제1항에 의하여 구분소유권자 및 의결권의 각 5분의 4 이상의 서면 결의에 의하여 설정되었어야 하는데 이 중 구분소유권자의 서면 결의 요건을 충족하지 못하여 이 사건 관리단규약은 무효이고, 따라서 위 관리단규약에 의하여 의결권의 과반수 찬성으로 선출된 원고의 대표자 소외인은 대표권이 없으므로 그가 원고를 대표하여 제기한 이 사건 소가 부적법하다는 피고의 본안전항변에 대하여, **한 사람이 집합건물 내에 수 개의 구분점포를 소유하고 있는 경우 그 구분소유권의 수대로 구분소유자의 수를 계산**하여야 한다고 전제한 후 판시 증거에 의하여 2002. 8.경 이 사건 백화점의 구분소유자 2,284명 중 1,832명(구분소유자의 80.21%), 의결권 45,064,799㎡ 중 40,880,587㎡(의결권의 90.72%)가 각 서면 결의하여 이 사건 관리단규약을 제정한 사실과 소외인이 이 사건 관리단규약에 따라 관리단집회에서 전체 의결권의 과반수 찬성으로 선출된 사실을 인정한 다음, 이 사건 관리단규약은 집합건물법 제41조 제1항이 정한 서면 결의의 요건을 충족하여 적법하게 설정되었고, 소외인은 관리단규약에 따라 적법하게 선출되었다고 판단하여 피

고의 본안전항변을 배척하였다.

2. 그러나 위와 같은 원심의 판단은 다음과 같은 이유로 수긍할 수 없다

집합건물의 소유 및 관리에 관한 법률 제41조 제1항 본문은 "이 법 또는 규약에 따라 관리단집회에서 결의할 것으로 정한 사항에 관하여 구분소유자의 5분의 4 이상 및 의결권의 5분의 4 이상이 서면으로 합의하면 관리단집회에서 결의한 것으로 본다."고 규정하고 있는데, 위 **서면 결의의 요건을 구분소유자의 수와 의결권의 수로 정함으로써** 집합건물에 대하여 **인적 측면에서 "공동생활"관계와 재산적 측면에서 "공동소유"관계를 함께 고려하여 공정하고 원활하게 이를 유지, 관리하려는 데 그 입법 취지가 있는** 점과 위 규정의 문언이 '구분소유자'라고 정하고 있는 점에 비추어 보면 위 규정에서 정한 구분소유자의 서면 결의의 수를 계산함에 있어서 <u>한 사람이 그 집합건물 내에 수 개의 구분건물을 소유한 경우에는 이를 1인의 구분소유자로 보아야 한다.</u>

따라서 원심으로서는 **이 사건 관리단규약의 설정에 관한 위 서면 결의의 요건을 심리함에 있어 집합건물인 이 사건 백화점 내에 수 개의 구분점포를 소유한 사람을 1인의 구분소유자로 계산하여 이 사건 관리단규약이 유효하게 설정되었는지를 살펴보고,** <u>이 사건 관리단규약이 구분소유자의 서면 결의의 요건을 충족하지 못하여 무효라면 원고의 대표자가 집합건물의 소유 및 관리에 관한 법률 제24조 제2항, 제38조 제1항에 의하여 관리단집회에서 구분소유자의 과반수 및 의결권의 과반수</u>

<u>로써 선출되어야 함</u>에도 이 사건 관리단규약에서 정한 바에 따라 관리단집회에서 의결권의 과반수로써 선출되었으므로 그 대표권이 없다고 판단하였어야 할 것인데도 앞서 본 바와 같은 이유로 피고의 본안전항변을 배척하고 말았으니, 이 부분 원심판결에는 구분소유자의 서면 결의의 요건에 관한 법리를 오해하여 판결 결과에 영향을 끼친 위법이 있다. 이 점을 지적하는 상고이유의 주장은 이유 있다.

> 제38조(의결 방법)
> ① 관리단집회의 의사는 이 법 또는 규약에 특별한 규정이 없으면 구분소유자의 과반수 및 의결권의 과반수로써 의결한다.

위임장 제출과 동시에 본인 확인 서류가 첨부되지 않았다고 하여 위법하다고 볼 수 없다 / 관리단집회에서 의결권을 대리행사하는 대리인 자격이 구분소유자로 한정되지는 않는다(서울고등법원 2011. 7. 21. 선고 2010나65841 판결).

> 판례 해설
>
> 관리단 집회와 관련된 법리를 설시한 판례 중에 가장 중요한 판례가 아닌가 싶다.
>
> 다른 판례의 해설에서도 언급한 바와 같이 **구분소유자의 개수의 기**

준, 무권한자의 관리단 집회 추인행위 등을 별론으로 하더라도 대상판결에서는 더 나아가 위임장에는 특별한 사유가 없는 한 본인 확인 서류가 필요 없다고 판시한 점, 수임인의 자격을 구분소유자로 한정 짓지 않았다는 점에서 높이 평가되는 판례이고 이 법리는 현재까지도 지속되고 있다.

즉 대상판결에서 위임장의 진위여부를 판단하기 위한 본인 확인 서류 자체는 관리규약에 특별한 규정 등이 있지 않은 이상 필요하지 않다고 하면서 이를 이유로 무효라고 볼 수 없다고 판시하였다.

더 나아가 위임장에 기재된 수임인에 대하여 대부분 관리단 집회는 구분소유자들의 집회이기 때문에 집회에 참석하여 의결권을 대리행사하는 사람 역시 구분소유자일 것을 요구할 것처럼 보이지만, 오히려 구분소유자에게 자신의 의사를 위임하는 데에 있어서 제한을 두는 것은 온당치 못하는 판단하에 수임의 자격에 대하여 구분소유자만으로 한정하지 않았던 것이다.

결국 대상판결을 통하여 관리단 집회는 더 자유로운 분위기에서 진행될 수 있게 되었고 더불어 관리단 집회의 성립 자체가 큰 제약을 받지 않게 되었던 것이다.

법원 판단

1. 본인확인서류 미첨부 위임장에 의한 의결권 행사

피고가 이 사건 정기집회 소집 당시 구분소유자들에게 송부한 위임장 양식에는 인감증명서, 주민등록증, 운전면허증 중 하나를 위임인 본인확인서류로서 위임장에 첨부하도록 기재되어 있음에도 구분소유자들 중 소외 16, 17, 18, 19, 20, 21, 22, 23, 24, 25, 26, 27 등 12명의 위임장(갑 41호증의 2 내지 14. 그 중 소외 24는 9층 3, 4호에 관한 각 위임장을 제출함)에는 위와 같은 본인확인서류가 첨부되어 있지 아니하다[위 원고들은 소외 28의 위임장(갑 40호증의 14), 소외 12의 위임장(갑 41호증의 1)에도 본인확인서류가 첨부되어 있지 않다고 다투나, 소외 28의 위임장에는 소외 28의 주민등록증 사본이 첨부되어 있고, 소외 12는 이 사건 정기집회에 직접 참석하여 의결권을 행사하였으므로 그 위임의 하자가 문제되지 않는다].

그러나 피고의 관리규약에서는 대리인에 의하여 의결권을 행사할 경우 대리권을 수여하는 것을 증명하는 서면을 집회개최 전까지 제출하도록 하고 있을 뿐(제15조 제3항) 반드시 위와 같은 **본인확인서류를 제출하도록 하는 규정을 두고 있지 않는바, 위임장 양식에 기재된 첨부서류는 본인의 위임의사를 확인하기 위한 여러 방법들 중 하나의 의미를 가질 뿐 그 제출이 강제되는 것이라고 보기는 어렵다.** 그러므로 <u>위임장</u>

의 다른 기재 등에 의하여 본인의 위임의사가 진정한 것임이 확인되는 이상 위와 같은 본인확인서류가 첨부되어 있지 않다고 하여 그 위임장에 의한 의결권 행사를 무효로 볼 것은 아닌바**, 본인확인서류가 첨부되어 있지 않은 위 위임장들에는 모두 **본인의 주민등록번호 및 주소가 기**재되어 있고, 위임인란에는 자필로 보이는 성명이 기재되어 있으며 그 옆에는 **본인의 도장이 날인**되어 있거나 **서명이 되어 있어 다른 특별한 사정이 없는 한 위임의 진정성이 확인된다고 할 것**이다[실제로 이 사건 정기집회 당시뿐 아니라 이후에도 위 위임장들에 대한 본인들의 이의는 제기된 바 없고, 오히려 소외 22, 24는 자신들의 위임이 진정한 것이라는 사실확인서(을 24호증의 1, 2)를 제출하기도 하였다]. 따라서 위 원고들의 이 부분 주장도 받아들일 수 없다.

2. 구분소유자 아닌 자에 의한 의결권 대리행사

집합건물법 제38조 제2항은 '의결권은 서면으로 또는 대리인을 통하여 행사할 수 있다'고 규정하여 의결권의 대리행사를 인정하면서 다시 제41조 제2항에서는 '구분소유자들은 미리 그들 중 1인을 대리인으로 정하여 관리단에 신고한 경우에는 그 대리인은 그 구분소유자들을 대리하여 관리단집회에 참석하거나 서면으로 의결권을 행사할 수 있다'고 규정하는바, 제41조 제2항의 규정은 구분소유자가 다른 구분소유자를 대리인으로 선임하여 **관리단에 신고한 경우에는 집회마다 개별적인 의결권 위임을 하지 않더라도 신고된 대리인에 의한 의결권 대리행사(대**

리인에 의한 서면결의 포함)가 가능하다는 **취지**로 보이고, 이에 의하여 **제38조 제2항의 대리인 자격을 구분소유자로 한정한 것으로는 해석되지 않으므로**, 구분소유자가 아닌 자에게 위임된 의결권 행사의 무효를 주장하는 위 원고들의 주장 역시 받아들일 수 없다.

> 제41조(서면 또는 전자적 방법에 의한 결의 등)
> ② 구분소유자들은 미리 그들 중 1인을 대리인으로 정하여 관리단에 신고한 경우에는 그 대리인은 그 구분소유자들을 대리하여 관리단집회에 참석하거나 서면 또는 전자적 방법으로 의결권을 행사할 수 있다.
> 제38조(의결 방법)
> ② 의결권은 서면이나 전자적 방법(전자정보처리조직을 사용하거나 그 밖에 정보통신기술을 이용하는 방법으로서 대통령령으로 정하는 방법을 말한다. 이하 같다)으로 또는 대리인을 통하여 행사할 수 있다.

전유부분이 수인의 공유에 속하는 경우 의결권 행사자가 지정되지 않고 더불어 지분이 동등하여 의결권 행사자를 정하지 못할 경우, 공유자 1인만으로는 의결권을 행사할 수 없다(대법원 2008. 3. 27.자 2007마1734 결정).

> **판례 해설**
>
> 전유부분이 공유관계로 이루어진 경우 어떠한 방법으로 의결권을 행사하여야 할까. 집합건물법 제38조에서는 통상적인 의결방법에 관하여 구분소유자의 과반수 및 의결권의 과반수라고 규정하고 있으며, 제37조

제2항에서는 전유부분을 여럿이서 공유할 경우에는 공유자가 서로 협의하여 공유자 중 의결권을 행사할 1인을 지정하여야 한다고 규정하고 있다.

집합건물법에서의 구분소유자는 자연적 의미의 구분소유자를 의미한다(대법원 2011다69220 판결 참조). 문제는 **공유자들의 지분 비율이 동등한 상태에서 의결권 행사자가 지정되지 않은 경우에는 그 의결권을 어떻게 산정하여야 할지**에 대하여 해석의 여지가 있었는바, 대상판결에서 그 논란을 종결시켰다. <u>즉 동등한 지분을 가지고 있었다면 의결권 행사자를 정하여야 하고, 의결권 행사자를 정하지 못한 상황에서 의결권 행사자가 아닌 공유자들이 지분비율별로 의결권을 행사한 경우에는 해당 의결권을 무효라고 정리하였다.</u>

이러한 법원의 판단은 공유자에 해당하는 구분소유자들의 의결권이 박탈될 수 있다는 점에서 다소 문제가 될 수 있으나, 이렇게 하지 않을 경우에는 오히려 의결권 행사에 있어서 더 큰 혼동이 올 수 있다는 점에서 부득이한 판단으로 보인다.

법원 판단

집합건물의 소유 및 관리에 관한 법률(이하 '집합건물법'이라고 한다) **제37조 제2항은 "전유부분이 수인의 공유에 속하는 경우에는 공유자는 관리단집회에서 의결권을 행사할 1인을 정한다"고 규정**하고 있는바, 이 규정은 집합건물법이 구분소유자들 간의 법률관계를 합리적으로 규율하기 위한 법으로서 같은 법 제28조 제1항이 "건물과 대지 또는 부속시설의 관리 또는 사용에 관한 구분소유자 상호간의 사항 중 이 법에서 규정하지 아니한 사항은 규약으로써 정할 수 있다"고 규정하고 있는 점에 비추어 **관리단집회의 의결에 있어서 구분소유자의 수가 문제되는 경우 전유부분이 수인의 공유에 속하는 때라도 그 <u>공유자 전원을 하나의 구분소유자로 계산하도록 하는 강행규정</u>**이라고 할 것이다.

따라서 **전유부분의 공유자는 서로 협의하여 공유자 중 1인을 관리단집회에서 의결권을 행사할 자로 정하여야** 하고, 협의가 이루어지지 않을 경우 공유물의 관리에 관한 민법 제265조에 따라 **전유부분 지분의 과반수로써 의결권 행사자를 정하여야** 하며(또는 공유자 중 전유부분 지분의 과반수를 가진 자가 의결권 행사자가 된다), **의결권 행사자가 의결권을 행사한 경우 집합건물법 제38조 제1항에 의하여 당해 구분소유자의 수는 1개로 계산되지만 의결권에 대하여는 집합건물법 제37조 제1항에 따라 규약에 특별한 규정이 없는 경우에는 같은 법 제12조에 의하여 당해 전유부분의 면적 전부의 비율에 의한다고 할 것이고,** 한편 <u>**지분이 동등하여 의결권 행사자를 정하지 못할 경우에는 그 전유부분의 공유자는 의결권을 행사할 수 없으며, 의결권 행사자가 아닌 공유자들이 지분비율로 개별적으로 의결권을 행사할 수도 없다**</u>고 할 것이다.

> 제37조(의결권)
> ① 각 구분소유자의 의결권은 규약에 특별한 규정이 없으면 제12조에 규정된 지분비율에 따른다.
> ② 전유부분을 여럿이 공유하는 경우에는 공유자는 관리단집회에서 의결권을 행사할 1인을 정한다.

집합건물법 개정으로 인하여 구분소유자와 임대차 계약을 체결한 임차인은 구분소유자의 명시적 위임 없이도 관리단집회에서 의결권 행사가 가능하다(서울중앙지방법원 2016. 8. 18. 선고 2015가합534871 판결).

판례 해설

2012. 12. 18. 개정 집합건물법 일정 조항(관리인 선임, 공용부분 관리와 관련된 조항)에서는 관리단집회에서 구분소유자가 아닌 그의 임차인인 점유자라도 구체적인 위임이 없는 이상 직접 집회에 참석하여 의결권을 행사할 수 있는 조항을 신설하였다. 이로 인해 실제로 해당 건물에서 거주 혹은 영업을 하는 임차인들도 자신의 목소리를 낼 수 있게 되었다.

이 사건에서 상가 구분소유자들인 원고들은 '임차인들이 구분소유자 대신 이 사건 결의에 참가하였고, 대부분의 의결권이 제3자인 임차인들에 의하여 행사된 것이므로 해당 의결권은 관리단 집회의 의결정족수에 포함될 수 없다고 주장하였다. 그러나 법원은 개정 집합건물법의 취지를 지적하면서 해당 의결이 유효하다고 판결한 것이다.

생각건대, 구분소유자보다는 실제 점유자가 직접 생활 및 영업 등을 하면서 해당 집합건물의 관리 등에 필요한 것을 잘 알고 있는 것을 봤을 때, 임차인이 구분소유자의 명시적 위임 없어도 의결권을 행사할 수 있도록 한 개정 집합건물법과 그에 따른 대상판결은 타당하다고 보여진다.

법원 판단

집합건물법상 관리단 집회에서 점유자의 의결권 행사를 인정하는 조항의 입법취지, 의결권 행사방법을 규정하는 다른 조항과의 관계 등 다음과 같은 사정을 종합적으로 고려할 때, **점유자가 집합건물법 제24조 제4항에 따라 관리단 집회에서 의결권을 행사하는 경우 집회에 직접 참여하여 의결권을 행사하는 방법 뿐 아니라 집합건물법 제38조 제2항이 규정하는 서면이나 전자적 방법 또는 대리인을 통한 방법으로도 의결권 행사가 가능하다고 봄이 타당하다.**

① 2012. 12. 18. 집합건물법의 개정으로 관리단 집회에서 점유자의 의결권 행사를 인정하는 조항 (제16조 제2항, 제24조 제4항, 제26조의3 제2항)이 신설된 취지는 종전에는 집합건물의 소유자가 아닌 임차인이나 전세입자 등에게 집합건물 관리에 필요한 의사결정 과정에 참여할 수 있는 권한이 주어지지 않아 집합건물의 관리가 부실해지는 원인이 되고 있음을 고려하여, 원칙적으로 임차인 등 점유자도 공용부분의 관리, 관리인

이나 관리위원회 위원 선임에 관한 관리단 집회에 참석하여 구분소유자를 대신하여 의결권을 행사할 수 있도록 함으로써 **집합건물에 실제 거주하거나 점포를 운영하는 임차인 등의 권익을 증진하고 집합건물의 관리를 더욱 건실하게 하기 위한 것**인바, 위와 같은 입법취지에 비추어 위 신설 조항에 의해 새로이 인정된 점유자의 의결권에 관하여 그 행사방법을 제한적으로 해석하는 것은 신중할 필요가 있다.

② 점유자의 의결권 행사를 인정하는 위 조항들은 모두 그 문언상 '관리단 집회에 참석하여 그 구분소유자의 의결권을 행사할 수 있다'고 규정하고 있기는 하나, **그 입법과정에서의 논의를 보면 이는 점유자에게 관리단 집회의 의결에 참여할 권리를 부여함에 초점을 맞춘 것으로 보일 뿐, 점유자의 경우 직접 참석하는 경우에만 의결권을 행사할 수 있도록 그 의결권 행사방법을 제한하고자 하는 의도로는 보이지 않는다.**

③ 비록 점유자의 의결권이 고유의 의결권이 아니라 '그 구분소유자의 의결권'을 대신 행사하는 것이라고 하더라도, 이는 **단순히 구분소유자의 대리인 역할을 하는 것이 아니라 임차인 등 점유자 본인의 권익 보호를 위하여 자신의 이름으로 의결권을 행사하는 것**이므로, 그 의결권 행사방법 등에 있어서 구분소유자와 점유자를 굳이 차별할 만한 합리적 이유가 없다.

④ 관리단 집회에서의 의결권 행사방법에 관한 일반 조항인 집합건물

법 제38조 제2항은 서면이나 전자적 방법 또는 대리인을 통한 방법으로도 의결권 행사가 가능하다고 규정하면서 그러한 **의결권 행사의 주체를 구분소유자로 한정하고 있지 않다.**

한편, 이에 대하여 원고들이 반박하는 사유, 즉 관리단집회에서의 점유자의 의결권은 원칙적·일반적으로 인정되는 것이 아니고 개별 조항에 의하여 예외적으로 인정되는 것인 점, 점유자의 의결권은 고유의 의결권이 아니라 구분소유자의 의결권을 대신 행사하는 것이며, 구분소유자가 사전에 명시적인 반대의사를 밝힌 경우에는 허용되지 않는 보충적인 성격을 가지고 있는 점, 구분소유자와 달리 점유자의 경우에는 당해 집합건물을 직접 점유하고 있어 관리단집회의 직접 참석에 대한 부담이 크지 않은 점 등을 고려하더라도, 위 판단과 달리 보기 어렵다.

제24조(관리인의 선임 등)
④ 구분소유자의 승낙을 받아 전유부분을 점유하는 자는 제3항 본문에 따른 관리단집회에 참석하여 그 구분소유자의 의결권을 행사할 수 있다. 다만, 구분소유자와 점유자가 달리 정하여 관리단에 통지하거나 구분소유자가 집회 이전에 직접 의결권을 행사할 것을 관리단에 통지한 경우에는 그러하지 아니하다.
제38조(의결 방법)
② 의결권은 서면이나 전자적 방법(전자정보처리조직을 사용하거나 그 밖에 정보통신기술을 이용하는 방법으로서 대통령령으로 정하는 방법을 말한다. 이하 같다)으로 또는 대리인을 통하여 행사할 수 있다.

집합건물법 제41조 상의 관리단 집회를 하지 않을 경우 4/5의 동의를 받아야 한다는 규정은 강행법규로서, 관리단 규약으로 이를 감경 또는 가중할 수 없다(서울고등법원 2015. 11. 27. 선고 2015나6298 판결).

> 판례 해설
>
> 집합건물법에서는 다양한 정족수 기준이 있는바, 특별히 **관리단집회를 개최하지 않을 경우에는 구분소유자로부터 서면결의서 4/5 이상의 동의를 받아야만 한다.** 그 이유는 관리단집회를 거칠 경우에는, 일련의 절차를 통하여 해당 건물 전체 구분소유자들에게 일정 수준의 참석 기회가 보장되고 그들의 의사를 전달할 수 있는 반면, 관리단 집회를 개최하지 않는 상황에서 서면으로도 그 안내를 받지 못한 구분소유자들은 자신도 모르는 사이에 어떠한 결의가 이루어진다는 점에서 **구분소유자의 의사가 왜곡될 위험이 있기 때문에** 가급적 **많은 구분소유자의 서면결의서를 받도록 요청하는 것**이다.
>
> 이 사건 관리단은 관리단 집회를 개최하지 않을 경우 서면결의서 요건을 집합건물법에서 요구하는 4/5 이상에서 2/3 이상으로 대폭 축소하였는 바, 법원에서는 이와 같이 개정한 관리규약은 위 법규정의 취지를 고려하였을 때 무효라고 판단하였던 것이다.
>
> 최근 수많은 관리단이 관리단 집회를 개최하고, 더불어 관리규약을 제정·개정하고 있는데, 위와 같은 판례를 유의하여 집합건물법에 "관리규약으로 달리 정할 수 있다"라는 문구가 없는 규정에 관하여는 함부로 관리규약에 달리 정하면 안 될 것이다.

법원 판단

다음으로 원고가 6기 임원으로 선출되었는지에 관하여 본다. 이 사건 건물의 관리규약 제13조 제2항은 관리협의회 임원선출에 관하여 "구분소유자 2/3 이상의 서면 동의를 받아야 하며 그중에서 과반 수 이상의 찬성을 얻어야 한다"고 규정하고 있는데, 집합건물법 제41조는 관리단집회에서 결의할 사항에 관하여 구분소유자 및 의결권의 각 5분의 4 이상의 서면에 의한 합의가 있는 때에는 관리단집회의 결의가 있는 것으로 본다고 규정하여 **서면결의의 경우 같은 법 제38조와 달리 의결정족수를 강화**하는 한편, **위 서면결의 의결정족수에 관하여 관리단 규약으로 이를 다르게 정할 수 있다는 예외를 규정하지 않고 있다**. 그러한 취지는 관리단집회의 결의보다 간이한 서면결의라는 제도를 인정하는 대신 서면결의에 의할 경우 자칫 **구분소유자의 소유권 등이 침해될 우려가 있음을 고려하여 그 의결정족수를 특별히 5분의 4 이상으로 엄격하게 규정한 것**이라고 할 것이므로, **집합건물법 제41조는 강행규정으로서 이에 반하는 관리단 규약은 그 범위에서 무효**라고 할 것이다. 따라서 이 사건 관리단의 관리규약 제13조 제2항 중 서면결의 요건을 2/3로 완화한 부분은 강행규정인 집합건물법 제41조에 반하여 무효이다.

> 제41조(서면 또는 전자적 방법에 의한 결의 등)
> ① 이 법 또는 규약에 따라 관리단집회에서 결의할 것으로 정한 사항에 관하여 구분소유자의 5분의 4 이상 및 의결권의 5분의 4 이상이 서면이나 전자적 방법 또는 서면과 전자적 방법으로 합의하면 관리단집회에서 결의한 것으로 본다. 다만, 제15조제1항제2호의 경우에는 구분소유자의 과반수 및 의결권의 과반수가 서면이나 전자적 방법 또는 서면과 전자적 방법으로 합의하면 관리단집회에서 결의한 것으로 본다.

관리단 집회와 관련하여 구분소유자 또는 관리단의 구성원이 아닌 관리단 자체 즉 단체 자체에 대한 위임은 불가능하다(대구고등법원 2017나385).

> **판례 해설**
>
> 관리단 자체는 총회 개최의 당사자일 뿐 위임의 대상이 될 수 없다. 즉 관리단은 비법인 사단 자체에 해당할 뿐이고, 그에 의하여 개최된 총회에서 비법인 사단의 구성원에게 그 안건에 대한 위임을 할 수밖에 없다.
>
> 간혹 관리단 집회 절차를 진행하는 입장에서는 **관리단 이름으로 위임을 받으면** 좀 더 공신력이 생길까 하여 관리단 이름 자체로 위임을 받지만 중요한 것은 관리단은 회의를 개최하고 진행하는 단체 자체일 뿐이고 그 절차에 의하여 진행되는 안건에 대한 의결은 구체적인 개인에게 해야 한다.

> 따라서 관리단 구성원이 아닌 관리단 자체를 수임인으로 한 위임장은 수임인이 특정되지 않아 무효에 해당할 뿐이다.

피고 주장

피고 측 구분소유자 27명은 이 사건 임시총회에 불출석하였으나 그들이 작성한 "등기점주 협의회 가입신청서 및 확약서" 27장에 의하여 이 사건 임시총회안건에 찬성한다는 의사를 표시하였다고 주장하였다.

법원 판단

위 27장에 '본인은.. 등기점주 협의회에 가입합니다... '등기점주 협의회 대표단에게 ..본인이 참석 못하는... 등기점주 협의회의 ... 성원구성 및 의결사항에 대해 본인의 권한을 위임할 것을 확약합니다'라는 취지가 있다.

그러나 위 27장을 작성한 구분소유자들이 가입한 '등기점주 협의회 대표단'은 집합건물법 제23조 제1항에 의하여 설립된 **관리단 즉 비법인 사단인 피고를 의미하므로 위 27장에 기재된 위임의 상대방은 단체인 점, 자연인이 아닌 단체는 총회에 참석할 수도 없고 찬성의사를 표시할 수도 없는 점, 피고는 총회를 개최하는 주체일 뿐 총회에 참석하는 자연인이 될 수 없는 점, 피고의 대표가 이 사건 임시총회에서 불출석자를 대리하여 찬성의사를 구두로 표시하였음을 인정할 증거가 없는 점** 등에 비추어 볼 때, 위 27장을 작성한 구분소유자들이 이 사건 임시총회 당시 대리인을 통하여 찬성한다는 의사를 표시하였다고 볼 수 없다.

> 제38조(의결 방법)
> ② 의결권은 서면이나 전자적 방법(전자정보처리조직을 사용하거나 그 밖에 정보통신기술을 이용하는 방법으로서 대통령령으로 정하는 방법을 말한다. 이하 같다)으로 또는 대리인을 통하여 행사할 수 있다.

구조상 이용상 독립성이 사라진 집합건물에서 집합건물법이 적용되는지 여부 그리고 의결권 행사자를 결정하는 기준(대법원 2013. 3. 28. 선고 2012다4985 판결)

> 판례 해설
>
> 공유자에 대한 의결권 행사자를 정하는 기준에 관하여는 이미 여러 판결에서 판시하고 있으나 굳이 본 대상판결을 언급한 이유는 다름 아닌 사안의 특이성 때문이다.
>
> 대상판결은 원래 구조상 이용상 분명한 독립성이 있었던 집합건물이었음에도 이후 공사를 통하여 구조상 이용상의 구분이 사라진 사안인데, 과연 구분소유권의 형태가 어떠한 상태로 남아있고, 거기에 더하여 그 구분이 사라진 뒤에는 의결권 행사자를 어떻게 정하는 것일까.

> 대상판결은 먼저 기존에 구조상 이용상 독립성이 있었고 그로 인하여 구분소유권이 존재하였더라도 추후 구조상 이용상의 독립성이 사라졌다면 결국 "공유"형태로 변경되었고, 더불어 그에 대한 의결권 행사자를 정하는 방법은 이제 집합건물법 제37조에 따라 정하여진다고 판시하면서 구분소유권의 경계가 사라진다고 하더라도 집합건물법은 당연히 적용된다고 판시하였다.
>
> 결국 공유 형태로 변한 해당 건물에 있어서는 과반수 이상의 협의에 의하여 의결권 행사자를 결정하여야 할 것이고, 여기에서의 과반수는 공동 소유지분에 있어서 지분의 과반수임은 당연하다.

법원 판단

1. 구 집합건물의 소유 및 관리에 관한 법률(2010. 3. 31. 법률 제10204호로 개정되기 전의 것, 이하 '집합건물법'이라 한다) 제1조는 "1동의 건물 중 구조상 구분된 수개의 부분이 독립한 건물로서 사용될 수 있을 때에는 그 각 부분은 이 법이 정하는 바에 따라 각각 소유권의 목적으로 할 수 있다."고 규정하고 있다.

그런데 1동의 **건물의 일부분이 구분소유권의 객체가 될 수 있으려면 그 부분이 구조상으로나 이용상으로 다른 부분과 구분되는 독립성이 있어야** 한다. 그 이용 상황 내지 이용 형태에 따라 구조상의 독립성 판단의 엄격성에 차이가 있을 수 있으나, 구조상의 독립성은 주로 소유권의 목적이 되는 객체에 대한 물적 지배의 범위를 명확히 할 필요성 때문에 요구된다고 할 것이므로 **구조상의 구분에 의하여 구분소유권의 객체 범위를 확정할 수 없는 경우에는 구조상의 독립성이 있다고 할 수 없다.** 위와 같은 구분소유권의 객체로서 적합한 물리적 요건을 갖추지 못한 건물의 일부는 그에 관한 구분소유권이 성립될 수 없는 것이어서, 건축물관리대장상 독립한 별개의 구분건물로 등재되고, 등기부상에도 구분소유권의 목적으로 등기되었다 하더라도 위 등기는 그 자체로 무효이다. 그리고 <u>**집합건물법 시행 당시 구분건물로 등기된 건물의 구조상의 독립성을 상실하여 같은 법 제1조의 규정에 부합하지 아니함**</u>에 따라 그 건물에 <u>**구분소유권이 성립될 수 없는 경우에는 그 등기명의자는 그 건물이 속하는 1동의 건물의 공유자가 될 뿐**</u>이다(1984. 4. 10. 법률 제3725호로 제정된 집합건물법 부칙 제5조 참조). 마찬가지로 구분건물로 **등기된 1동의 건물 중의 일부에 해당하는 구분건물들 사이에서 구조상의 구분이 소멸되는 경우에 그 구분건물에 해당하는 일부 건물 부분은 종전 구분건물 등기명의자의 공유로 된다 할 것이지만**(대법원 2006. 8. 25. 선고 2006다16499 판결 등 참조), 한편 구조상의 독립성이 상실되지 아니한 나머지 구분건물들의 구분소유권은 그대로 유지됨에 따라 위 일부 건물 부분은 나머지 구분건물들과 독립되는 구조를 이룬다고 할 것이고 또한 집합건물 중 일부 구분건물에 대한 공유도 당연히 허용됨에 비추어 보면, 위 일부 건물 부분과 나머지 구분건물들로 구성된 1동의 건물 전체는 집합건물법의 적용대상이 될 수 있다고 봄이 상당하다.

2. 집합건물법 제23조 제1항은 "건물에 대하여 구분소유관계가 성립되면 구분소유자는 전원으로서 건물 및 그 대지와 부속시설의 관리에 관한 사업의 시행을 목적으로 하는 관리단을 구성한다."고 규정하고 있다. 이러한 관리단은 어떠한 조직행위를 거쳐야 비로소 성립되는 단체가 아니라 구분소유관계가 성립하는 건물이 있는 경우 당연히 그 구분소유자 전원을 구성원으로 하여 성립되는 단체이고, **구분소유자로 구성되어 있는 단체로서 위 법 제23조 제1항의 취지에 부합하는 것이면 그 존립형식이나 명칭에 불구하고 관리단으로서의 역할을 수행**할 수 있다(대법원 1996. 8. 23. 선고 94다27199 판결 등 참조).

그리고 집합건물법 제37조는 구분소유자의 의결권은 규약에 특별한 규정이 없으면 전유부분의 면적 비율에 의한 지분비율에 따르도록 하는(제1항) 한편, 전유부분을 여럿이 공유하는 경우에는 공유자는 관리단집회에서 의결권을 행사할 1인을 정하도록 규정하고 있다(제2항). 따라서 <u>전유부분의 공유자는 서로 협의하여 공유자 중 1인을 관리단집회에서 의결권을 행사할 자로 정하여야 하고</u>, 협의가 이루어지지 않을 경우에는 공유물의 관리에 관한 민법 제265조에 따라 공유지분의 과반수로써 의결권 행사자를 정하거나 공유자 중 전유부분 지분의 과반수를 가진 자가 의결권 행사자가 된다(대법원 2008. 3. 27.자 2007마1734 결정 참조).

> 제37조(의결권)
> ② 전유부분을 여럿이 공유하는 경우에는 공유자는 관리단집회에서 의결권을 행사할 1인을 정한다.

하나의 전유부분의 공유자들이 과반수의 지분권자가 아닌 한 자신의 지분비율대로 의결권을 행사할 수 없다 (서울고등법원 2019. 2. 13. 선고 2018나2022877)

> **판례 해설**
>
> 대상 판결에서 원고는 소집절차부터 의결권행사 방법, 후보자의 관리인 적격 여부까지 다양한 하자를 주장했으나 실질적으로 받아들여진 하자는 공유자의 서면결의서를 개별적으로 지분별로 행사할 수 없다는 것뿐이고, 해당 의결권을 무효로 한다 하더라도 다른 결의만으로 의사정족수를 달성하였기 때문에 의결자체는 무효가 되지 않는다고 판시한 것이다.
>
> 관리단집회의 통상결의 정족수는 집합건물법 제38조 제1항에 따르면 "구분소유자의 과반수 및 의결권의 과반수"이고, 이때 의결권이라 함은 동법 제37조 제1항에 따라 "제12조에 규정된 지분비율"을 따르도록 되어 있다. 따라서 집합건물법 제37조 제2항에서 규정하는 바와 같이 "전유부분을 여럿이 공유하는 경우에는 공유자는 관리단집회에서 의결권을 행사할 1인을 정해야" 하지만 만약 1인을 정하지 않고 공유자가 각자 의결권을 행사했다면 그 의사가 구분소유자의 비율에는 반영되지 않더라도 의결권

행사에는 반영될 수 있는지 여부가 문제될 수 있다.

이에 대해서 대상판결은 해당 집합건물법 규정이 '공유자 전원을 하나의 구분소유자로 계산하도록' 하는 강행규정이고, 1인의 의결권 행사자에 대하여 협의가 이루어지지 않을 경우에는 공유물의 관리에 관한 민법 제265조에 따라 전유지분의 과반수로써 의결권 행사자를 정해야 하는바, 이 역시도 정해지지 않았을 때에는 그 전유부분의 공유자는 의결권을 행사할 수 없으며, 의결권 행사자가 아닌 공유자들이 지분비율로 개별적으로 의결권을 행사할 수도 없다고 판시함으로써 과반수 지분권자에 해당하지도 않는 공유자들의 각 지분별로 행사한 의결권은 무효라고 판시하였다.

법원 판단(공유자의 서면결의서 무효 여부)

(1) 관련법리

집합건물법 제37조 제2항은 "전유부분이 수인의 공유에 속하는 경우에는 공유자는 관리단집회에서 의결권을 행사할 1인을 정한다."고 규정하고 있는바, 이 규정은 집합건물법이 구분소유자들 간의 법률관계를 합리적으로 규율하기 위한 법으로서 같은 법 제28조 제1항이 "건물과 대지 또는 부속시설의 관리 또는 사용에 관한 구분소유자 상호간의 사항 중 이 법에서 규정하지 아니한 사항은 규약으로써 정할 수 있다."고 규정하고 있는 점에 비추어 관리단집회의 의결에 있어서 구분소유자의 수가 문제되는 경우 **전유부분이 수인의 공유에 속하는 때라도 그 공유자 전원을 하나의 구분소유자로 계산하도록 하는 강행규정**이다. 따라서 전유부분의 공유자는 서로 협의하여 공유자 중 1인을 관리단집회에서 의결권을 행사할 자로 정하여야 하고, **협의가 이루어지지 않을 경우 공유물의 관리에 관한 민법 제265조에 따라 전유부분 지분의 과반수로써 의결권 행사자를 정하여야 하며(또는 공유자 중 전유부분 지분의 과반수를 가진 자가 의결권 행사자가 된다.)**, 의결권 행사자가 의결권을 행사한 경우 집합건물법 제38조 제1항에 의하여 당해 구분소유자의 수는 1개로 계산되지만 의결권에 대하여는 집합건물법 제37조 제1항에 따라 규약에 특별한 규정이 없는 경우에는 같은 법 제12조에 의하여 당해 전유부분의 면적 전부의 비율에 의하고, 한편 지분이 동등하여 의결권 행사자를 정하지 못할 경우에는 그 전유부분의 공유자는 의결권을 행사할 수 없으며, 의결권 행사자가 아닌 공유자들이 지분비율로 개별적으로 의결권을 행사할 수도 없다(대법원 2008. 3. 27.자 2007마1734 결정 참조).

(2) 판단

갑 제4호증, 을 제13호증의 1, 2, 24, 27, 29, 30, 42, 43, 을 제15호증의 25, 31, 48의 각 기재에 변론 전체의 취지를 종합하면, ① L, AH이 이 사건 오피스텔 중 M호를, AI, AJ가 AK호를, AL, AM이 AN호를, AO, AP이 AQ호를, AR, AS이 AT호를, AU, AV가 AW호를 각 1/2 공유지분의 비율로 각 소유하고 있는 사실, ② 그럼에도 위 각 공유지분권자들은 의결권을 행사할 공유자 각 1인을 지정하지 아니한 채 그 중 L, AH(M호), AO,

AP(AQ호), AR, AS(AT호)은 각 서면결의서 2장씩을 제출하여 의결권(찬성)을 행사하고, AI, AJ(AK호), AL, AM(AN호)은 각 서면결의서 1장씩 외에 현장 투표(찬성)에도 참석하고, AU, AV(AW호)는 현장 투표(찬성)에 참석한 사실, ③ 피고는 이 사건 총회 개최를 공고하면서 '공동명의자는 대표자를 지정하여 공동소유자이 위임장(인감날인, 인감증명서 첨부)을 지참하여야 입장 및 권리행사가 가능함'을 명시하였던 사실을 인정할 수 있다.

위 인정사실을 앞서 본 법리에 비추어 보면, 전유 구분건물(M호, AK호, AN호, AQ호, AT호, AW호)에 대해 지분의 과반수를 가지지 못한 위 12명의 공유지분권자들의 의결권(찬성) 행사는 집합건물법 제37조 제2항에 위배되어 무효이고, 각 그 지분비율에 해당하는 전유부분 면적 총 294.56㎡(= 123.2㎡ + 32.76㎡ + 40.32㎡ + 32.76㎡ + 32.76㎡ + 32.76㎡)는 이 사건 결의에 찬성한 것으로 계산된 전유부분 면적에서 제외하여야 한다. 원고의 이 부분 주장은 이유 있다.

제37조(의결권)
② 전유부분을 여럿이 공유하는 경우에는 공유자는 관리단집회에서 의결권을 행사할 1인을 정한다.

관리단 집회에서 의결권 행사의 원칙적인 귀속주체는 '임차인'이 아닌 '구분소유자'이다 (서울중앙지방법원 2018. 10. 4. 선고 2018가합516782)

> **판례 해설**
>
> 관리단집회에서는 건물의 사용·관리와 밀접한 사안들을 안건으로 하여 의결을 실시하는 경우가 많다. 특히 공용부분의 관리(집합건물법 제16조 제2항), 관리인 선임 (집합건물법 제24조 제4항)등과 관련해서는 집합건물법상에서도 점유자의 의결권을 명문으로 인정하고 있고, 해당 조문의 단서에 "구분소유자와 점유자가 달리 정하여 관리단에 통지하거나 구분소유자가 집회 이전에 직접 의결권을 행사할 것을 관리단에 통지한 경우에는 그러하지 아니하다(임차인이 의결권을 행사할 수 없다)."라고 적시하여 **마치 임차인의 의결권이 우선되고 이에 반하는 예외적인 사정이 있을 경우 구분소유자가 관리단에 미리 알려야 한다는 것처럼 규정해두어 혼선**을 빚고 있다.
>
> 대상 판결에서는 원고가 위와 같은 조문의 내용을 근거로 하여 임차인의 의결권이 구분소유자의 의결권보다 우선된다는 것을 전제로 보고 의결권을 행사할 임차인들에게 관리단 집회의 소집통지가 이루어진 적이 없으므로 그 소집절차상에 하자가 있다고 주장한 사례인데, 이에 대하여 **집합건물의 관리단의 구성원은 구분소유자이므로 원칙적으로 의결권의 귀속주체는 구분소유자이고 구분소유자가 이를 게을리 하였을 경우에 임차인에게 보충적으로 의결권행사가 인정되는 것일 뿐이므로 임차인에게 소집통지를 하지 않은 것은 하자에 해당하지 않는다고 판시**하였다.

법원 판단

1) 먼저 집합건물법 제24조 제4항에 따라 이 사건 건물 중 임차인이 존재하는 전유부분의 경우 이 사건 결의에 대한 의결권이 임차인들에게 귀속됨을 전제로 한 원고들의 주장에 관하여 살펴본다.

집합건물 관리단의 구성원은 구분소유자이므로, **원칙적으로 관리단집회에서 의결권을 행사할 수 있는 사람은 구분소유자**라고 할 것이다. 다만, 집합건물법 제24조 제4항이 <u>일정한 경우 관리인 선임을 위한 관리단집회에서 임차인 등 구분소유자의 승낙을 받아 전유부분을 점유하는 자에게 구분소유자의 의결권을 대신하여 행사할 수 있도록 규정한 취지는 그 전유부분을 다른 사람에게 임대한 구분소유자가 자신의 의결권 행사를 게을리 할 경우 집합건물의 관리인조차 선임되지 못하여 적절한 건물관리에 어려움이 초래되므로, 그 경우 건물관리에 대한 실질적인 이해당사자인 임차인 등으로 하여금 위 구분소유자의 의결권을 보충적으로 행사할 수 있도록 하기 위함이라고 봄이 타당</u>하다. 그런데 앞서 본 바와 같이 이 사건 건물 구분소유자 중 과반수 및 의결권의 과반수가 이 사건 총회에 참석하여 자신의 의결권을 행사하여 이 사건 결의에 찬성하였고, 위와 같이 **본래 의결권자인 구분소유자들이 자신들의 의결권을 행사한 이상 위 의결권을 보충적으로 행사할 수 있는 것에 불과한 임차인들에게 의결권이 귀속된다고는 볼 수 없다.** 따라서 이 사건 건물 중 임차인이 존재하는 전유부분의 경우 이 사건 결의에 대한 의결권이 임차인들에게 귀속된다는 원고들의 주장은 받아들일 수 없으므로, 이를 전제로 한 원고들의 위 나머지 주장부분 역시 더 나아가 살필 필요 없이 이유 없다.

> 제24조(관리인의 선임 등)
> ④ 구분소유자의 승낙을 받아 전유부분을 점유하는 자는 제3항 본문에 따른 관리단집회에 참석하여 그 구분소유자의 의결권을 행사할 수 있다. 다만, 구분소유자와 점유자가 달리 정하여 관리단에 통지하거나 구분소유자가 집회 이전에 직접 의결권을 행사할 것을 관리단에 통지한 경우에는 그러하지 아니하다.

소위 '핸드폰서명' 방식에 의한 소집 동의 및 의결권 위임의 효력 (수원지방법원 2020. 5. 20. 선고 2019가합30887 [임시관리단집회결의취소청구])

판례 해설

최근 다수의 법원에서는 관리단집회가 어느 정도 진행되고 의결정족수를 충족하는 한 가급적 관리단 집회의 적법성을 인정하려는 경향이 있다.

대상판결에서는 **지금까지 인정하지 않았던 핸드폰 서명(전자투표와는 다름)형식의 소집동의서 및 위임장을 인정한 사례**이다. 지금까지 다른 하급심에서는 가급적 팩스나 핸드폰 사진 전송 등의 위임장, 서면결의서를 인정하였으나 문자전송과 같이 형식이 문자인 부분은 인정하지 않

> 았다.
>
> 그러나 대상판결에서는 핸드폰 서명 즉 문자를 통하여 자신의 의사를 표명한 것에 대하여 적법하다고 판단하였는바 이는 관리단집회가 진행되고 의결까지 모두 완료되었으며 특히 의사를 확인할 수 있는 어느 정도의 신뢰성 있는 방법이라고 한다면 굳이 이를 부적법하게 판단할 이유가 없어 완화해석한 것으로 보인다

법원 판단(소위 '핸드폰서명' 방식에 의한 소집 동의 및 의결권 위임의 효력)

원고는, 소위 '핸드폰서명' 방식으로 의결권을 위임한 위임장들이 무효임을 전제로 이 사건 관리단집회는 그 결의가 의결정족수에 미달하였다고 주장하므로, <u>소위 '핸드폰 서명' 방식으로 받은 위임의 효력</u>에 대하여 살펴본다.

집합건물법 제38조 제2항, 제4항, 같은 법 시행령 제15조 제1항에 따라 관리단집회의 의결권은 대리인을 통하여 행사할 수 있고, 대리인은 의결권을 행사하기 전에 의장에게 대리권을 증명하는 서면을 제출하여야 한다. 다만, **집합건물법은 대리인에 의한 의결권 행사의 방법 등에 아무런 제한을 두고 있지 않으므로 이러한 의결권의 위임이나 대리권의 수여가 반드시 개별적·구체적으로 이루어져야만 하는 것은 아니며, 묵시적으로 이루어지는 것도 가능한 점**(대법원 2015. 3. 26. 선고 2014다73602 판결)을 고려하면, **위 규정의 대리권을 증명하는 서면을 반드시**

구분소유자가 직접 작성하여야 한다거나 자필로 서명하여야 한다고 보기 어렵고, 위임장의 다른 기재 등에 의하여 본인의 위임의사가 진정한 것임이 확인되는 경우에는 비록 그 위임장을 위임인이 직접 작성하지 않았더라도 그 위임장에 의한 의결권 행사를 무효로 볼 것은 아니다. <u>이는 관리단집회에 대한 소집 동의의 경우</u>에도 마찬가지이다.

앞서 인정한 사실관계와 앞서 든 증거들에 변론 전체의 취지에 비추어 알 수 있는 아래의 사정들을 종합하면, 이 사건 관리단집회의 소집 동의 및 의결권 행사를 위하여 소위 '핸드폰서명'의 방식으로 작성된 위임장은 구분소유자들의 위임의사가 확인되므로 유효하다고 판단된다. 따라서 원고의 위 주장은 이유 없다.
㉠ 소위 '핸드폰서명' 방식으로 작성된 위임장에는 위임인으로부터 이름, 보유호실, 생년월일, 핸드폰번호를 전송받은 문자메시지 화면이 첨부되어 있다.
㉡ 그 일부 내용에 의하면, E 측 추진위원회는 구분소유자 등의 연락처로 소집 동의 및 의결권 위임의 취지를 설명하는 문자메시지를 전송하면서 위임에 동의할 경우 위임장을 작성하여 제출하거나, 작성된 위임장을 촬영하여 문자로 전송하거나, 이름, 보유 호실, 생년월일, 핸드폰번호를 적어 문자메시지로 전송해 줄 것을 안내한 사실, 이에 구분소유자 등은 자신의 이름, 보유 호실, 생년월일, 핸드폰번호를 적어 문자메시지로 회신한 사실, E 측 추진위원회는 위와 같이 전달받은 정보로 작성한 위임장을 다시 전송하여 확인의 기회를 부여한 사실을 알 수 있다. 비록 모

든 위임장에 위와 같은 내용이 전부 첨부된 것은 아니나, 구분소유자 등이 생년월일, 보유 호실, 핸드폰번호 등과 같은 민감한 개인정보를 제공하였다는 점에서 문자메시지나 전화로 소집 동의 및 의결권 위임의 취지를 설명하였다는 피고의 주장은 신빙성이 있다.

ⓒ 위임인이 위와 같이 개인정보를 기재하여 회신한 것은 E 측 추진위원회가 설명한 소집 동의 및 의결권 위임의 방법 중 하나를 선택한 것으로서, 이 사건 관리단집회 소집에 동의하고 의결권을 위임한다는 뜻이거나 그 명의로 된 위임장의 작성을 허락한다는 취지로 볼 수 있다.

ⓔ 위임인들이 위와 같이 회신한 이후 위임장이 그들의 의사와 달리 작성되었다는 점에 대하여 이의를 제기하였다거나 이 사건 관리단집회 이전에 소집 동의 및 위임의 의사를 철회하였다고 볼 만한 자료가 없고, 일부 위임인들은 위와 같은 방식으로 소집 동의 및 위임의 의사를 표시하였다는 내용의 사실확인서를 제출하기도 하였다.

ⓜ 핸드폰 문자메시지는 이를 주고받는 당사자 쌍방에 그 전송 내역이 남아서 일방이 그 내용을 위조하거나 변조하는 것이 어렵다.

3) 임차인이 아닌 거주 중인 직원의 의결권 위임의 효력

살피건대, 을 제34, 37, 38호증의 각 기재에 의하면 E 측이 5개 호실에 관하여 해당 호실에 거주중인 T의 직원으로부터 위임장을 받은 사실이 인정된다. 그러나 설사 위 5개 호실의 임차인이 T이라고 하더라도, 그 용도가 '직원 기숙사'인 점에 비추어 볼 때, 구분소유자가 T 직원의 거주를 승낙하였다고 봄이 상당하므로 그 직원은 집합건물법 제24조 제4항에 따라 구분소유자의 의결권을 행사할 수 있는 점유자에 해당하고, 이 사

건 관리단집회 이전에 구분소유자가 직접 의결권을 행사할 것을 관리단에 통지하지 않은 이상 그 의결권 행사에 어떠한 하자가 있다고 보기 어렵다.

 4) 따라서 이 사건 관리단집회의 의결정족수가 미달되어 이 사건 관리단집회의 결의가 무효라는 원고의 주위적 청구는 이유 없다.

수분양자로서 분양대금을 완납하였음에도 분양자의 사정으로 소유권이전등기를 경료받지 못한 것이라면 구분소유자의 구성원이 되어 의결권을 행사할 수 있다(대법원 2005. 12. 16.자 2004마515 결정)

> **판례 해설**
>
> 집합건물법상 관리단집회에서의 **의결권**은 오로지 "**구분소유자**"만이 **의결권을 행사**할 수 있고 구분소유자로부터 점유를 승낙받은 점유자는 예외적인 경우에 한하여 "**구분소유자**"로부터 **의결권을 "법적"**으로 위임받을 뿐이다. 그리고 우리 민법상 구분소유자는 "등기부에 기재된 소유자"에 해당한다.
>
> 다만 대상판결에서는 <u>수분양자가 분양대금은"완납"하였으나 분양자 측의 사정으로 아직 소유권보존등기가 되지 않은 경우에는 구분소유자로 간주하여 의결권 산정 및 행사가 가능</u>하다고 판시하였다.

법원 판단

집합건물의 소유 및 관리에 관한 법률(이하 '법'이라 한다)은 건물에 대하여 구분소유관계가 성립되면 구분소유자는 전원으로써 건물 및 그 대지와 부속시설의 관리에 관한 사업의 시행을 목적으로 하는 관리단을 구성하고(제23조 제1항), 건물과 대지 또는 부속시설의 관리 또는 사용에 관한 구분소유자 상호간의 사항 중 법에서 규정하지 아니한 사항은 규약으로써 정할 수 있으며(제28조 제1항), **규약의 설정·변경 및 폐지는 관리단집회에서 구분소유자 및 의결권의 각 4분의 3 이상의 찬성을 얻어 행하고(제29조 제1항), 법 또는 규약에 의하여 관리단집회에서 결의할 것으로 정한 사항에 관하여 구분소유자 및 의결권의 각 5분의 4 이상의 서면에 의한 합의가 있는 때에는 관리단집회의 결의가 있는 것으로 본다(제41조 제1항)고 규정**하고 있는바, 이러한 규정들의 취지에 의하면, 건물의 영업제한에 관한 규약을 설정하거나 변경할 수 있는 관리단은 어떠한 조직행위를 거쳐야 비로소 성립되는 단체가 아니라 구분소유관계가 성립하는 건물이 있는 경우 당연히 그 구분소유자 전원을 구성원으로 하여 성립되고, 그 의결권도 구분소유자 전원이 행사한다고 할 것이며, 여기서 **구분소유자라 함은 일반적으로 구분소유권을 취득한 자(등기부상 구분소유권자로 등기되어 있는 자)를 지칭**하는 것이나, **다만 수분양자로서 분양대금을 완납하였음에도 분양자측의 사정으로 소유권이전등기를 경료받지 못한 경우와 같은 특별한 사정이 있는 경우에는 이러한 수분양자도 구분소유자에 준하는 것으로 보아**

관리단의 구성원이 되어 의결권을 행사할 수 있다고 보아야 할 것이다.

> 제37조(의결권)
> ① 각 구분소유자의 의결권은 규약에 특별한 규정이 없으면 제12조에 규정된 지분비율에 따른다.

5. 결의취소의 소와 결의 무효확인의소의 구분

집합건물의 소유 및 관리에 관한 법률 제42조의2에서 정한 결의취소의 소의 대상이 되는 하자의 정도 및 위 규정에서 정한 취소사유로 인해 취소할 수 있는 결의가 제척기간 내에 제기된 결의취소의 소에 의하여 취소되지 않는 한 유효한지 여부(적극) (대법원 2021. 1. 14 선고 2018다273981 판결 [관리비])

> 판례 해설
>
> 대상판결은 결의취소의 소에 대한 도입취지를 설명하고 결의취소의 소와 무효확인의 소를 구분하는 판결로서 그 의의가 있다.
>
> 집합건물법이 결의취소의 소를 도입한 것은, **관리단집회 결의의 하자에 대하여는 소집절차나 결의방법, 결의내용의 하자인지 여부를 구분하지 않고, 그 하자가 경미한 경우에는 결의취소의 소를 통해서만 다툴

수 있도록 함으로써 관리단집회 결의의 효력을 조속히 확정하여 구분소유자들 사이의 법률관계 안정을 도모하되, 그 하자가 결의를 무효로 돌릴 정도의 절차상 또는 내용상 중대한 하자에 해당하는 경우에는 종전과 같이 제소기간의 제한 없이 일반 민사상 무효확인의 소를 통해 결의무효확인을 구하거나 다른 법률관계에 관한 소송에서 선결문제로서 무효를 주장할 수 있도록 함으로써 구분소유자의 권리를 보장하고자 함에 있는 것으로 보인다.

결국 <u>집합건물법 제42조의2가 규정한 결의취소의 소에 해당하는 하자는 결의를 무효로 돌릴 정도의 중대한 하자에 미치지 못하는 정도의 하자를 의미한다고 봄이 상당하고, 그와 같은 취소사유로 인해 취소할 수 있는 결의는 집합건물법 제42조의2가 정한 제척기간 내에 제기된 결의취소의 소에 의하여 취소되지 않는 한 유효</u>하다.

법원 판단

1. 원심은 집합건물의 소유 및 관리에 관한 법률(이하 '집합건물법'이라고 한다)이 정하는 관리단인 원고의 2017. 3. 10.자 총회에서 소외인을 원고의 대표자로 선출한 결의(이하 '선행 결의'라고 한다)는 의사정족수를 충족하지 못하여 효력이 없고, 2018. 3. 9.자 총회에서 선행 결의를 추인하는 내용의 결의(이하 '후행 결의'라고 한다)를 하였으나 이는 선행 결의에 의하여 대표자로 선출된 소외인이 소집한 것이어서 적법한 소집권자에 의하여 이루어진 것으로 볼 수 없다는 이유로 역시 효력이 없다고 판단하였다.

2. 그러나 원심의 판단은 다음과 같은 이유로 수긍할 수 없다.

가. 상법은 주주총회의 결의에 대하여 '총회의 소집절차 또는 결의방법이 법령 또는 정관에 위반하거나 현저하게 불공정한 때 또는 그 결의의 내용이 정관에 위반한 때'를 결의취소 사유로, '총회의 결의의 내용이 법령에 위반한 때'를 주주총회 결의무효 사유로, '총회의 소집절차 또는 결의방법에 총회결의가 존재한다고 볼 수 없을 정도의 중대한 하자가 있는 때'를 결의부존재 사유로 규정하면서, 그 소집절차나 결의방법, 결의내용의 하자 등에 대해 결의취소의 소(상법 제376조), 결의무효 및 부존재확인의 소(상법 제380조)로 다툴 수 있도록 하고 있다. 그런데 민법상의 법인이나 비법인사단의 총회결의에 대하여는 그와 같은 절차가 별도로 규정되어 있지 않기 때문에 소집절차나 결의방법, 결의내용의 하자 등에 대해 일반 민사상 무효확인의 소를 통해 결의무효확인을 구하거나 다른 법률관계에 관한 소송에서 선결문제로서 무효를 주장할 수 있었고, 이는 집합건물법에 따른 관리단집회의 결의에도 동일하게 적용되었다.

그런데 2012. 12. 18. 법률 제11555호로 개정되어 2013. 6. 19. 시행된 집합건물법은 '집회의 소집절차나 결의방법이 법령 또는 규약에 위반되거나 현저하게 불공정한 경우'와 '결의내용이 법령 또는 규약에 위배되는 경우'를 결의취소 사유로 규정하면서, '구분소유자가 집회 결의 사실을 안 날부터 6개월 이내에, 결의한 날부터 1년 이내에 결의취소의 소를 제기할 수 있다.'고 규정함으로써 결의취소의 소에 관한 제42조의2를 신설하였다. 이 조항은 주주총회 결의취소의 소에 관한 상법 제376조 제1항 등의 조문 형식과 내용을 참조한 것으로 보이는데, 상법상 주주총회 결의취소 사유와 달리 결의내용이 규약에 위배되는 경우뿐만 아니라 법령에 위배되는 경우도 취소 사유로 규정하고 있고, 한편 집합건물법은 위와 같이 결의취소의 소를 도입하면서도 결의무효확인 내지 부존재확인의 소에 대한 규정을 두지 않고 있다.

집합건물법상 건물에 대하여 구분소유 관계가 성립되면 구분소유자 전원을 구성원으로 하여 건물과 그 대지 및 부속시설의 관리에 관한 사업의 시행을 목적으로 하는 관리단이 설립되고(제23조 제1항), 관리단은 건물의 관리 및 사용에 관한 공동이익을 위하여 필요한 구분소유자의 권리와 의무를 선량한 관리자의 주의로 행사하거나 이행하여야 하며(제23조의2), 관리단의 사무는 집합건물법 또는 규약으로 관리인에게 위임한 사항 외에는 관리단집회의 결의에 따라 수행하여야 하고(제31조), 규약 및 관리단집회의 결의는 구분소유자의 특별승계인에 대하여도 효력이 있고, 점유자는 건물이나 대지 또는 부속시설의 사용과 관련하여 구분소유자가 규약 또는 관리단집회의 결의에 따라 부담하는 의무와 동일한 의무를 진다(제42조). 집합건물법은 관리단집회의 결의가 구분소유자들 사이의 법률관계에 위와 같이 상당한 영향을 미칠 수 있다는 점을 고려하여 관리단집회의 시기, 소집통지의 방법, 결의사항, 의결권과 의결방법, 그 효력 등에 대해 상세하게 규정하고 있다.

이와 같은 사정을 종합하여 보면, **집합건물법이 결의취소의 소를 도입한 것은, 관리단집회 결의의 하자에 대하여는 소집절차나 결의방법, 결의내용의 하자인지 여부를 구분하지 않고, 그 하자가 경미한 경우에는 결의취소의 소를 통해서만 다툴 수 있도록 함으로써 관리단집회 결의의 효력을 조속히 확정하여 구분소유자들 사이의 법률관계 안정을 도모하되, 그 하자가 결의를 무효로 돌릴 정도의 절차상 또는 내용상 중대한 하자에 해당하는 경우에는 종전과 같이 제소기간의 제한 없이 일반 민사상 무효확인의 소를 통해 결의무효확인을 구하거나 다른 법률관계에 관한 소송에서 선결문제로서 무효를 주장할 수 있도록 함으로써 구분소유자의 권리를 보장**하고자 함에 있는 것으로 보인다.

따라서 **집합건물법 제42조의2가 규정한 취소사유, 즉 '집회의 소집절차나 결의방법이 법령 또는 규약에 위반되거나 현저하게 불공정한 경우' 또는 '결의내용이 법령 또는 규약에 위배되는 경우'라 함은 구분소유자들 사이의 법률관계를 합리적으로 규율하기 위한 집합건물법의 취지와 목적, 관리단의 의무와 사무처리 내용, 관리단집회 결의의 효력 등을 종합하여 살펴볼 때 그와 같은 하자가 결의를 무효로 돌릴 정도의 중대한 하자에 미치지 못하는 정도의 하자를 의미한다고 봄이 상당**하고, 그와 같은 취소사유로 인해 취소할 수 있는 결의는 집합건물법 제42조의2가 정한 제척기간 내에 제기된 결의취소의 소에 의하여 취소되지 않는 한 유효하다. 한편 제척기간을 도과하였는지 여부는 법원의 직권조사사항이므로 당사자의 주장이 없더라도 법원이 이를 직권으로

조사하여 판단하여야 한다.

한편 집합건물법 제23조에 의하여 설립된 관리단의 관리단집회에서 임원선임결의가 있은 후 다시 개최된 관리단집회에서 종전 결의를 그대로 인준하거나 재차 임원선임결의를 한 경우에는, 설령 당초의 임원선임결의가 무효라고 할지라도 다시 개최된 관리단집회 결의가 하자로 인하여 무효라고 인정되는 등의 특별한 사정이 없는 한, 새로운 관리단집회가 무효인 당초의 관리단집회 결의 후 새로 소집권한을 부여받은 관리인에 의하여 소집된 것이어서 무권리자에 의하여 소집된 관리단집회라는 사유는 원칙적으로 독립된 무효사유로 볼 수 없다. 만일 이를 무효사유로 본다면 당초 임원선임결의의 무효로 인하여 연쇄적으로 그 후의 결의가 모두 무효로 되는 결과가 되어 법률관계의 혼란을 초래하고 법적 안정성을 현저히 해하게 되기 때문이다(대법원 2012. 1. 27. 선고 2011다69220 판결 등 참조).

집합건물법 제42조의2 결의취소의 소와 무효확인의 소의 관계 (의정부지방법원 고양지원 2017. 5. 17. 선고 2016가합1045 임시관리단집회및관리인선임무효확인)

> **판례 해설**
>
> 집합건물법이 2012년도 개정되면서 상당한 조문이 삽입되었는바 그 중 하나가 법 제42조의2(결의취소의 소)이다. 집합건물법상 결의취소의 소는 집회의 소집 절차나 결의 방법이 법령 또는 규약에 위배되는 경우에는 결의취소의 소를 제기할 수 있다고 규정하고 있고, 이는 관리단 집회 결의 사실을 안 날로부터 6개월 이내에, 결의한 날로부터 1년 이내에만 다툴 수 있다.
>
> 결국 관리단 집회가 개최된 사실을 안 날로부터 6개월이 도과된 경우에 당사자는 기존에 했던 것과 같이 무효확인의 소를 제기할 수 있는지 여부가 문제 되는데, 이는 결의취소의 소를 제정한 마당에 또다시 결의 무효의 소를 허용한다면 결의취소의 소를 만든 입법 취지에도 반하는 것은 아닌지와 관련된 것이다.
>
> 이에 대상판결은 개정 규정이 개정 전 집합건물법이 관리단 집회의 결의 요건만을 규정하고 집회 소집이나 결의가 절차요건에 위반하거나 결의 내용이 법령이나 규약에 위반한 경우에 그 결의의 취소를 다툴 수 있는 방법에 관한 규정이 없던 것을 보완하기 위하여 규정된 것일 뿐 <u>관리단 집회 결의의 효력을 다투는 방식을 결의취소의 소만으로 제한하고 무효확인의 소의 제기를 금하는 것은 아니라고 하여 집회 결의 무효확인의 소의 제기를 인정</u>하였다.

법원 판단

피고는, 관리단집회의 결의 하자에 대해서는 집합건물법에 따른 결의취소의 소로만 다툴 수 있는바, 무효확인의 소는 부적법하여 각하되어야 한다고 주장한다.

살피건대, 집합건물법은 2012. 12. 18. 법률 제11555호로 개정되면서 '제42조의2(결의취소의 소)'가 신설되어 "집회의 소집절차나 결의 방법이 법령 또는 규약에 위반되거나 현저하게 불공정한 경우(제1호) 또는 결의내용이 법령 또는 규약에 위배되는 경우(제2호)에는 결의취소의 소를 제기할 수 있다"고 규정하였는데, **위 개정 규정은, 개정 전 집합건물법이 관리단집회의 결의요건만을 규정하고 집회 소집이나 결의가 절차요건에 위반하거나 결의내용이 법령이나 규약에 위반한 경우에 그 결의의 취소를 다툴 수 있는 방법에 관한 규정이 없었던 것을 보완**하여, 이해당사자가 집회결의를 다툴 수 있는 요건과 기준을 명시하여 구분소유자의 권리를 보호하기 위하여 규정된 것으로, <u>**관리단집회 결의의 효력을 다투는 방식을 결의취소의 소만으로 제한하고 무효확인의 소의 제기를 금하는 것은 아니므로 관리단집회 결의에 무효 사유가 있는 경우에는 무효확인의 소로써 이를 다툴 수 있다**</u>고 할 것이므로, 피고의 위 항변은 이유 없다.

관리단 집회 결의일로부터 6개월 이내에 결의와 관련한 하자를 원인으로 결의 무효확인의 소를 제기하였다면, 소송 중 결의 취소소송으로 소를 변경하였다고 하더라도 6개월의 제척기간을 준수한 것으로 본다(부산지방법원 2016가합3280 총회결의무효확인등).

> **판례 해설**
>
> 2012년 집합건물법 개정 당시 입법자는 제42조의2를 신설하여 결의 취소의 소라는 제목 하에 관리단 집회 결의 사실을 안 날로부터 6개월 이내, 결의한 날부터 1년 이내에 결의 취소를 제기하도록 규정하였다. 이는 관리단이 집회절차의 법적 하자로 인하여 장기간동안 불완전한 법적상태에 놓여있어야 하는 부조리를 해소하기 위하여 부득이하게 만든 조항이다.
>
> 물론 본 조항으로 인하여 위 기간을 경과한 뒤에 그 결의의 하자를 전혀 다툴 수 없다는 의미는 아니고, 단지 집회의 소집 절차나 결의 방법이 법령 또는 규약에 위반되거나 현저히 불공정한 경우에 결의 취소의 소로서 다투도록 특별한 규정을 마련한 것이다. 이에 대상판결에서는 이와 같이 신설된 법조항을 모른 채 먼저 무효 확인의 소를 제기한 이후 6개월이 지나서야 비로소 결의 취소의 소로 소 변경을 한 경우, 이와 같은 소 변경이 인정될 수 있는지, 즉 취소소송으로 변경한 소송이 제척기간을 경과한 것은 아닌지가 문제되었다.
>
> 이에 대상판결에서는 **제척기간 내에 원고가 특정한 결의 하자를 원인으로 이미 무효확인의 소가 적법하게 제기되었다면, 동일한 하자를 이유로 한 취소소송으로 소 변경을 하였더라도 이를 부적법하지 않다**고 판단하여 당사자의 절차적 권리를 보장하여 주었다.

생각건대, 일반인으로서는 하자의 원인이 결의 취소 사유인지 무효의 원인인지를 정확하게 판단하기가 매우 어려울 뿐만 아니라, 입법자가 결의 취소의 소 제척기간을 6개월 이내로 정한 목적이 법적 안정성을 도모하는 것임을 고려할 때, 대상판결은 타당하다.

법원 판단

집합건물법 제42조의2에 의하면 구분소유자는 **집회의 소집 절차나 결의 방법이 법령 또는 규약에 위반된다거나 현저하게 불공정할 경우**(제1호), **결의 내용이 법령 또는 규약에 위배되는 경우**(제2호)에 **관리단 집회 결의 사실을 안 날부터 6개월 이내에, 결의한 날부터 1년 이내에 결의취소의 소를 제기**할 수 있다. 그러나 동일한 결의에 관하여 **무효 확인의 소가 위 제소기간 내에 적법하게 제기되어 있다면,** 동일한 하자를 원인으로 하여 결의 사실을 안 날로부터 **6월이 경과한 후 취소소송으로 소를 변경하거나 추가한 경우에도 무효 확인의 소 제기 시에 제기된 것과 동일하게 취급하여 제소기간을 준수한 것으로 보아야** 한다(대법원 2003. 7. 11. 선고 2001다45584 판결 참조).

원고가 이 사건 결의일로부터 6개월 이내인 2016. 9. 22. 이 사건 선임결의와 쟁점 결의의 무효 확인을 구하는 소를 제기한 사실은 기록상 명백하므로, 설사 원고가 제소기간 이후에 위 각 결의의 취소 청구로 청구취지와 원인을 변경하였다 하더라도 이 사건 소는 제소기간을 준수한 것으로서 적법하다.

> 제42조의2(결의취소의 소)
> 구분소유자는 다음 각 호의 어느 하나에 해당하는 경우에는 집회 결의 사실을 안 날부터 6개월 이내에, 결의한 날부터 1년 이내에 결의취소의 소를 제기할 수 있다.
> 1. 집회의 소집 절차나 결의 방법이 법령 또는 규약에 위반되거나 현저하게 불공정한 경우
> 2. 결의 내용이 법령 또는 규약에 위배되는 경우

관리단 집회에서 임원선임결의가 있은 후 다시 개최된 관리단집회에서 종전 결의를 그대로 인준하거나 재차 임원선임결의를 한 경우, 종전 임원선임결의의 무효확인을 구할 이익이 있는지 여부(원칙적 소극)(대법원 2011다69220 판결)

> **판례 해설**
>
> 관리단집회가 부적법하다고 하더라도 그 이후에 **해당 관리단집회를 추인하는 관리단집회를 재차 열어 적법하게 통과시킨다면 기존 관리단집회의 부적법함은 치유**될 수 있다.
>
> 여기에 더하여 이전 관리단 집회가 부적법하다면 해당 관리단 집회에서 선출된 관리인은 부적법하기 때문에 차후 관리단 집회를 개최할 때에도 부적법한 관리인이 진행하는 절차이기 때문에 무효가 되지 않을까 라는 의문은 있지만, **대상판결에서는 절차의 안정성 등을 고려하여 해당**

> 관리단 집회의 하자가 다른 측면이 아닌 무권한자가 진행한 관리단집회에 불과하다면 독립된 무효 사유로 볼 수 없다고 하여 무권한자가 진행한 관리단 집회를 적법하다고 판시한 것이다.
>
> 다만 추인하는 추후 관리단 집회에서 무권한자가 진행하였다는 하자 이외의 다른 하자가 존재한다면 당연히 추인하는 관리단 집회 역시 무효로 될 수 있다.

법원 판단

구 집합건물의 소유 및 관리에 관한 법률(2010. 3. 31. 법률 제10204호로 개정되기 전의 것) 제23조에 의하여 설립된 관리단의 관리단집회에서 **임원선임결의가 있은 후 다시 개최된 관리단집회에서 위 종전 결의를 그대로 인준하거나 재차 임원선임결의를 한 경우에는**, 설령 당초의 임원선임결의가 무효라고 할지라도 다시 개최된 위 관리단집회의 결의가 하자로 인하여 무효라고 인정되는 등의 특별한 사정이 없는 한, **종전 임원선임결의의 무효확인을 구하는 것은 과거의 법률관계 내지 권리관계의 확인을 구하는 것에 불과하여 권리보호의 요건을 결여한 것**이다. 이 경우 **새로운 관리단집회가 무효인 당초의 관리단집회 결의 후 새로 소집권한을 부여받은 관리인에 의하여 소집된 것이어서 무권리자에 의하여 소집된 관리단집회라는 사유는 원칙적으로 독립된 무효 사유로 볼 수 없다.** 만일 이를 무효사유로 본다면 당초의 임원선임결의의 무효로 인하여 연쇄적으로 그 후의 결의가 모두 무효로 되는 결과가 되어 법률관계의 혼란을 초래하고 법적 안정성을 현저히 해하게 되기 때문이다 (대법원 1998. 12. 22. 선고 98다35754 판결, 대법원 2010. 10. 28. 선고 2009다63694 판결 등 참조).

원심은, 집합건물인 이 사건 건물의 관리단인 피고의 2008. 7. 24.자 임시집회에서의 원심판결 별지 1 목록 제1의 가항 기재와 같은 대표위원 선출 승인 결의, 원고 2를 관리인에서 해임하고 여의도맨하탄빌딩관리 주식회사(이하 '소외 회사'라 한다)를 관리인으로 선임하는 결의는 **그 소집절차상의 하자와 의사정족수 및 의결정족수 미달로 인하여 무효**이므로 위 관리단의 대표위원회에서 **소외인을 대표위원회 회장으로 선임하는 결의도 무효**이나, 그 후 2010. 3. 25.자 정기집회 및 대표위원회에서 원심판결 별지 2 목록 기재 제1, 2항과 같이 **위 임시집회 및 대표위원회의 각 결의의 절차를 다시 진행하거나 그 내용을 재확인하는 결의를 하였으므로**, 위 정기집회의 결의가 당초의 임시집회 결의 후 **새로 소집권한을 부여받은 소외인에 의하여 소집된 것이어서 무권리자에 의하여 소집된 집회라는 하자는 독립된 무효사유라고 볼 수 없고**, 그 외 위 정기집회가 다른 절차상·내용상의 하자로 인하여 부존재 또는 무효라고 인정되지 않는 이상 위 임시집회 및 대표위원회에서 이루어진 각 결의의 무효확인을 구하는 것은 과거의 법률관계 내지 권리관계의 확인을 구하는 것에 불과하여 **권리보호의 이익이 없다**고 판단하였다.

위 법리와 기록에 비추어 살펴보면, 원심의 판단은 정당하고, 거기에 상고이유로 주장하는 바와 같은 관리단집회 결의의 효력에 관한 법리오해 등의 위법이 없다.

관리인 선임 그리고 해임

관리인 해임 소송을 제기할 경우 소송의 상대방은 관리단과 관리인을 상대로 해야 하고 그렇지 않을 경우 부적법 각하(대법원 2011. 6. 24. 선고 2011다1323 판결)

> **판례 해설**
>
> 집합건물법은 지금까지 수차례 개정되었다가 급기야 2012년에는 거의 제정 수준의 개정이 이루어졌고 이 개정 시기에 들어간 조항이 관리인 해임 청구이다.
>
> 즉 해임 청구권이라고 함은 형성권으로서 법에 근거 규정이 없는 경우 당사자는 소를 제기할 수 없는바, 이전 관리단 집회를 제외하고 구분소유자 스스로 법원에 해임청구를 할 수 있을 만한 권원이 없었기 때문에 실제 사례에서 문제가 발생하고 있었고 이를 고려하여 입법자는 2012년도에 집합건물법 개정작업을 통하여 해임청구권을 명문으로 삽입하였다. 다만 규정의 성격으로 인하여 관리인의 해임 사유가 중대하고 명확할 때에만 비로소 청구가 가능하다(이에 대하여는 다른 사례에서 설명하겠다).
>
> 대상판결은 해임 청구를 할 경우 누구를 상대로 소송을 제기하여야 하

는지에 대한 법률적 문제에 해당하는 바, 대법원은 <u>해임 청구는 관리단과 해임을 당하는 관리인을 상대로 소를 제기하여야 하는 고유필수적 공동소송으로서 만약 이 둘 중 한 사람에게만 소를 제기한다면 부적법 각하 판결을 선고할 수밖에 없다</u>고 판시하였다.

일반인의 입장에서는 다소 이해할 수 없으나 민사소송절차에서 이와 같은 법리는 거의 일관되므로 집합건물법 제23조에 의하여 관리인 해임 청구를 구하는 소를 제기할 경우 해임을 요구하는 관리인뿐 아니라 관리단 자체도 피고로 포함시켜야 비로소 적법한 소 제기가 되는 것이므로 특히 주의를 요한다.

법원 판단

이 사건 집합건물의 구분소유자들인 원고들은 제1심에서 피고 동대문밀리오레관리단(이하 '피고 관리단'이라 한다)의 관리인인 피고 1에게 부정한 행위나 그밖에 그 직무를 수행하기에 적합하지 아니한 사정이 있다는 이유로 집합건물의 소유 및 관리에 관한 법률(이하 '집합건물법'이라 한다) 제24조 제3항에 근거하여 피고들을 상대로 관리인인 피고 1의 해임을 청구한 사실, 제1심에서 원고들 승소 판결이 선고되었으나 피고 관리단은 항소하지 않았고 피고 1만 항소한 사실은 기록상 명백하다.

그런데 원심은 위와 같은 소송관계에 대하여 원고들과 피고 1만을 당사자로 취급하여 이들에게 변론기일을 통지하고 심리를 진행한 다음 선고기일을 통지하고 판결을 선고하면서 피고 1의 항소를 기각하였다.

그러나 **집합건물법 제24조 제3항 소정의 관리인 해임의 소는 관리단과 관리인 사이의 법률관계의 해소를 목적으로 하는 형성의 소이므로 그 법률관계의 당사자인 관리단과 관리인 모두를 공동피고로 하여야 하는 고유필수적 공동소송에 해당한다**고 할 것이다 (대법원 1976. 2. 11.자 75마533 결정 참조). 한편 공동소송인과 상대방 사이에 판결의 합일확정을 필요로 하는 고유필수적 공동소송에 있어서는 공동소송인 중 일부가 제기한 상소 또는 공동소송인 중 일부에 대한 상대방의 상소는 다른 공동소송인에게도 그 효력이 미치는 것이므로 공동소송인 전원에 대한 관계에서 판결의 확정이 차단되고 그 소송은 전체로서 상소심에 이심되며, 상소심판결의 효력은 상소를 하지 아니한 공동소송인에게 미치므로 상소심으로서는 공동소송인 전원에 대하여 심리·판단하여야 한다(대법원 2003. 12. 12. 선고 2003다44615, 44622 판결 참조). 이러한 고유필수적 공동소송에 대하여 본안판결을 할 때에는 공동소송인 전원에 대한 하나의 종국판결을 선고하여야 하는 것이지 공동소송인 일부에 대해서만 판결하거나 남은 공동소송인에 대해 추가판결을 하는 것은 모두 허용될 수 없다(대법원 2010. 4. 29. 선고 2008다50691 판결 참조).

> 제24조(관리인의 선임 등)
> ③ 관리인은 관리단집회의 결의로 선임되거나 해임된다. 다만, 규약으로 제26조의2에 따른 관리위원회의 결의로 선임되거나 해임되도록 정한 경우에는 그에 따른다.

관리인 지위 부존재확인소송을 제기할 경우, 그 상대방은 관리단일뿐 관리인이 아니다(서울남부지방법원 2017가합103734 결의무효 확인의소)

> **판례 해설**
>
> 관리인을 선출하는 결의에 대하여 무효를 주장하거나 기타 관리인 지위의 부존재 확인을 구하는 소송을 제기하는 경우에는 관리인이 아닌 **관리인이 소속된 단체에 대하여 소를 제기**하여야 한다. 만약 이 사건에서처럼 관리인을 상대로 소를 제기한다면 각하판결을 받을 수밖에 없다. 더 나아가 관리인과 관리단을 상대로 동시에 소를 제기했다면, 설령 해당 결의·지위가 무효 또는 부존재로 판단되더라도 이는 관리단에 대해서만 그 확인을 구할 수 있을 뿐, 관리인에 대해서는 여전히 각하를 면할 수 없게 된다.
>
> 이와 같은 법리는, 집합건물법 제24조 제3항에 따라서 제기하는 관리인 해임의 소가 관리단과 관리인에 대한 고유필수적공동소송으로 관리단 또는 관리인 중 한명에 대해서만 소를 제기하면 각하가 되는 경우(대법원 2011다1323 판결)와 구별됨으로 특히 주의를 요한다.

법원 판단

1. 확인의 소에 있어서는 권리보호요건으로서 확인의 이익이 있어야 하고, 위 요건이 구비되지 않으면 본안에 관한 판단을 할 필요 없이 소를 부적법 각하하게 되는 바, 확인의 이익은 원고의 권리 또는 법률상의 지위에 현존하는 불안·위험이 있고, 그 불안·위험을 제거함에는 피고를 상대로 확인판결을 받는 것이 가장 유효·적절한 수단일 경우에만 인정되므로, **확인의 소의 피고는 원고의 권리 또는 법률관계를 다툼으로써 원고의 법률상의 지위에 불안·위험을 초래할 염려가 있는 자**이어야 하며, 그와 같은 피고를 상대로 하여야 확인의 이익이 있다(대법원 1997. 10. 16. 선고 96다11747 전원합의체 판결 참조).

그리고 **어느 단체에 소속된 대표자 또는 구성원의 지위 존부에 관한 확인 청구는** 그 존부를 다툴 정당한 이익이 있는 자와 그 대표자나 구성원이 소속된 단체 사이의 분쟁에 해당하므로 **원칙적으로 대표자나 구성원 개인이 아닌 소속 단체를 상대로 확인 청구를** 하여야 하고, 그 대표자나 구성원을 상대로 그 지위부존재 확인을 구하는 소송은 그 청구를 인용하는 판결이 선고되더라도 그 판결의 효력이 당해 단체에 미친다고 할 수 없으므로, 당사자들 사이의 분쟁을 근본적으로 해결하는 가장 유효·적절한 수단이 될 수 없으며, 따라서 그 확인의 이익이 없어 부적법하다. 이와 같은 법리는 해당 단체를 상대로 확인판결을 구하면서 아울러 대표자나 구성원 개인을 피고로 하여 지위부존재 확인판결 등을 구하는 경우에도 동일하게 적용된다(대법원 2010. 10. 28. 선고 2010다30676, 30683 판결, 대법원 2015. 2. 16. 선고 2011다101155 판결 등 참조).

위와 같은 법리에 비추어 직권으로 살피건대, 원고가 피고 C을 상대로 피고 관리단의 회장 지위의 부존재 확인을 구하여 이를 인용하는 판결을 받는다고 하더라도 그 판결의 효력이 피고 관리단에 미치지 않아 이는 당사자들 사이의 분쟁을 근본적으로 해결하는 유효·적절한 방법이 될 수 없으므로, 원고의 피고 C에 대한 이 사건 확인의 소는 확인의 이익이 없어 부적법하다.

관리인 선임 결의가 집합건물법 제41조 제1항에 의한 서면결의로 가능한지 여부(적극) 및 그와 같은 서면결의를 함에 있어서 관리단 집회의 소집·개최가 필요한지 여부(소극) (대법원 2006. 12. 8. 선고 2006다33340 판결)

판례 해설

서면결의서의 활용은 두 가지가 있다. 즉 원래의 관리단 집회에서 위임장 또는 서면결의서 등을 고려하여 의결정족수 산정하는 활용과 대상판결과 같이 아예 관리단 집회 자체가 필요 없는 경우로서 구분소유자 및 의결권 4/5의 동의를 받을 경우이다. 그러나 간혹 이와 같은 법리를 오해하여 관리단 집회 방식으로 서면결의서를 제출한 경우 서면결의서는 동법 제41조에서만 활용되는 것으로 착각하여 관리단 집회 의결정족수에 삽입되어서는 안 된다는 주장을 하는 경우를 가끔씩 보게 되는데 이는 집합건물법 자체를 혼동한 주장에 불과하다.

여하튼 **집합건물법에서는 관리단 집회(동법제32,33조)를 통하여 의결하는 방법과 더불어 서면결의서만으로 의결을 하는 동법 제41조로 구분되는바** 동법 제41조에서는 가중된 정족수를 산정한 만큼 관리단 집회와 관련된 일체의 절차가 "생략"되는 것이다.

법원 판단

제41조(서면 또는 전자적 방법에 의한 결의 등)
① 이 법 또는 규약에 따라 관리단집회에서 결의할 것으로 정한 사항에 관하여 구분소유자의 5분의 4 이상 및 의결권의 5분의 4 이상이 서면이나 전자적 방법 또는 서면과 전자적 방법으로 합의하면 관리단집회에서 결의한 것으로 본다. 다만, 제15조 제1항 제2호의 경우에는 구분소유자의 과반수 및 의결권의 과반수가 서면이나 전자적 방법 또는 서면과 전자적 방법으로 합의하면 관리단집회에서 결의한 것으로 본다.

집합건물의 소유 및 관리에 관한 법률(이하 '집합건물법'이라 한다) 제23조 제1항의 관리단은 어떠한 조직행위를 거쳐야 비로소 성립되는 단체가 아니라 구분소유관계가 성립하는 건물이 있는 경우 당연히 그 구분소유자 전원을 구성원으로 하여 성립되는 단체라 할 것이므로, 집합건물의 분양이 개시되고 입주가 이루어져서 공동관리의 필요가 생긴 때에는 그 당시의 미분양된 전유부분의 구분소유자를 포함한 구분소유자 전원을 구성원으로 하는 관리단이 설립된다 (대법원 2005. 11. 10. 선고 2003다45496 판결 등 참조). 한편, **집합건물법 제41조 제1항은 "관리단집회에서 결의할 것으로 정해진 사항에 관하여 구분소유자 및 의결권의 각 5분의 4 이상의 서면에 의한 합의가 있는 때에는 관리단집회의 결의가 있는 것으로 본다."고** 규정하고 있고, 집합건물법 제24조 제2항에 의하면 관리인선임 결의는 관리단집회에서 결의할 것으로 정한 사항에 해당하므로, **관리인선임 결의 역시 집합건물법 제41조 제1항에 의한 서면결의가 가능**하고, 이러한 서면결의는 관리단집회가 열리지 않고도 관리단집회의 결의가 있는 것과 동일하게 취급하고자 하는 것이어서 그와 같은 서면결의를 함에 있어서는 관리단집회가 소집, 개최될 **필요가 없다고 할 것**이다 (대법원 1995. 3. 10.자 94마2377 결정, 2005. 4. 21. 선고 2003다4969 전원합의체 판결 등 참조).

집합건물의 "분양계약서"에 건축주를 집합건물의 관리인으로 한다는 내용이 포함된 사안에서, 수분양자들로 구성된 관리단집회의 관리인선임 결의에 갈음하는 서면결의가 있다고 본 사례(대법원 2006. 12. 8. 선고 2006다33340 판결)

> **판례 해설**
>
> 시행사 또는 건축주의 입장에서는 최초 입주세대로부터 관리규약을 배포하고 거기에 더하여 서면동의를 받는 경우가 종종 있다. 이는 이후 관리단 집회 자체도 어렵거니와 소유자로부터 동의를 받을 수 있는 가장 간

편한 방법이 바로 최초 입주하는 세대에게 관리규약 배포를 이유로 동의를 받는 것이기 때문이다.

사실 수분양자, 즉 구분소유자 입장에서는 자신도 모르게 이와 같은 내용에 서면동의를 함으로 인하여 추후 관리단 집회에서 사실상 어려움을 겪게 되는 것이다.

그럼에도 불구하고 <u>4/5 이상의 구분소유자로부터 서면동의를 받은 건축주에 대하여 관리인 지위를 인정하였는바 사실상은 다소 억울하더라도 법리적으로는 명확한 판결</u>에 해당한다.

법원 판단

1. 집합건물의 소유 및 관리에 관한 법률(이하 '집합건물법'이라 한다) 제23조 제1항의 관리단은 어떠한 조직행위를 거쳐야 비로소 성립되는 단체가 아니라 구분소유관계가 성립하는 건물이 있는 경우 당연히 그 구분소유자 전원을 구성원으로 하여 성립되는 단체라 할 것이므로, 집합건물의 분양이 개시되고 입주가 이루어져서 공동관리의 필요가 생긴 때에는 그 당시의 미분양된 전유부분의 구분소유자를 포함한 구분소유자 전원을 구성원으로 하는 관리단이 설립된다 (대법원 2005. 11. 10. 선고 2003다45496 판결 등 참조). 한편, 집합건물법 제41조 제1항은 "관리단집회에서 결의할 것으로 정해진 사항에 관하여 구분소유자 및 의결권의 각 5분의 4 이상의 서면에 의한 합의가 있는 때에는 관리단집회의 결

의가 있는 것으로 본다."고 규정하고 있고, **집합건물법 제24조 제2항에 의하면 관리인선임 결의는 관리단집회에서 결의할 것으로 정한 사항에 해당하므로, 관리인선임 결의 역시 집합건물법 제41조 제1항에 의한 서면결의가 가능하고, 이러한 서면결의는 관리단집회가 열리지 않고도 관리단집회의 결의가 있는 것과 동일하게 취급하고자 하는 것이어서 그와 같은 서면결의를 함에 있어서는 관리단집회가 소집, 개최될 필요가 없다고 할 것이다** (대법원 1995. 3. 10.자 94마2377 결정, 2005. 4. 21. 선고 2003다4969 전원합의체 판결 등 참조).

원심은, 그 채용 증거들에 의하여, 피고(선정당사자, 이하 '피고'라고만 한다)와 나머지 선정자들을 포함한 이 사건 집합건물의 **각 구분소유자들은 '입점일 이후에는 건축주인 소외인 외 3인을 이 사건 집합건물의 관리인으로 한다.'는 내용이 포함된 분양계약서에 의하여 분양계약을 체결**하였고, 이어 **소외인 외 3인은 소외인을 이 사건 집합건물의 관리자로 하는 데 서면 합의**한 사실, 이에 따라 소외인은 2003. 1.경부터 이 사건 집합건물을 관리하다가, 관리업무의 효율을 위하여 2003. 3. 31.경 원고 회사를 설립하고 그 이후부터는 원고 회사에게 이 사건 집합건물의 관리업무를 맡기고 있는 사실을 인정한 다음, 이 사건 집합건물과 같이 건축주 겸 분양자가 건물을 완공하여 일단 자기의 소유로 등기를 마친 후 구분점포를 분양하는 경우에는 분양에 소요되는 기간 등 통상의 분양 실정에 비추어 분양 및 입주가 상당한 정도에 이를 때까지 건축주가 관리인의 역할을 수행하는 것은 집합건물의 관리를 위한 하나의 방법으로서 어느 정도 합리성을 가진다고 볼 수 있는 점 등을 종합하여, 미분양된 전유부분의 구분소유자들(건축주인 소외인 외 3인)을 포함한 **이 사건 집합건물의 구분소유자 전원은 위 분양계약서 등을 통해 소외인을 이 사건 집합건물의 관리인으로 하는 데 서면합의를 하였고, 위 서면합의로써 소외인을 관리인으로 선임하는 관리단집회의 결의가 있는 것으로 볼 수 있으므로**, 결국 관리인으로 선임된 소외인으로부터 이 사건 집합건물의 관리업무를 위탁받은 원고 회사는 이 사건 집합건물의 관리업무를 수행할 정당한 권한을 갖는다고 판단하였다.

앞서 본 법리와 기록에 비추어 살펴보면, 이 사건 집합건물의 건축주와 수분양자들은 그 개별적 분양계약을 통하여, 수분양자들의 구분소유권 취득을 전제로 관리단 설립 이후의 관리인 선임에 관하여 사전에 서면으로 합의한 것이고, **수분양자들 사이에서도 그러한 개별적 서면합의를 상호 수용하는 데 묵시적으로 동의하였다고 봄이 상당**하므로, 원심의 위와 같은 판단은 정당한 것으로 수긍할 수 있고, 거기에 상고이유로서 주장하는 바와 같이 관리단집회의 결의에 갈음하는 서면결의에 관한 법리오해 등의 위법이 있다고 할 수 없다.

> 제41조(서면 또는 전자적 방법에 의한 결의 등)
> ① 이 법 또는 규약에 따라 관리단집회에서 결의할 것으로 정한 사항에 관하여 구분소유자의 5분의 4 이상 및 의결권의 5분의 4 이상이 서면이나 전자적 방법 또는 서면과 전자적 방법으로 합의하면 관리단집회에서 결의한 것으로 본다. 다만, 제15조제1항제2호의 경우에는 구분소유자의 과반수 및 의결권의 과반수가 서면이나 전자적 방법 또는 서면과 전자적 방법으로 합의하면 관리단집회에서 결의한 것으로 본다.
> 제24조(관리인의 선임 등)
> ③ 관리인은 관리단집회의 결의로 선임되거나 해임된다. 다만, 규약으로 제26조의2에 따른 관리위원회의 결의로 선임되거나 해임되도록 정한 경우에는 그에 따른다.

관리인이 존재하지 않고 운영위원회만 구성된 경우, 운영위원장은 관리인이 아니지만, 관리위원회 전원이 각자 관리단의 대표권을 행사할 수 있다(서울중앙지방법원 2015. 7. 16. 선고 2014가합592443 판결).

> **판례 해설**
>
> 집합건물법 제23조 이하에서 규정하고 있는 관리인은 관리단을 대표하지만, **관리위원회가 구성되었다면 관리인은 관리위원회의 의결 사항에 관한 집행기관으로서의 기능**을 하게 된다. 그렇다면 명시적으로 관리인이라는 지위가 존재하지 않는 경우 누가 관리단을 대표하게 될까.
>
> 대상판결에서는 관리인이 존재하지 않는다면 <u>**관리위원회의 구성원**</u>

개개인이 관리단의 대표권을 가진다고 판단하였다. 나아가 관리위원회의 구성원이 여러 명일 경우에는 그 회장이 아닌 **관리위원 각자가 대표권**을 가지고, 이 경우 상법상 **각자 대표**로서의 지위를 가진다고 판단하였다.

집합건물법상 관리인의 지위에 관하여 많은 이들이 혼동을 하고 있고, 실제로도 관리위원회와 관리인의 관계에 있어서 다소 혼란스러운 점이 존재하는 것도 사실이다. 그러나 간단히 정리한다면 **관리위원회가 존재하지 않는 경우에는 관리인이 관리단을 대표할 뿐만 아니라 관리위원회의 역할인 집행까지 도맡아 하게 된다. 반면에 규약이 제정되어 관리위원회가 성립된다면 관리위원회가 마치 입주자대표회의와 같은 역할로서 관리인을 지휘 감독하게 되는 것이다.**

대상판결은 관리위원회의 역할 및 지위를 명확히 하였다는 점에 큰 의의가 있다고 보인다.

법원 판단

피고들은, ① E은 집합건물법상 관리단인 원고의 대표자인 관리인이 아니라 원고 운영위원회의 회장에 불과하고, ② 가사 원고 운영위원회의 회장이 집합건물법상 관리인에 해당한다고 하더라도, E은 운영위원회 결의에 의하여 회장으로 선출되었을 뿐 관리단집회의 결의를 거친 바 없으며, ③ 2015. 4. 29.자 관리단집회에서 E을 운영위원으로 선임하기로 한 결의는 서면에 의하여 한 것인데 서면결의 시 요구되는 집합건물법 제41조 제1항 소정의 의결정족수를 충족하지 못하였으므로 E은 원고의 적법한 대표자로 선출된 바 없고, 따라서 이 사건 소는 대표권 없는 E에 의하여 제기된 것으로서 부적법**하다고 항변한다.

집합건물법은 집합건물의 구분소유자가 10인 이상일 때에는 관리단 집회의 결의로 관리인을 선임하도록 하고 있고(제24조 제1항), 동법 소정의 관리인은 관리단을 대표하고 집합건물의 관리 및 사용에 관한 사무를 집행하는 자라고 할 것인데 (제23조의2, 제24조 제1항, 제25조), 갑 제18호증, 갑 제 19호증의1, 갑 제36호증, 갑 제39호증의2, 을나 제2호증의 각 기재에 변론 전체의 취지를 종합하여 인정되는 다음과 같은 사정, 즉, 원고의 관리규약은 운영위원회를 두어 구분소유자들의 의견을 수렴하여 관리단 집회의 의결사항을 사전 조율하고 그에 관한 사무를 집행하도록 하고 있고(제10조), 운영위원회는 관리단집회의 결의로 선출된 운영위원 16명 이내로 구성하되 회장 1명, 부회장 3명 이내, 총무 2명 이내, 운영위원 10명 이내의 임원을 두도록 정하고 있는 점(제7조, 제8조 제1항), 이에 따라 원고는 운영위원들을 선출하여 운영위원회를 구성하였고, 원고의 운영위원들은 내부의사결정 과정을 거쳐 원고를 대표하여 원고 명의로 피고들을 상대로 이 사건 결의 및 이 사건 위·수탁관리계약의 효력정지를 구하는 가처분을 신청하는 등으로 일부공용부분 관리업무에 관한 의사를 결정하고 그에 관한 사무를 집행하여 온 점, 집합건물법상의 관리인은 관리단을 대표하고 그 사무를 집행하는 자로서 적어도 당사자 능력을 가지고 있음이 전제되어야 한다고 할 것인데 원고 운영위원회는 위에서 본 바와 같이 원고의 내부기관에 불과하여 당사자능력이 없는 점, 원고의 관리규약은 임원의 선출방법에 관하여 특별한 규정을 두고 있지 아니하여 원고는 운영위원회의 결의로 회장을 선출하여 왔는데, 집합건물법 제24조 제1항은 관리단집회의 결의로 관리인을 선임하도록 규정하고 있고 이는 강행규정이라 할 것이어서(대법원 2012. 3. 29. 선고 2009다45320 판결 등 참조), 운영위원회 결의로 선출된 회장이 집합건물법상 관리인에 해당한다고 볼 수도 없는 점 등에 비추어 보면, **원고의 운영위원회나 회장이 아닌 운영위원들이 원고를 대표하고 원고의 사무를 집행하는 자들로서 집합건물법상의 관리인에 해당한다**고 봄이 상당하고, **관리인이 수인인 경우 민법 제119조 본문에서 정한 각자대리의 원칙에 따라 관리인들은 각자 관리단을 대표하여 사무를 집행할 수 있다**고 할 것이다.

그리고 갑 제35호증의 1, 2의 각 기재에 변론 전체의 취지를 종합하면, 원고가 2015. 4. 29. 관리단집회를 개최하여 총 138세대 중 106세대의 동의로 E을 포함한 7인을 운영위원으로 선임하기로 결의한 사실을 인정할 수 있는 바, 원고가 위와 같은 결의를 함에 있어 관리단집회를 개최하여 결의한 이상 그 결의에는 서면 결의 시 요구되는 집합건물법 제41조 제1항 소정의 의결정족수가 아닌 집합건물법 제38조 제1항에서 정한 구분소유자 과반수 및 의결권 과반수의 의결정족수를 충족하였으므로, E은 2015. 4. 29.자 관리단집회의 결의에 의하여 적법하게 운영위원으로 선출되었다고 할 것이다.

그렇다면, E은 원고의 운영위원이자 관리인으로서 원고를 대표하여

이 사건 소를 제기할 수 있다고 할 것이므로, 피고들의 이 부분 항변 역시 이유 없다

> 제24조(관리인의 선임 등)
> ③ 관리인은 관리단집회의 결의로 선임되거나 해임된다.

집합건물에서 관리단 층별 대표를 집합건물법상의 절차가 아닌 임의 추대 방식으로 선출할 경우, 그 지위는 인정될 수 없다(서울남부지방법원 2013. 10. 15. 선고 2013가합103569 판결).

> **판례 해설**
>
> 아파트가 아닌 집합건물에서는 관리단 집회 자체가 가능하지 않은 경우가 종종 있다. 이런 경우에 "관례"를 이유로 들어 호선 또는 추대 형식으로 임원들이 정하여 지는 것이 대부분의 현실이다.
>
> 그러나 **대법원 및 하급심 법원은 모두 그와 같이 선출된 임원의 지위를 모두 인정하고 있지 않고 있고, 더 나아가 호선에 의한 선출을 관리규약에서 규정하고 있다면 해당 조항 자체도 무효라고 판시하고 있는 실정이다.**
>
> 간혹 상담하다보면 원고 역시 그와 같이 호선에 의하여 선출된 자임에도 자신의 임기가 종료된 이후 현재의 임원에 대하여 무효를 주장하는 경

> 우가 종종 있고, 이에 대하여 피고는 원고 역시 호선에 의하여 선출되었음을 항변의 근거로 삼는 경우가 종종 있다. 그러나 유념해야 할 것은 원고의 임기는 이미 지났으며, 재판에서 다투고 있는 내용은 피고가 어떠한 방법으로 선출되었는지 여부이기 때문에 그와 같은 항변은 법률적으로는 큰 의미는 없고 단지 감정의 문제만으로 남을 뿐이다.

법원 판단

살피건대, 위 인정사실에 의하면, 현재 피고의 구성원인 C, D, E, F, G, H은 입주자 대표로 선출된 바 없으므로, 피고의 임원 및 입주자대표의 지위에 있지 않다.

이에 대하여 피고는, 2003. 4. 1.부터 2007. 3. 31. 까지 피고의 감사로, 2007. 4. 1.부터 2011. 3. 31. 까지 피고의 회장으로 있었던 원고도 이 사건 관리규약에 따른 선출절차를 거치지 않았고, **이 사건 건물에는 입주자 대표의 자격요건에 해당하는 사람이 많지 않고, 희망자도 없어 관례에 따라 선출 절차를 생략한 채 현재 피고가 구성된 것이므로 원고의 주장은 이유 없다고 주장**하나 위 사정만으로 선출 절차를 거치지 않은 C, D, E, F, G, H이 피고의 임원 및 입주자대표라고 할 수 없으므로, 피고의 위 주장은 이유 없다.

따라서 C, D, E, F, G, H은 피고의 임원 및 입주자대표 자격이 부존재한다고 할 것이고, 피고가 이를 다투는 이상 이 사건 건물의 구분소유자인 원고로서는 그 확인을 구할 이익도 있다.

관리인의 선임·해임을 관리단집회의 결의에 의하도록 한 집합건물의 소유 및 관리에 관한 법률 제24조 제2항이 강행규정인지 여부(대법원 2012. 3. 29. 선고 2009다45320 판결)

> ### 판례 해설
>
> 관리인 선임에 관한 대표적인 대법원 판결이다. 즉 집합건물법상 관리인은 관리단 집회에서만 선출하여야 하고 이와 다른 규약이 존재하더라도 해당 규약은 무효라고 판시함으로써 **관리인 선임 및 해임에 관한 집합건물법의 조항을 강행규정으로 보았다.**
>
> 다만 본 판결이후 집합건물법이 다소 개정되었고 그 개정된 조항은 다음과 같다.
>
> > 제24조(관리인의 선임 등) ③ 관리인은 관리단집회의 결의로 선임되거나 해임된다. 다만, 규약으로 제26조의2에 따른 관리위원회의 결의로 선임되거나 해임되도록 정한 경우에는 그에 따른다.
>
> 즉 대상판결이후 제24조 3항 단서가 신설되었고 **만약 관리규약에 "관리위원회"의 결의에 따라 관리인이 선임된 경우라고 한다면 본 판결은 적용되지 않는 것이다.** 다만 <u>관리인을 선출할 수 있는 관리위원회의 구성원인 관리위원들은 관리단 집회에서 반드시 선출</u>되어야 하고 더불어 해당 관리규약이 유효하게 성립되었음을 전제로 해야 할 것이다.

법원 판단

집합건물의 소유 및 관리에 관한 법률(이하 '집합건물법'이라고만 한다) 제28조 제1항은 집합건물의 관리 또는 사용에 관한 구분소유자 상호 간의 사항 중 이 법에서 규정하지 아니한 사항은 규약으로써 정할 수 있다고 규정하고 있으므로, 집합건물법이 특히 규약으로 달리 정할 수 있다고 명시하고 있는 사항이 아니더라도 집합건물의 관리 또는 사용에 관한 구분소유자 상호 간의 사항 중 위 법률에서 정하고 있지 않은 사항이면 규약으로 정할 수 있다고 보아야 한다. 그런데 집합건물법 제24조는 제1항에서 "구분소유자가 10인 이상일 때에는 관리인을 선임하여야 한다."고 규정하고, 제2항에서 "관리인은 관리단집회의 결의로 선임되거나 해임된다."고 규정하고 있는 반면, 관리인의 선임·해임 방법에 대하여 규약으로 달리 정할 수 있다는 규정을 두고 있지 않으므로, 위 규정은 **관리인의 선임·해임을 관리단집회의 결의에 의해서만 하도록 한 강행규정이라고 보아야** 한다.

원심판결 이유 및 기록에 의하면, 이 사건 집합건물의 구분소유자들 중 피고 2 등 36명은 이 사건 집합건물을 관리할 '관리운영위원회'를 결성하기로 뜻을 모은 후, 2005. 11. 11.부터 2006. 1. 16.까지 ① 피고 2 등이 작성한 관리규약에 동의하는지 여부, ② 이 사건 집합건물을 관리할 관리운영위원회의 설립에 동의하는지 여부, ③ 피고 2 등을 포함한 발기인 63명을 관리운영위원으로 선임함에 동의하는지 여부에 관하여 이 사건 집합건물의 구분소유자들로부터 서면동의서를 받거나 전자투표를 하게 하는 방법으로 동의를 받았는데, 위 세 가지 안건에 대하여 모두 80% 이상의 동의가 있었던 사실, 그런데 피고 2 등이 작성하여 동의를 받은 위 관리규약은, 위 관리운영위원회의 회장을 집합건물법에 의한 관리인으로 지정하기로 하되(제3조 제9항), 위 관리운영위원회의 회장은 관리운영위원 중에서 호선하도록 규정(제18조 제2항)하고 있는 사실, 그 후 위 관리운영위원 63명으로 구성된 관리운영위원회는 2006. 1. 20. 창립총회를 개최하여, 관리운영위원 51명이 출석한 가운데 그 중 34명의 찬성으로 피고 2를 관리운영위원회 회장으로 선임하였고, 이후부터 피고 2는 위 관리규약 제3조 제9항에 따라 집합건물법 제24조 제1항에서 정한 관리인으로서의 직무를 수행하기 시작한 사실을 알 수 있다.

위 인정 사실에 위에서 본 법리를 비추어 보면, 이 사건 관리규약의 내용 중 30명 이상의 관리운영위원으로만 구성된 관리운영위원회 총회에서 관리단집회에 갈음하여 관리인을 선임하도록 한 규정은 집합건물법 제24조 제2항에 반하는 것이어서 무효라고 보아야 하고, 따라서 관리단집회의 결의가 아닌 관리운영위원회 총회 결의에 의하여 관리인으로 선임된 피고 2는 집합건물법에 따른 정당한 관리인이라고 볼 수 없다.

그런데도 원심은 이와 다른 견해에서, 이 사건 관리규약 제18조 제2항이 집합건물법 제24조 제2항에 반하는 것으로 무효라는 원고들의 주장을 배척하고 말았으니, 이 부분 원심판결에는 집합건물법 제24조 제2항의 효력에 관한 법리를 오해하여 판결에 영향을 미친 위법이 있고, 이 점을 지적하는 상고이유 제4점은 이유 있다.

제24조(관리인의 선임 등)
③ 관리인은 관리단집회의 결의로 선임되거나 해임된다. 다만, 규약으로 제26조의2에 따른 관리위원회의 결의로 선임되거나 해임되도록 정한 경우에는 그에 따른다.

집합건물법 제24조 3항에 따른 해임청구권을 근거로 법원에 해임청구를 할수 있는 사유(서울중앙지방법원 2013가합74290 판결)

판례 해설

주택법과 다르게 집합건물법에서는 특이하게 관리인의 해임과 관련하여 구분소유자등의 의결 외에 법원에 해임청구 할 수 있는 조항을 마련하고 있다. 입주자대표회의 회장이나 관리단 회장 등은 선임당시 구분소유자의 의결 또는 입주민의 투표에 의하여 선출되기 때문에 해임될 때에도 입주민 또는 구분소유자의 의결절차에 의하여 해임하는 것이 당연하다

그런데 문제는 **집합건물법 제24조 제3항이 관리인에게 부정한 행위나 그 밖에 그 직무를 수행하기에 적합하지 아니한 사정이 있는 경우 각 구분소유자가 관리인의 해임을 법원에 청구할 수 있도록 규정하고 있는 것이다.**

결국 본 조항이 아무런 제한 없이 적용될 수 있다면 해임을 최초 선임과 동일한 절차에 의하도록 하는 집합건물법의 조항을 사문화시킬 위험성이 있고 이를 감안하여 대상판결에서는 **본 조항은 아주 예외적으로 사용해야함을 명시적으로 밝힌 판결로서 아주 의미 있는 판결**이라고 하겠다.

법원 판단

가. 집합건물법 제23조 제1항, 제24조 제2항은 집합건물의 구분소유자 전원으로 구성된 관리단 집회의 결의로 관리인을 선임 또는 해임하도록 규정하면서도 같은 법 제24조 제3항은 관리인에게 부정한 행위나 그 밖에 그 직무를 수행하기에 적합하지 아니한 사정이 있는 경우 각 구분소유자가 관리인의 해임을 법원에 청구할 수 있도록 하고 있는바, 이처럼 집합건물법이 관리인의 선임과 해임을 원칙적으로 구분소유자 전원의 총의에 의하도록 한 점, 관리인 해임의 소가 인용되면 해임을 청구한 구분소유자는 전체 구분소유자의 결의를 자신의 의사에 따라 변경하는 효과를 얻게 되는 점 등에 비추어 보면,

나. 집합건물법 제24조 제3항에서 규정하는 관리인해임의 사유는 관리인이 법령이나 관리단 규약에 반하는 행위를 하거나 관리비를 횡령하는 등 구분소유자들로부터 관리를 위임받은 취지에 반하여 구분소유자들에게 손해를 입히는 행위 등을 하여 구분소유자들과의 신뢰관계를 현저히 해한 경우 또는 관리인이 건강상, 재정상의 사유 등으

로 관리인으로서의 직무를 수행하기에 적합하지 아니하게 된 경우 등을 의미한다고 할 것이다.

> 제24조(관리인의 선임 등)
> ③ 관리인은 관리단집회의 결의로 선임되거나 해임된다. 다만, 규약으로 제26조의2에 따른 관리위원회의 결의로 선임되거나 해임되도록 정한 경우에는 그에 따른다.

집합건물법상 관리인 해임청구권이 인정된 사례 (수원지방법원 안양지원 2021. 10. 22. 선고 2021가합100880 [관리인해임 청구])

> 판례 해설
>
> 원래 집합건물법에서 관리인에 대한 해임 청구는 아주 예외적인 상황을 제외하고는 받아들여지기 어렵다. 즉 법원의 보충적 지위를 고려한다면 관리인의 해임을 관리단집회의 절차에 의하여 구분소유자의 몫으로 맡기는 것이 당연한 결과이다. 다만 대상판결에서 언급한 바와 같이 긴급한 필요 즉 횡령행위를 지속한다던가 아니면 손해가 지속적으로 발생할 우려가 존재할 경우에만 예외적으로 법원은 명시적으로 관리인에 대한 해임이 가능하다고 할 것이다.
>
> 대상판결에서도 관리인은 스스로 관리비를 납부하지 않고 있고 관리비 청구는 관리단 즉 관리인이 직접 해야 하며 무엇보다도 관리비는 소멸

> 시효가 3년에 불과한 단기 소멸시효기간을 적용받는바 만약 해임하지 않으면 관리비까지 소멸될 우려가 있어 부득이 법원에서는 관리인의 해임을 인정한 것이다.
>
> 법원의 관리인 해임청구권을 명시적으로 인정한 예외적인 판례이지만 법원의 지위를 고려한 판결로서 타당하다고 보여진다.

법원 판단

가. 집합건물의 소유 및 관리에 관한 법률(이하 '집합건물법'이라 한다) 제23조 제1항, 제24조 제2항이 집합건물의 구분소유자 전원으로 구성된 관리단집회의 결의로 관리인을 선임 또는 해임하도록 규정하면서도 같은 법 제24조 제3항이 관리인에게 부정한 행위나 그 밖에 그 직무를 수행하기에 적합하지 아니한 사정이 있는 경우 각 구분 소유자가 관리인의 해임을 법원에 청구할 수 있도록 하고 있는바, **이처럼 집합건물법이 관리인의 선임과 해임을 원칙적으로 구분소유자 전원의 총의에 의하도록 한 점, 다만 관리인 해임의 소가 인용되면 해임을 청구한 구분소유자는 전체 구분소유자의 결의를 자신의 의사에 따라 변경하는 효과를 얻게 되는 점 등에 비추어 보면, 집합건물법 제24조 제3항에서 규정한 관리인 해임 사유는 관리인이 법령이나 관리단 규약에 반하는 행위를 하거나 관리비를 횡령하는 등 구분소유자들로부터 관리를 위임받은 취지에 반하여 구분소유자들에게 손해를 입히는 행위 등을 하여 구분소유자들과의 신뢰관계를 현저히 해한 경우 또는 관리인의 건강**

상, 재정상의 사유 등으로 관리인으로서의 직무를 수행하기에 적합하지 아니하게 된 경우 등을 의미한다고 할 것이다.

나. 위 법리에 비추어 이 사건에 관하여 보건대, 갑 제2, 5호증의 각 기재 및 변론 전체의 취지에 의하여 인정되는 다음과 같은 사실 또는 사정, 즉 ① 피고 C는 2019. 1.경부터 2021. 1.경까지 임차인의 지위에서 피고 관리단에 지급하여야 할 관리비 합계 19,143,034원을 미지급한 점, ② 집합건물의 관리인은 '공용부분의 관리비용 등 관리단의 사무 집행을 위한 비용과 분담금을 각 구분소유자에게 청구·수령하는 행위 및 그 금원을 관리하는 행위'를 할 권한과 의무를 가지므로(집합건물법 제25조 제1항 제2호), 피고 C는 피고 관리단의 관리인으로서 이 사건 집합건물의 구분소유자들 또는 임차인들에 대하여 관리비를 청구하여 지급받아야 할 의무를 부담하는 점, ③ 그럼에도 피고 C는 이 사건 소 제기 이후에도 위와 같이 미납된 관리비를 납부하지 않고 있는 것으로 보이는 점, ④ 피고 C가 계속하여 피고 관리단의 관리인 지위에 있으면서 위와 같은 미지급 관리비에 대하여 아무런 조치를 취하지 않을 경우 피고 관리단의 피고 C에 대한 관리비 채권의 소멸시효가 완성되어 피고 관리단이 미납 관리비를 청구할 수 없게 될 위험성이 있는 점, ⑤ 피고 C가 이 사건 집합건물 중 제8층에 대한 점유를 상실한 이후에는 관리인으로서의 업무를 제대로 수행하지 않고 있는 것으로 보이는 점 등을 종합하여 보면, 관리인인 피고 C에게 부정한 행위 기타 그 직무를 수행하기에 적합하지 아니한 사정이 있다 할 것이다.

다. 이에 대하여 피고들은 이 사건 집합건물의 구분소유자가 50인 이내이므로 집합건물법이 적용되지 않아 집합건물법에 근거한 관리인 해임 청구를 할 수 없다는 취지로 주장한다.

그러나 건물에 대하여 구분소유 관계가 성립되면 구분소유자 전원을 구성원으로 하여 건물과 그 대지 및 부속시설의 관리에 관한 사업의 시행을 목적으로 하는 관리단이 설립되고(집합건물법 제23조 제1항), 구분소유자가 10인 이상일 때에는 관리단을 대표하고 관리단의 사무를 집행할 관리인을 선임하여야 하므로(같은 법 제24조 제1항), 구분소유자가 10인 이상일 경우 집합건물법에 의한 관리인이 선임되고 이에 대하여 구분소유자들은 집합건물법 제24조 제5항의 요건을 주장하여 관리인의 해임을 법원에 청구할 수 있다고 보아야 한다. 아마도 **피고들은 '전유부분이 50개 이상인 건물의 관리인으로 선임된 자는 선임된 사실을 소관청에 신고하여야 한다'**는 집합건물법 제24조 제6항 또는 '**전유부분이 50개 이상 150개 미만으로서 대통령령으로 정하는 건물의 관리인은 구분소유자의 5분의 1 이상이 연서하여 요구하는 경우에는 감사인의 회계감사를 받아야 한다**'는 집합건물법 제26조의2 제3항 본문을 근거로 구분소유자가 50인 이상인 경우 집합건물법이 적용된다고 주장하는 것으로 보이나, 위 집합건물법 규정은 관리인 선임 신고 또는 회계감사에 관한 것이므로 관리인의 선임 및 해임과는 무관하다. 이와 다른 전제에 있는 피고들의 주장은 받아들일 수 없다.

소제기 당시 부적법하게 선출된 관리단 대표라고 하더라도, 변론 종결 전까

지 그 선출 및 소송행위에 관하여 관리단집회에서 적법하게 추인 받는다면 상대방은 더 이상 부적법함을 다툴 수가 없다(수원지방법원 안산지원 2013 가단25811 판결).

> 판례 해설
>
> 관리단이나 입주자대표회의가 소를 제기할 경우에는 대표자가 적법하게 선출된 상태여야 하고, 그렇지 않을 경우에는 소의 내용과 상관없이 부적법 각하판결을 받게 된다. 이러한 절차를 이해하지 못하는 일부 일반인들은 본안에 대한 판단 없이 각하된 점에 대하여 법원에 성토하지만 이는 소송 진행에 관한 기본적인 전제요건이므로 어쩔 수 없는 노릇이다.
>
> 다만 이와 같이 소제기 당시 대표자가 적법하지 않은 절차를 거쳐 선출되었다 하더라도, 소송 도중에 적법한 집회를 통하여 재차 선출되고, 거기에 더하여 소제기 여부까지 추인(사후 승낙)을 받았다면 상대방은 소의 적법성을 더 이상 다툴 수가 없고, 그 후부터는 본안 판단 즉 소송의 실재 내용에 관하여 판단을 받게 된다.
>
> 대상판결의 원고는 실제로는 관리단에 해당하지만, 입주자대표회의 명칭을 사용하는 것으로 보아 그 성립이 부적법하다고 보이며, 더불어 대표자 역시 집합건물법에서 정한 절차에 따라 선출되지 않은 채로 소를 제기하였다. 그러나 소송 도중 이를 보완하기 위하여 적법한 관리단 집회를 개최하여 적법하게 대표자 즉 관리인을 선출하고, 나아가 소 제기 및 소송행위까지 추인받았는 바 결국 <u>소송 중 모든 하자가 치유되어 적법한 소의 요건을 갖추게 되었다</u>.

> 따라서 소송에서 만약 이와 같은 상황이 발생할 경우, 관리단에서는 재차 관리단 집회를 통하여 소송 자체가 본안 판단 즉 실질적 판단을 받지 못한 채로 각하당하는 일이 없도록 주의하여야 할 것이다.

법원 판단

당초 이 사건 소는 H가 원고의 대표자로서 제기한 것이었고, H가 원고의 대표자로 적법하게 선출되었음을 인정할만한 증거가 없다. 그러나 위 인정사실에 의하면, 그 이후 이 사건 건물 구분소유자 총 59명 중 1/5 이상에 해당하는 J 등 20명의 구분소유자들의 소집에 의해 적법한 소집통지 절차를 거쳐 2014. 2. 1. 관리단집회가 개최되었고, 위 관리단집회에서 논의된 회의 안건 중 **기존 2014. 6. 25.자 관리단집회에서 이루어진 대표자 I 등의 선출에 관한 추인, 이 사건 소송에 관한 추인, 이 사건 건물의 관리위탁업체에 관한 추인** 각 안건이 구분소유자의 과반수 및 의결권의 과반수의 찬성으로 의결되었음이 인정되는바, **이 사건 소 제기 및 이와 관련된 소송행위가 모두 적법하게 추인됨에 따라 소급하여 효력을 갖게 되었다**고 할 것이다.

구분소유자의 공용부분과 관련된 권한 및 한계

집합건물에서 특정 구분소유자가 공용부분을 배타적으로 사용할 경우, 다른 구분소유자는 관리단 집회를 거치지 않고 소유권에 기한 방해배제청구로서 특정 구분소유자에게 그 철거를 구할 수 있다(대법원 1995. 2. 28. 선고 94다9269 판결)

판례 해설

가끔 집합건물의 공용부분에 해당함에도 특정 구분소유자 개인이 그 공용부분을 배타적으로 사용하는 경우가 있다. 이럴 경우 관리단 집회를 개최하고 거기서 안건이 통과되어야만 비로소 해당 구분소유자에 대하여 배제를 청구할 수 있는지 문제가 되었으나, 대상판결로 인하여 관리단 대표가 있건 없건, 관리단 집회 개최여부와 상관없이 <u>구분소유자 각자가 직접 지분권에 기한 방해배제청구</u>를 할 수 있게 되었다.

즉 공용부분이라고 함은 구분소유자들이 전유부분의 면적 비율에 따라 공유하는 형태이므로, 특정 구분소유자의 전속적인 소유권의 객체가 될 수는 없는 법이다. 또한 집합건물법에서 공용부분의 보존행위와

> 관리행위의 방법을 구분하여 규정하고 있으므로, 이 사건과 같은 상황에서는 관리단 집회 개최여부 불문, 관리인 선임여부 불문, 자신에게 직접적인 피해가 존재하는 여부 등을 불문하고 <u>구분소유권자 각자가 지분권에 기한 방해배제 행사로서 그 철거를 구할 수 있는 것</u>이다.

법원 판단

집합건물의 소유 및 관리에 관한 법률 제16조 제1항 단서, 제2항은 **집합건물의 공용부분의 보존행위는 규약으로써 달리 정하지 않는 한 각 공유자가 할 수 있다**고 규정하고 있는 바, 위 규정의 취지는 규약에 달리 정함이 없는 한 **집합건물의 공용부분의 현상을 유지하기 위한 보존행위는 관리행위와 구별하여 공유자인 구분소유자가 단독으로 행할 수 있도록 한 것**으로, 그 보존행위의 내용은 통상의 공유관계처럼 사실상의 보존행위 뿐 아니라 <u>지분권에 기한 방해배제청구권과 공유물의 반환청구권도 포함</u>하여 <u>공유자인 구분소유권자가 이를 단독으로 행할 수 있다</u>고 풀이되는 것이고, 공유자의 위 보존행위의 권한은 소론 관리인의 선임이 있고 없고에 관계없이 이를 행사할 수 있는 것인바(당원 1987. 8. 18. 선고 86다72, 86 다카396 판결 참조), 원심이 **이 사건 창고 및 공작실이 이 사건 집합건물의 공용부분에 해당한다고 하여 그 구분소유자들인 원고들이 이를 배타적으로 점용하고 있는 피고에 대하여 방해배제를 구하는 이 사건 청구는 보존행위의 범위에 포함된다** 할 것이고, 달리 공용부분의 보존행위에 관하여 이 사건 집합건물의 구분소유자들이 특별한 규약을 정하였음을 인정할 증거가 없다는 이유로 **원고들의 당사자적격을 인정한 조치는 정당**하고, 거기에 소론과 같은 당사자적격에 관한 법리를 오해한 위법이 없다.

> 제16조(공용부분의 관리)
> ① 공용부분의 관리에 관한 사항은 제15조제1항 본문의 경우를 제외하고는 제38조제1항에 따른 통상의 집회결의로써 결정한다. 다만, 보존행위는 각 공유자가 할 수 있다.

건물 외벽에 일부 구분소유자가 임의로 자신의 간판을 설치하였을 경우 구분소유자 중 1인이 소유권에 기한 방해배제청구로서 철거를 구할 수 있는지 여부(대법원 2011. 4. 28. 선고 2011다12163 판결)

> **판례 해설**
>
> 집합건물 외벽에 간혹 구분소유자 임의로 자신의 간판을 달아두는 경우가 종종 있으나 이는 공용부분을 임의로 독점적으로 사용하는 것으로서 인정되기 어렵다.
>
> 즉 건물 외벽은 건물의 안전이나 외관을 유지하기 위해 필요한 부분 중 하나로서 구분소유자 전체를 위한 공용부분에 해당하고 공용부분은 자신의 지분의 비율에 따라 자유롭게 사용할 수 있으나 독점적으로 **사용할 수 없는바**, 이에 대해서는 구분소유자는 자신의 소유권에 기한

방해배제 청구로서 철거를 구할 수 있다.

더 나아가 이와 같은 소유권에 기한 방해배제청구를 행사함에 있어 관리인 선임 여부나 기타 관리인 스스로가 청구할 필요가 없다고 판시하고 있으며 당연히 관리단 집회 개최 역시 불필요하다고 판시하고 있다.

따라서 공용부분을 임의로 변경하여 독점적으로 사용하고 있는 일부 구분소유자에 대해서는 다른 구분소유자는 대상판결을 원용하여 철거를 구할 수 있으므로 기억해 두어야 하는 판례에 해당한다.

법원 판단

1. 건물 외벽이 공용부분인지

집합건물에서 건물의 안전이나 외관을 유지하기 위하여 필요한 지주, 지붕, 외벽, 기초공작물 등은 구조상 구분소유자의 전원 또는 일부의 공용에 제공되는 부분으로서 구분소유권의 목적이 되지 않으며 **건물의 골격을 이루는 외벽이 구분소유권자의 전원 또는 일부의 공용에 제공되는지 여부는 그것이 1동 건물 전체의 안전이나 외관을 유지하기 위하여 필요한 부분인지 여부에 의하여 결정되어야 할 것**이고 **그 외벽의 바깥쪽 면도 외벽과 일체를 이루는 공용부분**이라고 할 것이다(대법원 1993. 6. 8. 선고 92다32272 판결, 대법원 1996. 9. 10. 선고 94다50380 판결 참조).

원심판결 이유에 의하면, 원심은, 이 사건 건물은 지하 4층, 지상 12층의 상가건물로 그 구조, 이용관계 등에 비추어 이 사건 간판이 설치된 건물 1층 외벽은 이 사건 건물의 안전이나 외관을 유지하기 위하여 필요한 부분으로서 구조상 구분소유자 전원의 공용에 제공되고 있음을 이유로 이 사건 건물 1층 외벽 바깥쪽 면은 이 사건 건물의 공용부분에 해당한다고 판단하였다.

2. 구분소유자 단독으로 청구할 수 있는지

집합건물법 제5조 제1항은 "구분소유자는 건물의 보존에 해로운 행위나 그 밖에 건물의 관리 및 사용에 관하여 구분소유자의 공동의 이익에 어긋나는 행위를 하여서는 아니 된다."고 규정하고 있다. 또한 집합건물법 제16조 제1항은 공용부분의 관리에 관한 사항은 통상의 집회결의로써 결정한다고 규정하면서 그 단서에 "다만 보존행위는 각 공유자가 할 수 있다."고 규정하고 있다. 집합건물법 제16조 제1항의 취지는 **집합건물의 공용부분의 현상을 유지하기 위한 보존행위는 관리행위와 구별하여 공유자인 구분소유권자가 단독으로 행할 수 있도록 한 것**이며, 그 **보존행위의 내용**은 통상의 공유관계처럼 **사실상의 보존행위뿐 아니라 지분권에 기한 방해배제청구권도 포함**하여 공유자인 구분소유권자가 이를 단독으로 행할 수 있고, 공유자의 위 보존행위의 권한은 관리인 선임 여부에 관계없이 행사할 수 있다 (대법원 1987. 8. 18. 선고 86다72, 86다카396 판결, 대법원 1999. 5. 11. 선고 98다61746 판결 등 참조).

원심판결 이유에 의하면, 원심은, 피고가 **공용부분인 이 사건 건물 1층 외벽 바깥쪽 면에 간판을 설치하여 그곳을 배타적으로 점유·사용한 것은 집합건물법 제5조 제1항 소정의 구분소유자 공동의 이익에 어긋나는 행위에 해당**하고, <u>구분소유자인 원고는 공유지분권자로서 공용부분에 대한 보존행위로서 단독으로 피고에게 이 사건 간판의 철거를 구할 수 있다</u>고 판단하였다.

> 제16조(공용부분의 관리)
> ① 공용부분의 관리에 관한 사항은 제15조제1항 본문의 경우를 제외하고는 제38조제1항에 따른 통상의 집회결의로써 결정한다. 다만, 보존행위는 각 공유자가 할 수 있다.

구분소유자들에 대한 공용부분 수익금의 분배 여부는 관리단집회를 통하여 결정되어야 한다 (서울중앙지방법원 2021. 5. 13. 선고 2020가단2524 [수익금배분 청구의 소])

> **판례 해설**
>
> 공용부분의 수익과 비용에 관하여 각 공유자는 규약에 달리 정한 바가 없으면 그 지분의 비율에 따라 공용부분의 관리비용과 그 밖의 의무를 부담하며 공용부분에서 생기는 이익을 취득한다고 규정하고 있다(집합건물

법 제17조).

대상판결에서 구분소유자들은 공용부분 수익금에 관하여 곧바로 반환청구를 하였으나 관리단 입장에서는 수익금에 관한 분배는 관리단 총유재산이므로 관리단집회를 통하여 분배가 가능하다고 판시하였다.

대상판결과 같은 문제는 사실 실무에서 많이 나타나는 문제로서 수익금에 관하여 곧바로 청구가 가능한지 여부가 항상 문제되었으나 1심 판결이기는 하지만 그 근거로서 수익금 분배와 관련하여서는 관리단 집회를 통하여만 가능하다는 등의 근거는 수긍할만하고 이에 대해 상급심에서는 어떻게 판단될지 알 수 없으나 근거 자체로는 논리적으로 일응 타당하다고 보여진다.

법원 판단

가. 당사자들의 주장 요지

1) 원고

집합건물법 제17조에 따르면 집합건물의 구분소유자는 그 지분의 비율(전유부분 면적 비율)에 따라 공용부분에서 생기는 이익을 취득하는 바, 피고에 대하여 2019. 9. 1.부터 2019. 12. 31.까지 사이에 이 사건 공용부분의 임대료, 주차료 등으로 발생한 수익금 66,885,590원 중 원고 소유 점포의 전유부분 면적 비율인 921.00/1931.43에 해당하는 31,894,310원(원 미만 버림) 및 이에 대한 지연손해금의 지급을 구한다.

2) 피고

공용부분의 수익금은 피고의 총유재산이므로 구분소유자 개인은 관리단집회의 결의 없이 수익금의 배분을 청구할 수 없을 뿐만 아니라, 이 사건 공용부분에서 발생한 수입이 이 사건 건물의 유지, 관리를 위한 비용으로 모두 지출되어 분배할 수익금이 남아있지 않고, 설령 수익금이 남아있다고 하더라도 이 사건 건물 중 일부공용부분에 해당하는 부분이 있음을 고려하여 분배할 수익금의 액수를 산정하여야 한다.

나. 판단

1) 집합건물법에 따르면, 집합건물의 공용부분은 구분소유자 전원의 공유에 속하고(제10조 제1항), 각 공유자는 공용부분을 그 용도에 따라 사용할 수 있다(제11조). 각 공유자의 지분은 그가 가지는 전유부분의 면적 비율에 따르고(제12조 제1항), 각 공유자는 규약에 달리 정한 바가 없으면 그 지분의 비율에 따라 공용부분의 관리비용과 그 밖의 의무를 부담하며 공용부분에서 생기는 이익을 취득한다(제17조).

한편, 건물에 대하여 구분소유 관계가 성립되면 구분소유자 전원을 구성원으로 하여 건물과 그 대지 및 부속시설의 관리에 관한 사업의 시행을 목적으로 하는 관리단이 설립되고(제23조 제1항), 관리단은 건물의 관리 및 사용에 관한 공동이익을 위하여 필요한 구분소유자의 권리와 의무를 선량한 관리자의 주의로 행사하거나 이행하여야 한다(제23조의

2). 관리단의 사무는 집합건물법 또는 규약으로 관리인에게 위임한 사항 외에는 관리단집회의 결의에 따라 수행하고(제31조), 공용부분의 관리에 관한 사항은 일반적인 공용부분의 변경 및 권리변동 있는 공용부분의 변경의 경우를 제외하고는 구분소유자의 과반수 및 의결권의 과반수로써 의결하는 관리단의 통상의 집회결의로써 결정한다(제16조 제1항, 제38조 제1항).

2) 위와 같은 공용부분의 소유관계, 사용, 관리에 관한 집합건물법 규정의 내용과 체계, 입법취지 등을 고려하여 볼 때, 집합건물의 구분소유자가 공용부분에서 생기는 이익을 취득한다고 규정한 집합건물법 제17조만으로는 구분소유자 개인이 관리단을 상대로 공용부분에서 생기는 이익 중 전유부분의 면적 비율에 상응하는 수익금을 청구할 수 있는 구체적이고 개별적인 권리가 발생한다거나 이를 곧바로 행사할 수 있다고 보기 어렵고, 구분소유자가 관리단에게 공용부분 수익금의 배분을 청구하기 위해서는 관리단집회의 결의가 있어야 한다고 봄이 타당하다. 그 구체적 이유는 다음과 같다.

<u>① 집합건물의 공용부분을 제3자에게 임대하여 임대료를 받는 등으로 수입을 얻는 행위는 공용부분의 관리에 관한 사항으로서 집합건물법 제16조 제1항에 따라 원칙적으로 구분소유자의 과반수 및 의결권의 과반수로써 의결하는 관리단의 통상의 집회결의로써 결정하여야 하는바, 이와 같이 공용부분의 이용에 따른 수익이 발생하기 위해</u>

서는 관리단집회의 결의를 통한 의사결정이 필요하고, 관리단 또는 그 대표자인 관리인이 제3자로부터 받은 임대료 등 수입에서 사업수행을 위해 지출된 비용을 공제하는 등의 업무집행 과정을 거쳐야 한다.

② 이러한 공용부분의 이용에 따른 수익의 발생 요건과 과정에 비추어 볼 때, 수익금의 분배 또한 공용부분의 관리와 밀접하게 관련된 것으로서 구분소유자들에게 단체적으로 귀속되는 법률관계에 해당하는 영역으로 봄이 상당하므로, 공용부분의 관리에 관한 사항에 준하여 관리단집회의 결의를 통해 분배 여부와 시기, 방식, 액수 등이 구체적으로 결정되어야만 구분소유자가 관리단에게 수익금의 배분을 청구할 수 있다고 보는 것이 타당하다.

③ 구분소유자가 관리단집회의 결의를 거치지 아니하고 관리단에게 공용부분 수익금의 배분을 곧바로 청구할 수 있다고 인정한다면 관리단을 통하여 집합건물을 획일적, 지속적, 효율적으로 관리하는 것의 어려워진다.

④ 원고는 선행소송의 판결을 들어 이 사건 청구가 인용되어야 한다는 취지로 주장한다. 그러나 민사재판에 있어서는 원칙적으로 기판력에 저촉되지 않는 이상 다른 민사사건 등의 판결에서 인정된 사실에 구속받는 것이 아니고, 개별 사건마다 당사자의 주장 내용, 증명의 정도, 공격방어방법 등에 차이가 있어 결론이 달라질 수 있는 것은 처분권주의와 변론주의를 원칙으로 하는 소송제도 아래서는 부득이한 것이므로(대법원 2014. 2. 13. 선고 2012다81623 판결, 대법원 2015. 4. 23. 선고 2014다221487 판결 참조), 선행소송과 당사자가 다르고 제출

된 공격방어방법에 차이가 있는 이 사건의 결론이 확정된 선행 소송의 결론과 반드시 같을 이유는 없다.

3) 이 사건에서 보면, 원고가 구하는 공용부분 수익금의 배분에 관하여 관리단집회의 결의가 있었음을 인정할 아무런 증거가 없으므로, 원고의 위 주장은 배분할 수익금의 액수 등에 관하여 더 나아가 살펴볼 필요 없이 이유 없다.

공용부분 변경 관련 분쟁

대지상에 견고한 철골조립식주차장을 설치하는 것이 공용부분 변경인지 아니면 관리행위인지 여부(대법원 2011. 3. 24. 선고 2010다85133 판결)

판례 해설

공용부분에 관하여 공사를 진행할 경우 그와 같은 공사 자체가 집합건물법상 공용부분의 "관리"인지 아니면 "변경"인지 여부는 큰 차이가 존재한다. 즉 **공용부분 관리행위**의 일환이라고 한다면 집합건물법 제16조가 적용되어 관리단 집회에서 구분소유자 및 의결권의 과반수의 의결에 의하여 가능할 뿐 아니라 실무상 점유자가 법적으로 구분소유자의 의결권을 자동위임받아 의결할 수 있는 반면, **공용부분 변경**에 해당하는 행위라고 한다면 동법 제15조에 따라 관리단집회에서 구분소유자 및 의결권의 2/3(2021년 개정되었다. 이전에는 3/4의 정족수였고 판례는 이전 법률을 기준으로 한 것이다)의 동의를 받아야 하고 무조건 구분소유자의 동의를 받아야 하므로 쉽지 않다.

그리고 공용부분 변경에 관하여 대법원은 그 기준으로 변경이 되는 부분과 그 범위, 변경의 방식이나 태양, 변경 전과 변경 후의 외관이나 용도에 있어서 동일성 여부, 그 밖에 변경에 소요되는 비용 등을 종합

> 적으로 고려하여 판단하여야 한다고 설시하고 있다.
>
> 대상판결에서 **견고한 철골 조립식 주차장 설치 자체는 대지의 "변경"행위에 해당한다고** 보아 집합건물법 제15조가 적용되고 이에 대한 의결권이 충족되지 않았기 때문에 부적법하다고 판단하였다.

법원 판단

구 집합건물의 소유 및 관리에 관한 법률(2003. 7. 18. 법률 제6925호로 개정되기 전의 것. 이하 '법'이라 한다) 제19조는 "건물의 대지 또는 공용부분 이외의 부속시설(이들에 대한 권리를 포함한다)이 구분소유자의 공유에 속하는 경우에는 제15조 내지 제17조의 규정은 그 대지 및 부속시설에 이를 준용한다."라고 규정하고 있으므로, **구분소유자의 공유에 속하는 집합건물 대지의 변경에 관한 사항은 법 제15조 제1항이 규정한 바에 따라 구분소유자 및 의결권의 각 4분의 3 이상의 다수에 의한 관리단집회의 결의로써 결정**하되 그 대지의 개량을 위한 것으로서 과다한 비용이 드는 것이 아닐 때에는 통상의 관리단집회 결의로써 결정하여야 하고, **그 관리에 관한 사항은** 법 제16조 제1항에 따라 법 제15조 제1항 본문의 경우를 제외하고는 통상의 관리단집회 결의로써 결정하여야 한다.

한편 위와 같이 법 제15조 제1항의 결의를 요하는 집합건물 **대지의 변경은 기존 토지의 외관을 변경하거나 그 기능과 용도를 변경함으로써**

그 대지의 형상 또는 효용을 실질적으로 변경시키는 것으로서, 어떠한 행위가 집합건물 대지의 변경에 해당하는지 여부는 **변경이 되는 부분과 그 범위, 변경의 방식이나 태양, 변경 전과 변경 후의 외관이나 용도에 있어서 동일성 여부, 그 밖에 변경에 소요되는 비용 등을 종합적으로 고려하여 판단**하여야 한다 (대법원 2001. 11. 27. 선고 2000다33638, 2000다33645 판결, 대법원 2008. 9. 25. 선고 2006다86597 판결 등 참조).

원심판결 이유와 기록에 의하면, 집합건물인 수원시 팔달구 우만동 146 외 3필지 소재 송림빌딩의 대지들 가운데 위 같은 동 147-13 대 1,479㎡ 중 865.63㎡(이하 '이 사건 대지'라 한다) 부분은 종래 야외 주차장으로 이용되어 왔는데, 위 집합건물 및 그 대지와 부속시설의 관리에 관한 사업의 시행을 목적으로 하여 구분소유자들로 구성된 관리단인 피고는 2001. 4. 3. 보조참가인과 사이에 **이 사건 대지상에 지상 2, 3, 4층의 철골조립식 주차장을 보조참가인의 비용으로 축조**하여 1층은 종전대로 피고가 사용·관리하고, 2 내지 4층은 보조참가인이 20년간 사용·관리하면서 그곳에서 주차장 영업을 하도록 하되, 그 약정기간을 변경하고자 하는 경우 주차장 건설비용을 보조참가인에게 반환하기로 하는 계약(이하 '이 사건 계약'이라 한다)을 체결한 사실, 이에 따라 보조참가인은 이 사건 대지상에 약 419,300,000원을 들여 지상 4층 규모의 견고한 철골조립식 공작물(이하 '이 사건 주차장'이라 한다)을 설치한 다음 2 내지 4층에서 주차장업을 영위하고 있는 사실 등을 알 수 있다.

이를 위 법리에 비추어 살펴보면, 이 사건 **대지상에 이 사건 주차장과 같이 견고한 철골조립식 주차장을 설치하는 것은 집합건물의 대지를 관리하는 행위를 넘어 변경하는 행위에 해당**하고, 그러한 **주차장을 설치하여 운영하는 내용의 이 사건 계약은 집합건물 대지의 변경에 관한 것에 해당한다**고 보아야 할 것이므로, 그에 관한 사항은 법 제15조 제1항이 정하는 바에 따라 관리단집회의 결의로써 결정하여야 한다.

> 제15조(공용부분의 변경)
> ① 공용부분의 변경에 관한 사항은 관리단집회에서 구분소유자의 3분의 2 이상 및 의결권의 3분의 2 이상의 결의로써 결정한다. 다만, 다음 각 호의 어느 하나에 해당하는 경우에는 제38조제1항에 따른 통상의 집회결의로써 결정할 수 있다. [개정 2020.2.4] [[시행일 2021.2.5]]

공용부분 관리를 넘어선 변경에 해당하는 정도, 범위(대법원 2008. 9. 25. 선고 2006다86597 판결)

> 판례 해설
>
> 앞서 언급한 바와 같이 공용부분 관리행위에 해당하는지 아니면 변경행위에 해당하는지 여부에 따라 가중된 의결정족수 등이 적용되기 때문에 그에 대한 기준이 무척 중요하다. 대상판결은 그에 대한 기준을 명확히 제시한 판결로서 그 의의가 있다.

즉 대상판결은 공용부분 변경행위에 해당하는 정도라고 함은 기존의 공용부분의 외관과 구조를 변경하거나, 그 기능과 용도를 변경함으로써 **공용부분의 형상 또는 효용을 실질적으로 변경시키는 것**으로서 변경이 되는 부분과 그 범위, 변경의 방식이나 태양, 변경 전과 변경 후의 외관이나 용도에 있어서 동일성 여부, 그 밖에 변경에 소요되는 비용 등을 고려하여 판단한다고 판시하였다.

사실상 대상판결의 기준은 공용부분의 형상과 효용이 실질적으로 변경되는지 여부 더 나아가 변경에 소요되는 비용 등이 가장 중요한 기준이라고 판단한 것이다.

법원 판단

원심이 적법하게 인정한 사실관계와 원심이 채택한 증거들에 의하면, 이 사건 아파트 전 입주자대표회의는 노후된 난방시설을 개선하기 위하여 난방개선소위원회를 구성하여 실태분석을 실시한 결과 중앙난방, 지역난방, 소형열병합발전, 개별난방 중 지역난방을 채택하는 것이 가장 효율적이라는 결론에 이르렀고, 이에 따라 전 입주자대표회의는 지역난방으로 난방방식을 전환하기로 하여 입주자설명회를 개최하였으며, 난방방식을 지역난방으로 전환하는 것에 대하여 이 사건 아파트 입주자 3,144세대 중 2,396세대(76.2%)의 동의를 받아 유성구청에 지역난방 변경에 따른 행위허가신청을 하여 허가를 받은 사실, 기존의 중앙집중 난방방식을 지역난방으로 전환하기 위해서는 중앙보일러실에 설치된 보일러 8기, 중온수펌프 11기, 배관설비, 중간기계실에 설치된 온수탱크, 급탕 및 난방펌프들과 배관설비, 중앙보일러실과 중간기계실을 연결하는 중온수배관을 철거하여야 하고, 지역난방 메인열량계, 급탕 및 난방 열교환기, 급탕 및 난방펌프들과 배관설비를 지역난방용으로 새로 설치하여야 하는 사실, 위와 같이 **난방방식을 변경하기 위해서는 약 70억 원의 비용이 소요**되는 사실을 알 수 있다.

위 사실관계를 앞서 본 법리에 비추어 살피건대, 이 사건 아파트의 기존의 중앙집중 난방방식을 지역난방으로 변경하기 위해서는 **기존의 공용부분에 해당하는 중앙집중 난방시설 및 배관설비 대부분을 철거하고 지역난방용으로 새로운 난방시설 및 배관설비를 설치**하여야 하며 그 비용이 약 70억 원에 달하고 있으므로 **이는 공용부분의 형상 또는 효용을 실질적으로 변경시키는 공용부분의 변경**이고, 이러한 경우에는 **집합건물법 제15조 제1항, 제41조 제1항에 따라 구분소유자 및 의결권의 각 4분의 3 이상의 다수의 결의에 의하거나, 구분소유자 및 의결권의 각 5분의 4 이상의 서면에 의한 합의가 있어야 하는바**, 전 입주자대표회의가 아파트 입주자 3,144세대 중 2,396세대의 서면에 의한 동의만을 받아 난방방식 변경을 결정하고 관할구청에 행위허가를 신청한 것은 집합건물법을 위반한 행위에 해당한다.

> 제15조(공용부분의 변경) 판례문헌주석
> ① 공용부분의 변경에 관한 사항은 관리단집회에서 구분소유자의 3분의 2 이상 및 의결권의 3분의 2 이상의 결의로써 결정한다. 다만, 다음 각 호의 어느 하나에 해당하는 경우에는 제38조제1항에 따른 통상의 집회결의로써 결정할 수 있다. [개정 2020.2.4 [[시행일 2021.2.5]]
>
> 제16조(공용부분의 관리) 판례주석
> ① 공용부분의 관리에 관한 사항은 제15조제1항 본문 및 제15조의2의 경우를 제외하고는 제38조제1항에 따른 통상의 집회결의로써 결정한다. 다만, 보존행위는 각 공유자가 할 수 있다. [개정 2020.2.4 [[시행일 2021.2.5]]

특정 층의 에스컬레이터를 철거하였다고 하더라도 이는 해당 층 구분소유자에 대하여 개별적 동의를 받아야 하는 공용부분 변경 사항은 아니다(서울북부지방법원 2017. 2. 17. 선고 2016나32047 판결).

> **판례 해설**
>
> 공용부분의 변경을 위해서는 전체 구분소유자 3/4의 동의를 받아야 하고, 만약 **해당 공용부분의 변경이 특정 구분소유자에게 특별한 영향을 미칠 경우에는 전체 구분소유자 2/3의 동의 이외에도 특별한 영향을 받는 구분소유자의 동의를 별도로 받아야 한다.** 이는 다수결에 의한 결의로 침해되는 소수 구분소유자의 소유권을 보호하려는 입법자의 의지로 집합건물법 제15조에 규정되어 있다.

다만 **특별한 영향을 미치는 경우**란, 공용부분의 변경으로 인하여 다른 구분소유자와 다르게 차별적으로 불이익을 받게 되는 경우를 의미하므로 공용부분의 변경이 모든 구분소유자들에게 일반적으로 영향을 미치는 경우에는 이러한 경우에서 제외된다.

이 사건에서 문제된 6층의 구분소유자 가운데 일부는 자신들의 층에 설치된 에스컬레이터가 철거되는 것은 해당 층 구분소유자 각각에 대하여 동의를 받아야 한다고 주장하였는바, 법원은 그 철거 비용을 다른 구분소유자들이 분담한 것이 아니라는 점, 또한 차후에 이를 원상회복 하는 경우에도 원고들만이 불이익을 받게 되는 것도 아니라는 점 등을 고려하여 원고의 청구를 기각하였다.

집합건물법상 **공용부분 변경** 자체가 이미 3/4의 과중한 요건을 부여하고 있고, 그와 같은 결의를 받았다고 하더라도 실제 특정 구분소유자의 동의가 의결에 결정적인 영향을 미칠 수 있다는 사실을 생각하면, 특별한 영향을 미치는 범위를 협소하게 해석한 법원의 판단이 타당하다고 보인다.

법원 판단

(1) 당사자의 주장

원고들은 이 사건 에스컬레이터는 구조상 H건물 구분소유자 전원의 공용부분에 해당하는데도 피고가 그 곳을 철거하여 배타적으로 점유·

사용하는 것은 집합건물의 소유 및 관리에 관한 법률(이하 '집합건물법'이라 한다)에서 정한 구분소유자 공동의 이익에 어긋나는 행위에 해당하고, 구분소유자인 원고들은 공유지분권자로서 공용부분에 대한 보존행위로서 단독으로 피고에게 피고가 그곳에 설치한 시설물의 철거와 인도를 구할 수 있고, 위와 같은 피고의 이 사건 에스컬레이터 철거행위는 공용부분의 변경에 해당하여 구분소유자인 원고들의 권리에 특별한 영향을 미치므로 그 변경에 원고들의 동의를 받아야 한다고 주장한다.

이에 대하여 피고는, 이 사건 에스컬레이터 철거 후 피고의 점유·사용에 대하여 그 공유자들인 6층 구분소유자들의 4분의 3 이상의 동의를 받았고, 이 부분이 H건물 전체 구분소유자들의 공유라고 하더라도 이 사건 안건에 대하여 전체 구분소유자들 및 의결권의 각 5분의 4 이상의 동의를 서면 내지 전자적 방법으로 받았으므로, 피고의 이 사건 에스컬레이터 철거 후 점유·사용은 적법하다고 주장한다.

(2) 관련 법리

집합건물법에 의하면, 공용부분은 구분소유자 전원의 공유에 속하고(제19조 제1항), 일부 공용부분의 관리에 관한 사항 중 구분소유자 전원에게 이해관계가 있는 사항과 제29조 제2항의 규약으로써 정한 사항은 구분소유자 전원의 집회결의로써 결정하고, 그 밖의 사항은 그것을 공용하는 구분소유자만의 집회결의로써 결정한다(제14조). 또한 공용부분의 변경에 관한 사항은 관리단집회에서 구분소유자의 4분의 3 이상 및 의결권의 4분의 3 이상의 결의로써 결정하고, **공용부분의 변경이 다른 구분소유자의 권리에 특별한 영향을 미칠 때에는 그 구분소유자의 승낙을 받아야 하는데**(제15조), 집합건물법 또는 규약에 따라 관리단집회에서 결의할 것으로 정한 사항에 관하여 구분소유자의 5분의 4 이상 및 의결권의 5분의 4 이상이 서면이나 전자적 방법 또는 서면과 전자적 방법으로 합의하면 관리단집회에서 결의한 것으로 본다(제41조).

집합건물에 있어서 수개의 전유부분으로 통하는 복도, 계단 기타 구조상 구분소유자의 전원 또는 그 일부의 공용에 제공되는 건물 부분은 공용부분으로서 구분소유권의 목적이 되지 않으며, 건물의 어느 부분이 구분소유자의 전원 또는 일부의 공용에 제공되는지의 여부는 소유자들 사이에 특단의 합의가 없는 한 그 건물의 구조에 따른 객관적인 용도에 의하여 결정되어야 하고, 집합건물의 어느 부분이 전유부분인지, 공용부분인지 여부 및 공용부분일 경우 전체 공용부분인지, 일부 공용부분인지 여부는 구분소유가 성립한 시점, 즉 **원칙적으로 건물 전체가 완성되어 당해 건물에 관한 건축물대장에 구분 건물로 등록된 시점을 기준으로 판단하여야 하며, 그 후의 건물 개조나 이용 상황의 변화 등은 그 판단에 영향을 미칠 수 없다**(대법원 2007. 12. 13. 선고 2007다61137 판결 등 참조).

(3) 이 사건 에스컬레이터의 공유자 범위 및 그 철거가 공용부분 변경인지 여부

앞서 본 바와 같이 피고는 원고들을 제외한 H건물 6층 구분소유자 75명과 원고들 전유부분을 포함한 6층 전체에 관하여 이 사건 임대차계약을 체결하고, 위 75명의 동의를 얻어 이 사건 에스컬레이터를 철거하고 별지 청구취지 제1항 기재와 같이 스포츠시설을 설치한 사실을 인정할 수 있다. 또한 앞서 본 각 증거와 갑 제11, 17호증의 각 기재 및 변론 전체의 취지를 종합하면, H건물은 건축물 대장 등록 당시 전체 구분소유자를 위해 각 층에 에스컬레이터가 설치되어 있던 사실, 피고는 2013. 4.경 노원구청장으로부터 '건축물표시 변경신고 없이 운동시설로 무단사용하고 에스컬레이터를 무단으로 철거하였다'는 이유로 행정지시를 받은 사실, 제1심 공동피고 F는 2013. 11. 20. 서울북부지방법원 2013고약13701호로 '2012. 12. 25.경부터 2013. 3. 10.경까지 관할관청의 허가를 받지 아니하고 이 사건 에스컬레이터를 철거하고 방화셔터를 제거하는 방법으로 대수선하는 등 운동시설로 용도변경하여 건축법 등을 위반하였다'는 범죄사실로 벌금 300만 원의 약식명령을 발령받고 그 무렵 위 약식명령이 확정된 사실을 인정할 수 있고, 위 인정사실에 의하면, **이 사건 에스컬레이터는 H건물 전체 구분소유자의 공용부분에 속한다**고 보아야 하고, **H건물 임대 활성화를 위하여 일부 층의 에스컬레이터가 철거되었다는 사정만으로 이 사건 에스컬레이터가 6층 구분소유자만의 공용부분이라고 보기 어렵다**. 또한 피고의 이 사건 에스컬레이터 철거행위

는 변경 방식이나 태양, 변경 전과 변경 후의 외관이나 용도에 있어서 동일성 여부 등을 고려할 때 '공용부분의 변경'에 해당한다.

(5) 이 사건 에스컬레이터 철거에 원고들의 동의가 필요한지 여부

집합건물법 제15조 제1항, 제2항이 공용부분의 변경에 관하여 다수결에 의한 결의를 규정하면서 권리에 특별한 영향을 받는 구분소유자의 개별적인 승낙을 별도로 받도록 한 취지는, **다수결에 의한 결의만으로는 정당화될 수 없는 일부 소수 구분소유자들의 '특별한 희생'을 따로 배려**하도록 한 것이다. 따라서 이때 <u>**특별한 영향을 받는 구분소유자란, 공용부분의 변경으로 다른 구분소유자는 받지 않는 불이익을 차별적으로 받게 되는 자**</u>를 말하므로, 공용부분의 변경에 필요한 공사비용 등을 구분소유자들이 지분별로 분담하는 경우와 같이 <u>**공용부분의 변경이 모든 구분소유자에게 동일하게 영향을 미치는 경우는 여기에 해당하지 않는다**</u>(대법원 2014. 09. 04. 선고 2013두25955 판결 등 참조).

이 사건의 경우, 피고가 이 사건 에스컬레이터 부분을 철거 후 스포츠시설 등으로 변경하는데 필요한 비용을 원고들이나 다른 구분소유자들이 분담한 것도 아니고, 추후 이를 원상으로 회복하게 되는 경우에도 원고들만이 불이익을 받게 될 것으로 보이지 아니한 점 등에 비추어 보면, 원고들이 제출한 증거만으로는 피고의 이 사건 에스컬레이터 철거 등에 있어 원고들의 동의를 얻어야 한다고 보기 어렵다.

> 제15조(공용부분의 변경) 판례문헌주석
> ① 공용부분의 변경에 관한 사항은 관리단집회에서 구분소유자의 3분의 2 이상 및 의결권의 3분의 2 이상의 결의로써 결정한다. 다만, 다음 각 호의 어느 하나에 해당하는 경우에는 제38조제1항에 따른 통상의 집회결의로써 결정할 수 있다. [개정 2020.2.4] [[시행일 2021.2.5]]
> ② 제1항의 경우에 공용부분의 변경이 다른 구분소유자의 권리에 특별한 영향을 미칠 때에는 그 구분소유자의 승낙을 받아야 한다.

공용부분을 분양 또는 임대하는 내용의 계약을 체결하기 위해서는 모든 구분소유자의 동의가 필요하다(대법원 2016. 11. 24 선고 2015다39289 판결).

> **판례 해설**
>
> 법원은 피고가 집합건물의 공용부분인 이 사건 분양부분에 점용권을 설정하여 원고에게 분양한 행위는 임대차계약과 유사한 성격을 갖고 있기는 하나, 이 사건 분양부분은 지하 1층의 경우 <u>강의실로, 나머지 부분은 휴게실로 그 용도가 지정</u>되어 있는데 원고는 이 사건 분양부분을 <u>매점 등의 용도로 사용하기 위하여 점용권을 분양</u>받았고 피고 또는 이 사건 상가의 관리인은 <u>이러한 용도의 변경을 사실상 용인하고 있는 점</u>에 비추어 볼 때 피고가 이 사건 분양부분의 점용권을 원고에게 분양한 행위는 공용부분인 이 사건 분양부분을 당초의 경제적 용도에 따라 이용·개량하는 행위에 해당한다고 보기 어렵고 <u>오히려 공용부분에 물리적인 변화를 가하여 그 형상 또는 효용에 변경을 가져오는 행위에 해당한</u>

다고 판단하였다.

대상판결은 이러한 경우 <u>공용부분 변경을 넘어선 소유권의 변경에 해당하는 결과이기 때문에 구분소유자 전원의 동의를 받아야 한다고 판단하였으나 2021년 개정된 법에서는 구분소유자 및 의결권 4/5의 동의</u>로 가능하도록 해결하였다

법원 판단

집합건물법 제15조 제1항이 집합건물 중 공용부분의 변경에 관하여 일반적인 공유물과는 달리 관리단집회의 결의에 의하도록 정한 취지는 구분소유자의 전유부분 소유권이나 대지사용권 기타 권리관계에 별다른 변동을 일으키지 아니하는 공용부분의 형상 또는 효용 등의 단순한 변경에 관하여는 구분소유자 전원의 동의나 대지사용권자 전원의 승낙이 없어도 관리단집회의 결의에 따르도록 함으로써 집합건물의 공용부분에 관하여 합리적이면서도 효율적인 이용관계를 설정하려는 것이다. 따라서 **이와 달리 공용부분의 형상 또는 효용의 변경이 이용관계의 단순한 변화를 넘어서서 집합건물의 구조를 변경하여 <u>구분소유자의 전유부분에 대한 소유권의 범위 및 대지사용권의 내용에 변동을 일으키는 경우</u>에는 집합건물법 제15조 제1항에서 말하는 공용부분의 변경에 해당하지 아니한다**(대법원 2014. 9. 4. 선고 2013두25955 판결 참조).

갑 재♡♡사업조합이 집합건물의 공용부분 중 휴게실과 갱의실로 용

도 지정된 부분에 점용권을 설정하여 을에게 분양하였는데, 을은 분양부분을 매점 등의 용도로 사용하기 위하여 점용권을 분양받았고 갑 조합 또는 상가 관리인이 이러한 용도 변경을 사실상 용인한 사안에서, **갑 조합의 분양행위가 공용부분에 물리적인 변화를 가하여 형상 또는 효용에 변경을 가져오는 행위에 해당**한다.

제15조(공용부분의 변경) 판례문헌주석
① 공용부분의 변경에 관한 사항은 관리단집회에서 구분소유자의 3분의 2 이상 및 의결권의 3분의 2 이상의 결의로써 결정한다. 다만, 다음 각 호의 어느 하나에 해당하는 경우에는 제38조제1항에 따른 통상의 집회결의로써 결정할 수 있다. [개정 2020.2.4] [[시행일 2021.2.5]]
② 제1항의 경우에 공용부분의 변경이 다른 구분소유자의 권리에 특별한 영향을 미칠 때에는 그 구분소유자의 승낙을 받아야 한다.
제15조의2(권리변동 있는 공용부분의 변경)
① 제15조에도 불구하고 건물의 노후화 억제 또는 기능 향상 등을 위한 것으로 구분소유권 및 대지사용권의 범위나 내용에 변동을 일으키는 공용부분의 변경에 관한 사항은 관리단집회에서 구분소유자의 5분의 4 이상 및 의결권의 5분의 4 이상의 결의로써 결정한다.
② 제1항의 결의에서는 다음 각 호의 사항을 정하여야 한다. 이 경우 제3호부터 제7호까지의 사항은 각 구분소유자 사이에 형평이 유지되도록 정하여야 한다.
1. 설계의 개요
2. 예상 공사 기간 및 예상 비용(특별한 손실에 대한 전보 비용을 포함한다)
3. 제2호에 따른 비용의 분담 방법
4. 변경된 부분의 용도
5. 전유부분 수의 증감이 발생하는 경우에는 변경된 부분의 귀속에 관한 사항

6. 전유부분이나 공용부분의 면적에 증감이 발생하는 경우에는 변경된 부분의 귀속에 관한 사항
7. 대지사용권의 변경에 관한 사항
8. 그 밖에 규약으로 정한 사항

③ 제1항의 결의를 위한 관리단집회의 의사록에는 결의에 대한 각 구분소유자의 찬반 의사를 적어야 한다.

④ 제1항의 결의가 있는 경우에는 제48조 및 제49조를 준용한다.

관리규약과 관련된 분쟁

관리규약 자체에 대한 무효확인을 구할 수는 없다 (광주지방법원 2021. 9. 16. 선고 2020가합1112 [관리규약 결의 무효확인])

> **판례해설**
>
> 관리규약은 <u>단지 일반적·추상적 규율에 불과하고 이에 대하여 무효확인을 구하는 것은 확인의 이익이 존재하지 않아 대상판결과 같이 각하</u>를 당할 수 있다. 따라서 당사자로서는 관리규약 자체에 대해서 다투는 것이 아니라 관리규약에 근거한 법률행위를 다투는 소송을 진행해야 할 것이다.

법원 판단

확인의 소의 대상은 구체적인 권리 또는 법률관계의 존부에 대한 것이어야 하므로 확인의 소로써 일반적, 추상적인 법령 또는 법규 자체의 효력 유무의 확인을 구할 수는 없다 할 것이다[대법원 1992. 8. 18. 선고 92다13875, 13882(병합), 13899(병합) 판결 등 참조].

이 사건 관리규약은 집합건물법에 따라 이 사건 오피스텔의 관리 또는 사용에 관한 구분소유자들 사이의 사항 등을 규율하는 것으로서 같은 법 제42조에 따라 구분소유자, 특별승계인, 점유자에게 구속력을 가지는 자치법규이고, 따라서 **위 법에 따른 관리규약의 무효 확인을 구하는 것은 결국 일반적, 추상적 법규의 효력을 다투는 것일 뿐 원고의 구체적 권리 또는 법률관계를 대상으로 하는 것이 아님이 명백하므로,** 원고로서는 관리규약의 무효를 전제로 구체적인 권리 또는 법률관계의 확인을 구하는 소 등을 제기하는 것은 별론으로 하고, 관리규약의 무효 확인을 독립한 소로써 구할 수는 없다.

일부 구분소유자와 세입자로 구성된 상가번영회와 상가관리규약이 집합건물법 소정의 관리단 및 규약에 해당하지 않는다고 본 원심판결을 파기한 사례(대법원 1996. 8. 23. 선고 94다27199 판결)

> 판례 해설
>
> 아파트를 제외한 집합건물에서는 최근 관리단이 어느 정도 성립되고 있으나 아직까지도 상가번영회라는 단체가 존재하는 상가 관리단이 종종 보이고 있다. 즉 관리단이라고 함은 구분소유자만으로 이루어진 단체로서 구분소유자의 재산과 관련된 업무를 처리하는 반면 상가번영회는 대상판결에서 보는 바와 같이 상가 구분소유자 또는 세입자로 이루어진 임의 단체에 불과하다.

물론 상가번영회 역시 민법상 비법인사단의 요건에 해당한다면 그에 따라 어느 정도 법적인 단체로 인정받을 수 있으나 집합건물법상 관리단과는 근본적으로 다르다. 다만 일반인뿐만 아니라 법조인까지도 상가번영회를 집합건물법상 관리단이라고 주장하여 자기모순에 빠지는 경우를 종종 보게 된다.

대상판결 역시 집합건물법상의 관리단의 요건에 충족되지 않았음에도 만연히 관리단이라고 인정한 원심판결을 파기하면서 관리단의 의미를 명확히 설시하였다.

법원 판단

집합건물의소유및관리에관한법률(이하 법이라 한다.) 제23조 제1항은 "건물에 대하여 구분소유관계가 성립되면 구분소유자는 전원으로써 건물 및 그 대지와 부속시설의 관리에 관한 사업의 시행을 목적으로 하는 관리단을 구성한다."고 규정하고 있는바, **관리단은 어떠한 조직행위를 거쳐야 비로소 성립되는 단체가 아니라 구분소유관계가 성립하는 건물이 있는 경우 당연히 그 구분소유자 전원을 구성원으로 하여 성립되는 단체**라 할 것이고 (당원 1995. 3. 10. 선고 94다49687, 94다49694 판결 참조), 구분소유자로 구성되어 있는 단체로서 법 제23조 제1항의 취지에 부합하는 것이면 **그 존립형식이나 명칭에 불구하고 관리단으로서의 역할을 수행할 수 있으며, 구분소유자와 구분소유자가 아닌 자로 구성된 단체라 하더라도 구분소유자만으로 구성된 관리단의 성격을**

겸유할 수도 있다고 할 것이다.

그리고 구분소유자는 건물과 대지 또는 부속시설의 관리 또는 사용에 관한 구분소유자 상호간의 사항 중 법에서 규정하지 아니한 사항을 규약으로써 정할 수 있고(법 제28조 제1항), 규약의 설정·변경 및 폐지는 관리단집회에서 구분소유자 및 의결권의 각 4분의 3 이상의 찬성을 얻어 행하며(법 제29조 제1항), 법 또는 규약에 의하여 관리단집회에서 결의할 것으로 정한 사항에 관하여 구분소유자 및 의결권의 각 5분의 4 이상의 서면에 의한 합의가 있는 때에는 관리단집회의 결의가 있는 것으로 보는 것으로(법 제41조 제1항), 의결권은 서면 또는 대리인에 의하여 행사할 수 있고(법 제38조 제2항), 법 제41조 제1항의 서면에 의한 결의 역시 대리인에 의하더라도 가능하다고 보아야 할 것이며, 이러한 결의에 의하여 설정된 규약은 구분소유자의 특별승계인 및 점유자에 대하여도 효력이 있는 것이다(법 제42조 제1항, 제2항).

그런데 원심이 적법하게 확정한 사실관계에 의하면, 위 군인공제회가 이 사건 상가건물 내 점포 21개를 분양함에 있어서 입점 이후에는 수분양자들로 상가 자치기구인 번영회를 구성하여 그 관리규약에 따라 전체 상가를 관리하기로 약정하였고, 이 사건 상가에서 점포를 운영하는 상인 21명 중 피신청인을 제외한 나머지 20명(기록에 의하면 각 점포의 소유자 및 세입자로서 점포당 1명씩으로 구성되어 있다)이 분양계약시의 약정에 따라 1993. 2. 23. 건영상가번영회를 조직하고 상가관리규약을 제정하였다는 것인바, 건영상가번영회는 **비록 그 구성원에 구분소유자 아닌 세입자가 포함되어 있다 하더라도 경우에 따라서는 구분소유자만으로 구성되는 관리단으로서의 성격을 겸유할 수 있을 뿐 아니라**, 건영상가번영회의 상가관리규약을 제정함에 있어서도 점포당 1명씩만이 결의에 참여한 점에 비추어 보면, **세입자가 구분소유자를 대리하여 의결권을 행사하였거나 서면에 의한 결의를 하였다고 볼 여지가 있고, 그러한 경우 위 상가관리규약은 관리단 규약으로서의 효력을 갖게 된다**고 할 것이다.

그렇다면 원심으로서는 마땅히 건영상가번영회가 관리단의 성격을 갖는지 및 그 상가관리규약이 관리단 규약으로서의 요건을 갖추었는지 등을 좀더 심리하여 본 후 상가관리규약상의 업종제한조항의 효력이 피신청인에게 미치는지의 여부를 판단하였어야 할 것인데도, 이에 이르지 아니하고 건영상가번영회와 그 상가관리규약이 법 소정의 관리단 및 규약의 성격을 갖지 않는다고 속단한 나머지 상가관리규약은 그 당사자들 사이에 있어서 채권적 효력만이 있어 피신청인이 규약의 가입자가 아닌 이상 피신청인에 대하여 그 효력이 미친다고 할 수 없다고 판단하여 신청인의 이 사건 가처분신청을 배척하고 말았으니, 이는 관리단과 관리단 규약에 대한 법리를 오해하여 심리를 다하지 아니한 위법을 저지른 것으로 판결 결과에 영향을 미쳤음이 명백하다고 할 것이다. 이 점을 지적하는 논지는 이유 있다.

> 제23조(관리단의 당연 설립 등)
> ① 건물에 대하여 구분소유 관계가 성립되면 구분소유자 전원을 구성원으로 하여 건물과 그 대지 및 부속시설의 관리에 관한 사업의 시행을 목적으로 하는 관리단이 설립된다.

집합건물에 존재하는 관리 규약은 그 내용이 강행법규에 위반되거나 그 외 구분소유자의 소유권을 과도하게 침해하여 선량한 풍속 기타 사회질서에 위반된다고 볼 정도로 사회 관념상 현저히 타당성을 잃었다고 인정된다면 무효라고 보아야 할 것이다(대법원 2009. 4. 9 선고 2009다242 판결)

> **판례 해설**
>
> 집합건물 관리단의 관리규약은 자치법규이기 때문에 적법한 절차에 의하여 만들어졌다면 법원에서는 가급적 해당 규약을 존중하지만, 그와 같은 규약이 강행법규 또는 선량한 풍속 기타사회질서에 위반할 경우 해당 규약을 무효로 보고 있다.
>
> 즉 구분소유자의 권리를 제한하거나 그와 반대로 특정한 구분소유자에 대하여 특혜를 부여하는 내용이라면 그와 같은 조항은 적법한 절차에 의하여 제정 또는 개정되었다고 하더라도 **강행 법규 기타 사회질서에 반하여 무효**로 판단하여 어떠한 효력도 발생시키지 않는다.

원심판단

이 사건 임대차계약 체결 당시에는 관리인의 권한을 정한 규약이 없었으나, 그 후 관리단이 서면결의로 운영위원회를 관리인으로 선임하고 운영위원회에 임대권한이 있음을 규정한 B규약을 제정함으로써 이 사건 임대차계약을 추인하였으며, A건물의 운영부진을 극복하기 위하여 B규약이 제정된 점, 이 사건 임대차계약에 따라 구분소유자들에게 임대차보증금 및 월 임대료가 지급되고 있는 점 등을 종합하여, B규약이 구분소유자들의 사유재산권을 지나치게 제한하여 무효라고 보기 어렵다고 판단하였다.

대법원판단

B규약은 **전유부분의 전체 내지 상당부분에 관한 임대차계약의 체결 여부 및 계약내용의 확정에 관한 권한을 운영위원회 등에게 일임하고 그 해당 구분소유자가 전혀 관여할 수 없도록 하는 내용**이고, 이는 **구분소유자가 원칙적으로 독점적·배타적 사용·관리 권한을 가지는 전유부분에 대하여 다른 구분소유자 사이의 조정의 범위를 초과하는 사용제한을 설정한 것**으로서, **구분소유자의 소유권을 필요하고 합리적인 범위에서 벗어나 과도하게 침해 내지 제한**하는 것이다. 따라서 B규약은 사회관념 상 현저히 타당성을 잃은 것으로서 **무효**이고, 이러한 규약에 기초한 이 사건임대차계약도 원고들로부터 그에 관한 권한을 위

임받거나 개별적 동의를 받는 등의 특별한 사정이 없는 한 원고들에게 효력을 미칠 수 없다.

> 제28조(규약)
> ① 건물과 대지 또는 부속시설의 관리 또는 사용에 관한 구분소유자들 사이의 사항 중 이 법에서 규정하지 아니한 사항은 규약으로써 정할 수 있다.

서울시 관리규약 준칙은 관리규약 개정을 위한 참조 자료에 불과하다(서울중앙지방법원 2017. 2. 16. 선고 2016가합6816 판결)

> 판례 해설
>
> 경기도 및 서울시에서는 아파트 관리규약 제·개정시 참조하도록 하기 위하여 "준칙"이라는 것을 만들어 배포하고 있다. 즉 일반인에 불과한 입주민들이 스스로 그 많은 공동주택관리법을 섭렵하여 이를 이해하고 더 나아가 아파트 자치법규에 해당하는 관리규약을 만드는 것은 도저히 상상할 수 없기 때문에 부득이 관리규약에 해당하는 준칙을 만들어 배포하고 대부분의 아파트 입주자대표회의는 이를 가지고 관리규약을 만들고 주민 동의를 받아 관리규약으로 사용하고 있다.
>
> 문제는 서울시 및 경기도에서 배포한 준칙과 다르게 관리규약을 제·개정을 했을 때 준칙과 다른 내용의 관리규약의 해당 조항이 무효

로 되는지 여부이다.

대상판결은 여기서 서울시 배포 관리규약 준칙의 법적 특이성 및 입주자대표회의 자율성을 언급하면서 **서울시 관리규약 준칙은 입주자 등이 참조하여 자체적인 관리규약을 정하도록 하는 하나의 기준에 불과할 뿐이지 강행법규나 일반적 구속력을 가진 법규라고 볼 만한 아무런 근거가 없다**고 하여 관리규약 준칙의 법적 관점을 설명하였던 것이다.

법이라고 함은 일반 시민이 투표로서 선출한 국회의원이 만들고 이와 같은 이유로 일반 국민을 구속하는 힘이 있을 뿐인바 그렇지 않고 단지 각 아파트 참고용으로 서울시의 관련 공무원과 전문가들이 만든 관리규약 준칙이 법규성이 있다고 보기에는 다소 무리가 있는 점을 고려한다면 법원의 판결은 타당하다고 보인다.

법원 판단

개정된 관리규약 제57조가 주택법및 서울시 관리규약 준칙 등 상위법령에 위배된다는 주장에 관하여 보건대, **서울시 관리규약 준칙은 주택법 제44조, 주택법 시행령 제57조에 근거하여 서울특별시장이 공동주택의 관리 또는 사용에 관하여 준거가 되는 표준 관리규약으로 제정된 것으로서, 이는 공동주택의 입주자등이 이를 참조하여 자체적인 관리규약을 정하도록 하는 하나의 기준에 불과**할 뿐이고, 원고의 주장과 같이 강행규정 또는 일반적 구속력을 가지는 법규라고 볼 만한 아무런 근거가 없다. 따라서 **개정된 관리규약 제57조가 서울시 관리규약 준칙과 다**

르다는 사정만으로 위 개정 조항이 상위법령에 위배된다거나 거기에 어떠한 하자가 있다고 할 수 없다.

또한 개정된 관리규약 제57조가 관계법령에서 정한 임대료 제한 취지를 잠탈하였다는 주장에 관하여 보건대, 위 기초사실에 의하면, 서울시 관리규약 준칙 제57조 제6항은 '입주자대표회의에서 중요계약내용을 의결할 경우, 임대차계약기간은 3~5년으로 하고 임대료(임대보증금이 있는 경우에는, 은행법에 의한 금융기관으로서 가계자금대출시장의 점유율이 최상위인 금융기관의 1년 만기 정기예금이율에 따라 임대보증금을 임대료로 전환한 금액을 포함한다)는 보육료 수입의 100분의 5 범위 이내로 정한다. 이 경우 보육료 수입은 보육정원으로 산정한다.'라고 규정하고 있으나, 개정된 관리규약 제57조 제3항은 '입주자대표회의가 어린이집을 지방자치단체 외의 자와 임대차계약(갱신계약을 포함한다)을 체결할 경우 임대료는 입찰가격으로, 재계약일 경우 어린이집의 장과 협의한 가격으로 한다.'라고 규정하여 그 임대료의 액수의 제한을 두고 있지 않는 것은 맞다.

그러나 ① 공동주택의 관리규약은 공동주택의 관리 또는 사용에 필요한 사항을 규정함으로써 입주자등의 보호와 주거생활의 질서유지 등을 목적으로 하는 것이므로 <u>가급적 그 독자성과 자율성을 존중해 주는 것이 바람직하고</u>, 따라서 원칙적으로 관리규약이 입주자등의 기본적인 권리의 본질적인 내용을 침해하지 않는 한 그 유효성을 인정하여야 하는 점, ② 개정된 관리규약 제57조 제3항과 같이 어린이집의 임대료 액수를 제한하지 않을 경우 보육의 수준이 떨어지는 등 어린이집의 공공적 특성이 훼손될 우려가 있을 수 있으나, 한편으로 이 사건 관리규약 제57조 제4항에서 어린이집 임대차 계약의 중요 내용(임대료 포함)에 대하여 전체 입주자등이 아닌 어린이집 이용 입주자 등의 과반수 서면 동의를 얻도록 강제함으로써 그에 대한 보완대책을 마련하여 두고 있는 점, ③ 앞서 살펴 본 바와 같이 <u>서울시 관리규약 준칙은 그 자체로 구속력이 있다고 할 수 없고</u>, 주택법 시행령 제57조 제1항 제20호도 위 준칙에 '어린이집을 이용하는 입주자등 중 어린이집 임대에 동의하는 비율에 관한 사항'을 포함하도록 규정하고 있을 뿐 임대료 액수의 제한에 관한 사항을 포함하도록 규정하고 있지는 않은 점 등에 비추어 볼 때, 개정된 관리규약 제57조 제3항이 관계법령에서 정한 임대료 제한 취지를 침해하는 것이라고 볼 근거가 없다.

관리규약이 존재하지 않는 관리단에서는 관리위원회의 유효 여부 (서울남부지방법원 2018. 11. 9. 선고 2018가합100893)

> **판례 해설**
>
> 대상 판결에서는 관리위원을 선출하기 위해 필요한 규약의 제정과 관리위원 선출을 각각 제1의 안건, 제2의 안건으로 상정하여 관리단집회를 개최하였는데, 제1의 안건이 통과되지 못하여 관리규약이 제정되지 않은

> 상태에서 선출된 관리위원의 효력은 어떠한지에 대하여 설시하고 있다.
>
> 관리단이나 관리인은 구분소유자가 일정 수 이상 존재할 때 당연설립되는 기관이자 필수기관이지만 **관리위원회는 집합건물법상 관리규약에 의하여 '둘 수 있다'**고 규정하고 있을 뿐이므로 관리규약에 그 근거가 없는 이상 이는 적법 유효한 기관이라고 볼 수 없다.
>
> 이에 대해서 대상판결은 관리규약이 없는 이상 관리위원 결의도 무효에 해당한다고 정리하였다.

법원 판단

가. 2017. 10. 30. 자 결의의 하자에 관한 판단

1) 집합건물법은, 관리단은 구분소유자가 10인 이상일 때에는 관리단을 대표하고 관리단의 사무를 집행할 관리인을 선임해야 하고(제24조 제1항), 규약으로 정하는 바에 따라 관리위원회를 둘 수 있으며(제26조의2 제1항), 규약으로 관리인을 관리위원회의 결의로 선임되거나 해임되도록 정한 경우에는 그에 따르고(제24조 제3항), 관리위원회의 위원을 구분소유자 중에서 관리단집회의 결의에 의하여 선출한다(제26조의3 제1항)고 정하고 있다.

위 규정 내용을 살펴보면, **관리단 및 관리인은 집합건물법에 따른**

필수기관이지만 관리위원회 설치 및 관리위원 선임은 구분소유자의 4분의 3 이상 및 의결권의 4분의 3 이상의 찬성으로 설정된 규약으로 결정된다. 현행 집합건물법 및 그 시행령은 **관리위원회의 기능, 구성, 운영에 관하여 대강의 기준만을 정하고 구체적인 사항은 규약으로 정하도록** 하였다. 즉 **규약이 없으면 관리위원의 정원, 임기, 관리위원회 의결 방법 등에 관하여 공백이 있고, 특히 관리위원회 의결 방법이 정해지지 않은 상태에서는 집합건물법이 정한 관리위원회의 본질적 기능인 관리인 감독 기능 수행도 불가능하다. 따라서 관리단집회에서 관리위원회를 구성하고 관리위원을 선출하기 위해서는 규약에 관리위원회에 관한 사항이 있어야 한다고 봄이 타당**하다.

2) 2017. 10. 30. 자 결의에서 '제1호 관리단 규약(안) 제정의 건[은 의결정족수를 충족하지 못하여 부결되었음은 이미 보았다. 그러므로 **규약 없이 관리위원회를 구성하고 관리위원을 선출한 '제3호 관리단(관리위원) 선출의 건'은 집합건물법을 위반**하였다.

3) 따라서 2017. 10. 30.자 결의 중 '제3호 관리단(관리위원) 선출의 건'은 취소되어야 한다. 다만 제3조 안건에 관리인 E 선출에 관한 결의도 포함되어 있다. 그러나 **관리인은 규약의 설정 없이도 집합건물법상 관리단집회의 결의로 선임할 수 있어 관리인 선출에 하자가 존재한다고 보기 어렵고**, 원고들이 관리인 선임에 관하여는 명백히 다투지 않고 있으므로 2017. 10. 30. 자 결의에서 취소되는 부분을 '제3호 관리단(

관리인, 관리위원) 선출의 건' 중 관리위원 선출 부분으로 한정한다.

> 제26조의2(관리위원회의 설치 및 기능)
> ① 관리단에는 규약으로 정하는 바에 따라 관리위원회를 둘 수 있다.

구분소유자의 권한 및 한계

집합건물법상 열람 등사청구 권한을 가진 자 (대법원 2021. 3. 19. 선고 2020마7128 결정 [집합건물의소유및관리에관한법률위반])

판례 해설

법리적으로 침익적 행정행위에 대해서는 유추해석 및 확장해석 금지의 원칙이 적용된다. 즉 침익적 행정행위와 관련하여 법 문언에 반하여 유추 또는 확장해석하여 당사자를 처벌할 수 없다는 것을 의미한다.

집합건물법상 이해관계인에게 인정된 열람등사청구권은 집합건물의 관리에 직접 관련이 있는 자들에 한하여 열람할 수 있는 권한을 주고 이해관계인에 해당하지 않을 경우에는 관리인은 열람등사 의무를 부담하지 않음을 의미한다.

대상판결은 번영회 당사자가 열람등사요청을 하였고 이를 거부한 관리인에 대하여 과태료 부과 처분을 하였는바 열람등사를 요청할 수 있는 당사자 중 번영회는 포함되지 않기 때문에 이를 거부하였다고 하더라도 이에 대해 과태료 처분을 할 수 없다.

법원 판단

1. 제1심은, 집합건물인 ○○○○○의 관리단인 위반자가 구분소유자 신청외인으로부터 로부터 2018. 5. 17. 판공비 지급내역, 2018년 정기총회 회의록, 2017년도 외부 주차장 공사와 관련된 건, 2018년 수도공사와 관련된 계약서 및 공사비 지급내역 등 자료의 열람 및 등본을 요청받고도 이를 거부한 것이 구「집합건물의 소유 및 관리에 관한 법률」(2020. 2. 4. 법률 제16919호로 개정되기 전의 것, 이하 '집합건물법'이라고만 한다) 제26조 제2항, 제30조 제3항, 제39조, 제41조 제3항의 위반에 해당한다고 보아 집합건물법 제66조 제2항 제3호를 적용하여 과태료 300,000원을 부과하였다.

위반자는 제1심결정에 대하여 즉시항고를 제기하였으나, 원심은 제1심결정이 정당하다고 보아 위반자의 즉시항고를 기각하는 결정을 하였다.

2. 그러나 원심의 판단은 다음과 같은 이유로 수긍하기 어렵다.

가. 2018년 정기총회 회의록의 열람 및 등본 청구를 거부한 행위에 관하여

1) 관리단집회의 의사록은 관리인 또는 구분소유자나 그 대리인으로서 건물을 사용하고 있는 자 중 1인이 보관하여야 하는데(집합건물법 제39조 제4항, 제30조 제1항), <u>의사록을 보관할 구분소유자나 그 대리인</u>

은 규약에 다른 정함이 없는 경우 관리단집회의 결의로써 정한다(집합건물법 제39조 제4항, 집합건물법 제30조 제2항). 이해관계인은 위 규정에 따라 의사록을 보관하는 자에게 의사록의 열람을 청구하거나 자기 비용으로 등본의 발급을 청구할 수 있다(집합건물법 제39조 제4항, 제30조 제3항). 위 규정에 따라 의사록을 보관하는 자가 이해관계인의 의사록 열람 청구 또는 등본 발급 청구를 정당한 사유 없이 거부한 경우 위와 같이 의사록을 보관하는 자에 대하여 100만 원 이하의 과태료가 부과된다(집합건물법 제66조 제2항 제3호).

2) 그런데 기록에 의하면 위반자는 집합건물인 ○○○○○의 관리단일 뿐 집합건물법 제39조 제4항, 제30조에서 규정하고 있는 2018년 정기총회 회의록을 보관하는 자가 아님을 알 수 있으므로, 2018년 정기총회 회의록의 열람 및 등본 청구를 거부한 것을 이유로 위반자에게 집합건물법 제66조 제2항 제3호에 따라 과태료를 부과할 수는 없다. 그리고 **원심이 이와 관련하여 과태료 근거조항으로 들고 있는 집합건물법 제66조 제2항 제3호에는 집합건물법 제26조 제2항의 위반행위에 관하여 과태료를 부과할 수 있다는 내용이 없다.**

나. 그런데도 원심은 위반자에게 과태료를 부과한 제1심결정이 정당하다고 판단하였다. 이러한 원심결정에는 과태료 부과 조항의 해석·적용에 관한 법리를 오해하여 결정에 영향을 미친 잘못이 있다. 이를 지적하는 취지의 재항고이유 주장은 이유 있다.

공유물의 소수지분권자가 다른 공유자와 협의 없이 공유물의 전부 또는 일부를 독점적으로 점유·사용하고 있는 경우, 다른 소수지분권자가 공유물의 보존행위로서 공유물의 인도를 청구할 수 있는지 여부(소극) (대법원 2020. 5. 21 선고 2018다287522 전원합의체 판결 [부당이득금])

> **판례 해설**
>
> 공용부분은 구분소유자의 지분 비율로 존재하기 때문에 어느 특정 구분소유가 배타적으로 사용할 경우 소유권에 기한 방해배제청구로서 그 사용금지 청구를 할 수 있다. 문제는 사용금지를 넘어선 인도를 요구할 수 있는지 여부였고, 특히 기존 대법원 판례에서는 철거 및 인도까지 인정하였던 반면 대상판결에서는 지금까지 견해와는 달리 철거는 가능하지만 인도를 구할 수 없다고 하여 기존 의견을 변경하였다.
>
> 즉 <u>보존행위라고 함은 공유물의 멸실·훼손을 방지하고 그 현상을 유지기 위하여 하는 사실적, 법률적 행위를 뜻한다. 이러한 보존행위를 공유자가 다른 공유자와 협의하지 않고 단독으로 할 수 있도록 한 취지는 보존행위가 긴급을 요하는 경우가 많고 다른 공유자에게도 이익이 되는 것이 보통이기 때문인데</u> 공유자 중 1인인 피고가 공유물을 독점적으로 점유하고 있어 다른 공유자인 원고가 피고를 상대로 공유물의 인도를 청구하는 경우, 그러한 행위는 공유물을 점유하는 피고의 이해와 충돌한다. 애초에 **보존행위를 공유자 중 1인이 단독으로 할 수 있도록 한 것은** 보존행위가 다른 공유자에게도 이익이 되기 때문이라는 점을 고려하면, 이러한 행위는 민법 제265조 단서에서 정한 보존행위라고 보기 어렵다는 이유로 적극적 인도청구권은 인정되지 않는다고 판시한 것이다.

법원 판단

1. 사실관계

원고는 이 사건 토지의 1/2 지분을 소유하고 있는 이른바 소수지분권자로서, 그 지상에 소나무를 식재하여 토지를 독점적으로 점유하고 있는 피고를 상대로 소나무 등 지상물의 수거와 점유 토지의 인도 등을 청구하였다. 원심은 원고가 공유물의 보존행위로서 공유 토지에 대한 방해배제와 인도를 청구할 수 있다고 보아 원고의 청구를 모두 받아들였다.

이 사건의 주된 쟁점은 **공유 토지의 소수지분권자인 피고가 다른 공유자와 협의 없이 공유 토지의 전부 또는 일부를 독점적으로 점유하는 경우 다른 소수지분권자인 원고가 공유물의 보존행위로서 방해배제와 인도를 청구할 수 있는지 여부**이다.

2. 공유물의 소수지분권자가 공유물을 독점적으로 점유하는 다른 소수지분권자를 상대로 방해배제와 인도를 청구할 수 있는지 여부

가. 기존 대법원 판례

원고와 피고 모두 소수지분권자이고 공유자들 사이에 공유물의 관리에 관하여 합의나 과반수 지분에 의한 결정이 없는 경우 원고가 피고를 상대로 보존행위로서 공유물에 관한 방해배제와 인도를 청구할 수 있는지 문제 된다. 기존 대법원 판례는 공유자는 다른 공유자와 협의하지 않고서는 공유물을 독점적으로 점유하여 사용·수익할 수 없으므로, 다른 공유자는 소수지분권자라고 하더라도 공유물의 보존행위로서 점유 공유자에 대하여 방해배제와 인도를 청구할 수 있다고 하였다(대법원 1974. 6. 11. 선고 73다381 판결, 대법원 1994. 3. 22. 선고 93다9392, 9408 전원합의체 판결, 대법원 2014. 5. 16. 선고 2012다43324 판결 등 참조).

나. 소수지분권자가 공유물을 독점적으로 점유하는 다른 소수지분권자를 상대로 공유물의 인도를 청구할 수 있는지 여부

공유물의 소수지분권자인 피고가 다른 공유자와 협의하지 않고 공유물의 전부 또는 일부를 독점적으로 점유하는 경우 소수지분권자인 원고가 피고를 상대로 공유물의 인도를 청구할 수는 없다고 보아야 한다. 상세한 이유는 다음과 같다.

<u>(1) 민법 제265조는 "공유물의 관리에 관한 사항은 공유자의 지분의 과반수로써 결정한다. 그러나 보존행위는 각자가 할 수 있다."라고 정하고 있다. 여기에서 보존행위는 공유물의 멸실·훼손을 방지하고 그 현상을 유지하기 위하여 하는 사실적, 법률적 행위를 뜻한다. 이러한 보존행위를 공유자가 다른 공유자와 협의하지 않고 단독으로 할 수 있도록 한 취지는 보존행위가 긴급을 요하는 경우가 많고 다른 공유자에게도 이익이 되는 것이 보통이기 때문</u>이다(대법원 1995. 4. 7. 선고 93

다54736 판결 등 참조). 그런데 공유자 중 1인인 피고가 공유물을 독점적으로 점유하고 있어 다른 공유자인 원고가 피고를 상대로 공유물의 인도를 청구하는 경우, 그러한 행위는 공유물을 점유하는 피고의 이해와 충돌한다. 애초에 **보존행위를 공유자 중 1인이 단독으로 할 수 있도록 한 것은 보존행위가 다른 공유자에게도 이익이 되기 때문이라는 점을 고려하면, 이러한 행위는 민법 제265조 단서에서 정한 보존행위라고 보기 어렵다.**

(2) 모든 공유자는 공유물 전부를 지분의 비율로 사용·수익할 수 있다(민법 제263조). 이는 공유물 관리에 관하여 공유자들 사이에 합의나 과반수 지분에 의한 결정(민법 제265조 본문)이 없는 경우에도 마찬가지이다. 공유자가 공유물에 대하여 가지는 공유지분권은 소유권의 분량적 일부분이지만 하나의 독립된 소유권과 같은 성질을 가지므로, 공유자는 소유권의 권능에 속하는 사용·수익권을 갖는다. 민법 제263조는 이러한 사용·수익권이 소유권인 공유지분권의 내용을 구성하되, 1개의 소유권이 여러 공유자에게 나뉘어 귀속됨에 따라 소유권을 행사하는 데 일정한 제약이 따른다는 것을 뜻한다. 따라서 소수지분권자인 피고가 공유물을 독점적으로 점유하여 사용·수익하고 있더라도, 공유자 아닌 제3자가 공유물을 무단으로 점유하는 것과는 다르다. 피고가 다른 공유자를 배제하고 단독 소유자인 것처럼 공유물을 독점하는 것은 위법하지만, 피고는 적어도 자신의 지분 범위에서는 공유물 전부를 점유하여 사용·수익할 권한이 있으므로 피고의 점유는 그 지분비율을 초과하는 한

도에서만 위법하다고 보아야 한다. 물건에 대한 점유를 지분에 따라 물리적으로 나눌 수 없더라도 그 점유가 지분 범위 내에서 보호할 만한 것인지 여부를 법적으로 평가하는 것은 별개의 문제이다.

따라서 피고가 공유물을 독점적으로 점유하는 위법한 상태를 시정한다는 명목으로 원고의 인도청구를 허용한다면, 피고의 점유를 전면적으로 배제함으로써 위에서 본 바와 같이 피고가 적법하게 보유하는 '지분비율에 따른 사용·수익권'까지 근거 없이 박탈하는 부당한 결과를 가져온다.

(3) 일반적으로 물건의 '인도'는 물건에 대한 현실적·사실적 지배를 완전히 이전하는 것을 뜻한다. 민사집행법상 인도청구의 집행은 집행관이 채무자로부터 물건의 점유를 빼앗아 이를 채권자에게 인도하는 방법으로 한다(민사집행법 제257조, 제258조). 따라서 원고의 인도청구를 허용하면 원고는 강제집행을 통해 공유물을 점유하던 피고로부터 점유를 빼앗아 이를 단독으로 점유하게 된다.

원고의 피고에 대한 물건 인도청구가 인정되려면 먼저 원고에게 인도를 청구할 수 있는 권원이 인정되어야 한다. 원고에게 그러한 권원이 없다면 피고의 점유가 위법하더라도 원고의 청구를 받아들일 수 없다. 그런데 이 사건과 같이 원고 역시 피고와 마찬가지로 소수지분권자에 지나지 않으므로 원고가 공유자인 피고를 전면적으로 배제하고 자신만이 단독으로 공유물을 점유하도록 인도해 달라고 청구할 권원은 없다.

기존 대법원 판례는 원고가 공유자인 피고에 대해 보존행위로서 공유물 전체의 인도를 청구할 수 있다고 하였다. 보존행위 이론이 원고가 자신의 지분비율을 초과하여 공유물 '전부'에 대한 일정한 청구를 할 수 있는 근거를 제공할 수는 있지만, 원고가 공유자로서 아래 다.항에서 보는 것처럼 피고가 공유물을 독점하는 방해 상태를 제거할 것을 청구하는 것을 넘어서서 다른 공유자에 대한 관계에서 공유물을 '자신에게 인도하라'고 청구할 수 있는 근거가 될 수는 없다. 원고는 공유물을 점유할 아무런 권리가 없는 제3자에 대해서는 소유자, 정확하게는 공유물에 대한 지분권자로서 공유물을 점유할 권원이 있는 자신에게 그 반환을 청구할 수 있지만, 공유자인 피고에 대해서는 소수지분권자에 불과하여 공유물을 단독으로 점유할 권원이 없다. 원고는 피고와 마찬가지로 소수지분에 따라 서로 제한된 권한을 가지고 있을 뿐이므로, 공유물의 관리에 관한 결정이 없는 이상 원고가 공유물을 인도받아 자신만이 점유하겠다고 주장할 근거가 없다.

(4) 공유물에 대한 인도 판결과 그에 따른 집행의 결과는 원고가 공유물을 단독으로 점유하며 사용·수익할 수 있는 상태가 되어 '일부 소수지분권자가 다른 공유자를 배제하고 공유물을 독점적으로 점유'하는 인도 전의 위법한 상태와 다르지 않다. 위법 상태를 시정하기 위하여 또 다른 위법 상태를 만들어내는 결과를 가져오는 것이다. 그 결과 원고가 공유물을 인도받은 다음 자발적으로 피고에게 공유물의 공동 사용을 허락하지 않으면, 피고는 공유물에 대한 자신의 권리를 행사하기 위해 다

시 원고를 상대로 소를 제기해야 하는 처지가 된다. 판결에 따른 집행의 결과는 공유물을 적법한 점유 상태에 두는 것이어야 한다. 그런데 위와 같은 결과는 분쟁의 종국적 해결을 위해 판결과 집행이 달성해야 할 적법한 상태라고 할 수 없다.

대법원 1994. 3. 22. 선고 93다9392, 9408 전원합의체 판결의 다수의견에 대한 보충의견은 물건의 인도가 종전 점유자의 점유를 배제하고 인도받는 사람이 물건을 사실상 지배하게 되는 것을 뜻하지만 사용·수익과는 별개의 문제이고, 따라서 물건을 인도받아 사실상 지배는 하되 공유자들을 위해 보관만 하는 경우와 같이 사용·수익은 하지 않는 경우도 있을 수 있으며, 공유물 보존행위에 기한 인도청구는 후자의 목적 범위에서만 허용된다고 한다. 그러나 위 (3)에서 본 바와 같이 민사집행법상 인도청구의 집행은 집행관이 채무자로부터 물건의 점유를 빼앗아 채권자에게 이를 인도하는 방법으로 하는 것이다(민사집행법 제257조, 제258조). 집행관이 채무자를 배제하고 채권자로 하여금 물건의 현실적 점유를 취득하게 함과 동시에 집행절차가 완료되며, 채권자는 그 후 인도받은 물건을 사용·수익하는 데 집행절차상 아무런 제약을 받지 않는다. 위 보충의견은 인도 집행에 따라 채권자가 단독으로 물건에 관한 제한 없는 점유를 취득한다는 점을 간과하고, 인도의 의미를 채무자의 독점적 점유만을 해소시키는 '방해배제'의 의미 정도로 축소하여 해석한 것으로 옳지 않다.

(5) 기존 대법원 판례가 공유자 사이의 공유물 인도청구를 보존행위

로서 허용한 것은, 소수지분권자가 자의적으로 공유물을 독점하고 있는 위법 상태를 시정하기 위해서 인도청구를 가장 실효적인 구제수단으로 보았기 때문이라고 할 수 있다(위 대법원 93다9392, 9408 전원합의체 판결의 다수의견에 대한 보충의견 참조). 그러나 원고는 아래 다항에서 보는 것처럼 공유물을 독점적으로 점유하면서 원고의 공유지분권을 침해하고 있는 피고를 상대로 지분권에 기한 방해배제청구권을 행사함으로써 위와 같은 위법 상태를 충분히 시정할 수 있다. 따라서 피고의 독점적 점유를 시정하기 위해 종래와 같이 피고로부터 공유물에 대한 점유를 빼앗아 원고에게 인도하는 방법, 즉 피고의 점유를 원고의 점유로 대체하는 방법을 사용하지 않더라도, 원고는 피고의 위법한 독점적 점유와 방해 상태를 제거하고 공유물이 그 본래의 취지에 맞게 공유자 전원의 공동 사용·수익에 제공되도록 할 수 있다.

다. 소수지분권자가 공유물을 독점적으로 점유하는 다른 소수지분권자를 상대로 방해배제를 청구할 수 있는지 여부

(1) 모든 공유자는 공유물 전부를 지분의 비율로 사용·수익할 수 있다(민법 제263조). 공유물을 구체적으로 어떻게 사용·수익할지, 예를 들어 공유 토지를 교대로 혹은 면적을 나누어 사용할지, 전체를 특정인에게 이용하게 하고 그 대가를 받을지 등은 원칙적으로 공유자들이 지분의 과반수로써 결정한다(민법 제265조). 그러한 결정이 없는 경우 개별 공유자는 누구도 공유물을 독점적으로 사용·수익할 수 없다(대법원

2001. 12. 11. 선고 2000다13948 판결 등 참조).

한편 공유자들은 공유물의 소유자로서 공유물 전부를 사용·수익할 수 있는 권리가 있고(민법 제263조), 이는 공유자들 사이에 공유물 관리에 관한 결정이 없는 경우에도 마찬가지임은 위에서 본 바와 같다. 공유물을 일부라도 독점적으로 사용할 수 없는 등 사용·수익의 방법에 일정한 제한이 있다고 하여, 공유자들의 사용·수익권이 추상적·관념적인 것에 불과하다거나 공유물 관리에 관한 결정이 없는 상태에서는 구체적으로 실현할 수 없는 권리라고 할 수 없다.

공유지분권의 본질은 소유권이고 소유권은 물건을 직접 지배하는 것을 내용으로 하는 물권이다. 물건의 사용·수익권능은 물권인 소유권의 가장 기본적이고 핵심적인 권능에 속한다(민법 제211조). 민법 제263조는 이러한 소유권의 권능이 공유지분권에도 마찬가지로 존재하되, 공유관계에서는 1개의 소유권이 여러 공유자에게 나누어 귀속됨에 따라 각 공유자는 다른 공유자의 사용·수익권을 침해하면 안 된다는 제약이 따른다는 것을 뜻할 뿐이다. 따라서 공유자들 사이에 공유물 관리에 관한 결정이 없는 경우 공유자가 다른 공유자를 배제하고 공유물을 독점적으로 점유·사용하는 것은 위법하여 허용되지 않지만, 다른 공유자의 사용·수익권을 침해하지 않는 방법으로, 즉 비독점적인 형태로 공유물 전부를 다른 공유자와 함께 점유·사용하는 것은 자신의 지분권에 기초한 것으로 적법하다.

(2) 일부 공유자가 공유물의 전부나 일부를 독점적으로 점유한다면

이는 다른 공유자의 지분권에 기초한 사용·수익권을 침해하는 것이다. 공유자는 자신의 지분권 행사를 방해하는 행위에 대해서 민법 제214조에 따른 방해배제청구권을 행사할 수 있고, 공유물에 대한 지분권은 공유자 개개인에게 귀속되는 것이므로 공유자 각자가 행사할 수 있다.

공유물에 대한 방해배제청구의 구체적 모습으로, 공유 토지에 피고가 무단으로 건축·식재한 건물, 수목 등 지상물이 존재하는 경우 지상물은 그 존재 자체로 다른 공유자의 공유토지에 대한 점유·사용을 방해하므로 원고는 지상물의 철거나 수거를 청구할 수 있다(이는 대체집행의 방법으로 집행된다). 지상물이 제거되고 나면 공유 토지는 나대지 상태가 되고 피고가 다시 적극적인 방해행위를 하지 않는 한 원고 스스로 공유 토지에 출입하여 토지를 이용할 수 있으므로, 일반적으로 공유 토지에 피고의 지상물이 존재하는 사안에서 지상물의 제거만으로도 공유 토지의 독점적 점유 상태를 해소시킬 수 있다. 지상물 제거 후에도 피고가 원고의 공동 점유를 방해하는 행위를 하거나 그러한 행위를 할 것이 예상된다면, 원고는 피고를 상대로 그러한 방해행위의 금지, 예를 들어 원고의 공유 토지에 대한 출입이나 통행에 대한 방해금지를 청구할 수 있다.

그 밖에도 원고는 공유물의 종류(토지, 건물, 동산 등), 용도, 상태(피고의 독점적 점유를 전후로 한 공유물의 현황)나 당사자의 관계 등을 고려해서 원고의 공동 점유를 방해하거나 방해할 염려 있는 피고의 행위와 방해물을 구체적으로 특정하여 그 방해의 금지, 제거, 예방(작위·부작위의무의 이행)을 청구하는 형태로 청구취지를 구성할 수 있다. 법원은 이것이 피고의 방해 상태를 제거하기 위하여 필요하고 원고가 달성하려는 상태가 공유자들의 공동 점유 상태에 부합한다면 이를 인용할 수 있다. 위와 같은 출입 방해금지 등의 부대체적 작위의무와 부작위의무는 간접강제의 방법으로 민사집행법에 따라 실효성 있는 강제집행을 할 수 있다.

이와 같이 피고의 독점적 점유 상태를 제거하기 위해서 종래와 같이 피고로부터 공유물을 빼앗아 원고에게 인도하는 방법을 사용하지 않더라도, 공유지분권에 기한 방해배제청구를 인정함으로써 원고는 피고의 위법한 독점적 점유와 방해 상태를 제거하고 공유물이 그 본래의 취지에 맞게 공유자 전원의 사용·수익에 제공되도록 하는 적법한 상태를 달성할 수 있다.

라. 판례 변경

이와 같이 공유물의 소수지분권자가 다른 공유자와 협의 없이 공유물의 전부 또는 일부를 독점적으로 점유·사용하고 있는 경우 다른 소수지분권자는 공유물의 보존행위로서 그 인도를 청구할 수는 없고, 다만 자신의 지분권에 기초하여 공유물에 대한 방해 상태를 제거하거나 공동점유를 방해하는 행위의 금지 등을 청구할 수 있다고 보아야 한다.

이와 달리 공유물의 소수지분권자가 다른 공유자와 협의 없이 공유물의 전부 또는 일부를 독점적으로 점유하고 있는 경우 다른 소수지분권자가 공유물에 대한 보존행위로서 그 인도를 청구할 수 있다고 판단한 대법원 1966. 4. 19. 선고 65다2033 판결, 대법원 1971. 7. 20. 선고 71다 1040 판결, 대법원 1974. 6. 11. 선고 73다381 판결, 대법원 1976. 6. 8. 선고 75다2104 판결, 대법원 1978. 5. 23. 선고 77다1157 판결, 대법원 1979. 6. 12. 선고 79다647 판결, 대법원 1983. 2. 22. 선고 80다1280, 1281 판결, 대법원 1991. 1. 15. 선고 88다카19002, 19019 판결, 대법원 1994. 3. 22. 선고 93다9392, 9408 전원합의체 판결, 대법원 1996. 6. 14. 선고 95다33290, 33306 판결, 대법원 1996. 12. 23. 선고 95다48308 판결, 대법원 1998. 8. 21. 선고 98다12317 판결, 대법원 2003. 11. 13. 선고 2002다57935 판결, 대법원 2007. 4. 13. 선고 2005다688, 695 판결, 대법원 2007. 8. 24. 선고 2006다40980 판결, 대법원 2007. 8. 24. 선고 2006다40997, 41006 판결, 대법원 2013. 3. 28. 선고 2012다104458, 104465 판결, 대법원 2014. 5. 16. 선고 2012다43324 판결, 대법원 2014. 5. 29. 선고 2012다109804 판결, 대법원 2014. 12. 24. 선고 2014다58719 판결 등은 이 판결의 견해에 배치되는 범위에서 이를 변경하기로 한다.

구분소유자가 가지는 공용부분에 관한 보존행위의 의미와 한계 (대법원 2019. 9. 25 선고 2015다42360 판결 [토지인도등])

> **판례 해설**
>
> 공용부분은 구분소유자가 자신의 지분 비율로 소유하고 있는 개념이

다. 문제는 공용부분은 여러 구분소유자가 공유하고 있는 형태이기 때문에 각각의 이해관계가 다를 수 있다. 이와 같은 이유로 공용부분에 관하여 구분소유자 개인이 보존행위를 전제로 소유권에 기한 방해배제청구권을 행사할 때 그 한계는 그와 같은 보존행위가 통상의 다른 구분소유자에게도 이익이 되는 경우로 한정되어야 할 것이다.

대상판결에서는 일부 구분소유자가 공용부분에 설치된 가스 시설의 철거를 구하였으나 그와 같은 가스 시설은 이를 이용하는 다른 구분소유자에게는 오히려 이익이 되기 때문에 이를 가지고 공유자 전체의 이익을 원인으로 소유권에 기한 방해배제청구 즉 철거 청구를 할 수 없는 것이다.

더 나아가 보전행위가 다른 구분소유자의 이익을 해한다고 한다면 더 이상 보존행위라고 볼 수 없고 오히려 집합건물법상 공용부분 관리행위에 해당하여 관리단 집회를 거쳐야 한다고 판시하였다.

법원 판단

1. 공유물의 보존행위는 공유물의 멸실·훼손을 방지하고 그 현상을 유지하기 위하여 하는 사실적, 법률적 행위이다. **민법 제265조 단서가 이러한 공유물의 보존행위를 각 공유자가 단독으로 할 수 있도록 한 취지는 그 보존행위가 긴급을 요하는 경우가 많고 다른 공유자에게도 이익이 되는 것이 보통이기 때문**이다(대법원 1995. 4. 7. 선고 93다54736 판결 등 참조).

집합건물의 소유 및 관리에 관한 법률(이하 '집합건물법'이라고 한다)

은 집합건물의 존립에 필수적인 공용부분과 대지의 원활하고 적정한 유지·관리, 집합건물 내 공동생활을 둘러싼 구분소유자 상호 간의 이해관계 조절을 위하여 민법상 공유에 대한 여러 특별규정을 두고 있다. 구분소유관계가 성립되면 구분소유자 전원을 구성원으로 하여 건물과 대지 등의 관리를 목적으로 하는 집합건물의 관리단이 당연 설립된다(제23조). 구분소유자가 10인 이상인 경우 관리단을 대표하고 관리행위를 할 관리인을 선임해야 하고(제24조), 공용부분의 보존·관리 및 변경을 위한 행위 등은 관리인의 권한과 의무에 속한다(제25조 제1항). 구분소유자는 구분소유자 공동의 이익에 어긋나는 행위를 해서는 안 되고(제5조 제1항), 구분소유자가 그러한 행위를 한 경우 관리인은 그 행위의 정지 등을 청구할 수 있고 이를 위한 소송 제기는 관리단집회의 결의를 거쳐야 한다(제43조 제1항, 제2항). 따라서 집합건물의 공용부분과 대지의 관리 업무는 기본적으로 구분소유자들로 구성된 관리단과 이를 대표하는 관리인에게 있다. 집합건물법 제16조 제1항은 공용부분의 관리에 관한 사항은 관리단의 통상의 집회결의로써 결정한다고 정하면서 그 단서에 "다만 보존행위는 각 공유자가 할 수 있다."라고 정하고 있고, 같은 법 제19조는 구분소유자가 공유하는 건물의 대지 및 공용부분 외의 부속시설에 관하여 제16조를 준용하고 있다. **집합건물법 제16조 제1항의 취지는 집합건물의 공용부분과 대지의 현상을 유지하기 위한 보존행위는 관리행위와 구별하여 공유자인 구분소유자가 단독으로 행사**할 수 있도록 한 것이다. 앞서 본 민법 제265조 단서의 취지, 집합건물법의 입법 취지와 관련 규정을 종합하여 보면, **구분소유자가 공용부분과 대지에**

대해 그 지분권에 기하여 권리를 행사할 때 이것이 다른 구분소유자들의 이익에 어긋날 수 있는 경우에는 각 구분소유자가 개별적으로 할 수 있는 보존행위라고 볼 수 없고 집합건물법 제16조 제1항 본문에 따라 관리단의 결의를 거쳐야 하는 관리행위라고 보아야 한다.

2. 가. 원심판결 이유와 적법하게 채택된 증거에 따르면 다음 사실을 알 수 있다.

(1) 원고는 총 176세대로 구성된 이 사건 아파트의 구분소유자로서 아파트 대지를 그 대지권지분에 따라 공유하고 있다.

(2) 주식회사 신라도시가스(이하 '신라도시가스'라고 한다)는 1996. 7.경 이 사건 아파트의 시행사로부터 무상의 사용승낙을 얻어 아파트 대지 중 12㎡ 지상에 이 사건 정압기시설을 설치하였고, 피고는 2000. 8.경 신라도시가스를 인수하여 그 무렵부터 이 사건 아파트에 도시가스를 공급하고 있다. 이 사건 정압기시설은 고압의 도시가스를 저압의 가정용으로 변환하는 시설로서, 이 사건 아파트와 인근 지역에 도시가스를 공급하기 위한 필수적인 시설이다.

(3) 원고는 이 사건 정압기시설의 철거와 부지 인도를 구하는 이 사건 소를 제기하면서 이 사건 아파트 관리단의 결의는 거치지 않았다.

나. 위와 같은 사실관계를 앞서 본 법리에 비추어 살펴본다. 이 사건 정압기시설은 이 사건 아파트 구분소유자들이 도시가스를 공급받기 위

한 필수적인 시설이므로 이를 철거할 경우 이 사건 아파트의 도시가스 공급에 지장을 줄 수 있고, 도시가스의 공급 없이는 원만한 주거생활이 어려운 점을 고려하면, 원고가 구하는 이 사건 정압기시설의 철거와 부지의 인도 청구는 이 사건 아파트의 다른 구분소유자들의 이익에 반할 수 있다. 또한 신라도시가스는 이 사건 아파트 건축 시 시행사의 사용승낙을 받아 적법하게 이 사건 정압기시설을 설치하였고 그 후 현재까지 이 사건 정압기시설이 이 사건 아파트의 대지에 존재해 왔으므로, 그 철거를 구하는 것은 이 사건 아파트 대지의 현상을 유지하기 위한 행위라고 보기도 어렵다.

그렇다면 이 사건 청구는 공유물의 보존행위로 볼 수 없고, 이 사건 아파트 대지의 관리를 위한 행위로서 집합건물법 제16조 제1항에 따라 이 사건 아파트 관리단의 결의를 거쳐야 하는데, 원고가 그러한 결의를 거치지 않았으므로 원고의 이 사건 청구는 허용될 수 없다.

다. 그럼에도 원심은 이 사건 아파트 대지의 공유자인 원고가 공유물의 보존행위로서 피고를 상대로 이 사건 정압기시설의 철거와 그 부지의 인도를 구할 수 있다고 판단하였다. 이러한 원심의 판단에는 공유물의 보존행위 및 집합건물법상 관리행위에 관한 법리를 오해하여 판결에 영향을 미친 잘못이 있다. 이를 지적하는 상고이유 주장은 이유 있다.

구분소유자 중 일부가 정당한 권원 없이 집합건물의 복도, 계단 등과 같은 공용부분을 배타적으로 점유·사용한 경우, 해당 공용부분을 점유·사용함으로써 얻은 이익을 부당이득으로 반환할 의무가 있는지 여부(원칙적 적극) (대법원 2020. 5. 21 선고 2017다220744 전원합의체 판결 [건물인도등])

판례 해설

집합건물에서 공용부분은 구분소유자들이 지분의 비율에 따라 자유롭게 사용할 수 있을 뿐 특정 구분소유자가 배타적으로 사용할 수는 없고 이와 같은 상황에서는 일부 구분소유자는 보존행위를 근거로 방해배제청구를 행사할 수 있다.

대상판결에서는 더 나아가 특정 구분소유자가 부당이득반환청구를 행사할 수 있는지 특히 해당 공간을 제3자가 사용할 수 없는 경우에도 부당이득반환청구권을 행사할 수 있는지 문제가 되었다.

여기서 대법원은 이전과 달리 **해당 공용부분이 구조상 이를 별개 용도로 사용하거나 다른 목적으로 임대할 수 있는 대상이 아니더라도, 무단점유로 인하여 다른 구분소유자들이 해당 공용부분을 사용·수익할 권리가 침해되었고 이는 그 자체로 민법 제741조에서 정한 손해로 볼 수 있으므로 부당이득반환청구권이 인정된다고 하여 기존 법리를 변경하였던 것이다**

법원 판단

1. 사건의 개요와 쟁점

가. 원심판결 이유와 기록에 의하면 다음 사실을 알 수 있다.

1) 이 사건 건물은 지하 4층, 지상 9층의 상가건물로서 18개의 점포로 구성되어 있는 집합건물이다.

2) 원고는 「집합건물의 소유 및 관리에 관한 법률」(이하 '집합건물법'이라 한다) 제23조에 따라 이 사건 건물의 구분소유자 전원을 구성원으로 하여 이 사건 건물과 그 대지 및 부속시설의 관리에 관한 사업을 시행할 목적으로 구성된 관리단이다. 피고는 이 사건 건물 1층의 전유부분인 상가 101호, 102호를 매수하여 2012. 2. 2. 소유권이전등기를 마친 다음 2012. 7. 31.부터 골프연습장을 운영하고 있다.

3) 피고는 2012. 7. 31.경 이 사건 건물 1층의 복도와 로비 477.19㎡(이하 '이 사건 복도와 로비'라 한다)에 골프연습장의 부대시설로 퍼팅연습시설, 카운터, 간이자판기 등 시설물을 설치하고 골프연습장 내부공간처럼 사용하고 있다.

4) 원고의 규약(갑 제2호증)에 따르면, 원고는 건물을 사용하는 데 공동의 이익에 어긋나는 행위를 하는 구분소유자에게 행위의 정지, 결과의 제거, 행위의 예방에 필요한 조치를 청구할 수 있고(제13조), 특정 구분소유자나 제3자에게 일정액의 사용료를 징수하고 일정기간 공용부분을 전용(專用)으로 사용하게 할 수 있으며, 공용부분의 전용사용에 대한

사용료나 임대료 수익금을 원고의 운영경비 등으로 사용하고 그 잔여부분은 각 구분소유자에게 지분비율대로 배당할 수 있다(제22조).

5) 원고는 피고에게 이 사건 복도와 로비를 전유부분처럼 이용하는 것이 규약에 위배된다는 이유로 그 이용을 중단하도록 요구하고 피고가 이를 받아들이지 않자 엘리베이터의 사용금지와 단전조치 등을 결의하였다.

나. 이 사건의 주된 쟁점은 **구분소유자가 집합건물의 공용부분을 정당한 권원 없이 배타적으로 점유·사용한 경우 민법 제741조에 따른 부당이득이 성립하는지 여부**이다.

2. 피고의 상고이유에 대하여

가. 이 사건 복도와 로비가 전체공용부분인지 여부

원심은 판시와 같은 이유로 이 사건 복도와 로비가 이 사건 건물을 출입하기 위한 통로로 사용되던 곳으로서 그 구조상 이 사건 건물 구분소유자 전원의 공용에 제공된 전체공용부분에 해당하고, 피고의 전유부분이라거나 피고만 이용할 수 있도록 제공된 일부공용부분으로 볼 수 없다고 판단하였다.

관련 법리와 기록에 비추어 살펴보면, 이러한 원심의 판단은 수긍할 수 있고, 거기에 상고이유 주장과 같이 집합건물의 전유부분과 공용부분, 일부공용부분에 관한 법리를 오해하거나 필요한 심리를 다하지 아니하여 판결에 영향을 미친 잘못이 없다.

나. 피고가 이 사건 복도와 로비 전체를 점유·사용하고 있는지 여부

원심은 피고가 이 사건 복도와 로비에 퍼팅연습시설 등 시설물을 설치하고 골프연습장의 내부공간인 것처럼 사용하면서 다른 층을 통하여 들어오는 사람들에게 2층 로비를 이용하라는 취지로 안내한 것을 비롯하여 그 판시와 같은 이유로 피고는 이 사건 복도와 로비 전체를 점유·사용하고 있다고 보았다.

관련 법리와 기록에 비추어 살펴보면, 이러한 원심의 사실인정과 판단은 수긍할 수 있고, 거기에 상고이유 주장과 같이 점유에 관한 법리를 오해하거나 논리와 경험의 법칙에 반하여 자유심증주의의 한계를 벗어나 사실을 오인하여 판결에 영향을 미친 잘못이 없다.

3. 원고의 상고이유에 대하여

가. 피고에게 부당이득반환의무가 있는지 여부

1) 법률상 원인 없이 타인의 재산 또는 노무로 인하여 이익을 얻고 이로 인하여 타인에게 손해를 가한 자는 그 이익을 반환하여야 한다(민법 제741조).

구분소유자 중 일부가 정당한 권원 없이 집합건물의 복도, 계단 등과

같은 공용부분을 배타적으로 점유·사용함으로써 이익을 얻고, 그로 인하여 다른 구분소유자들이 해당 공용부분을 사용할 수 없게 되었다면, 공용부분을 무단점유한 구분소유자는 특별한 사정이 없는 한 해당 공용부분을 점유·사용함으로써 얻은 이익을 부당이득으로 반환할 의무가 있다. 해당 공용부분이 구조상 이를 별개 용도로 사용하거나 다른 목적으로 임대할 수 있는 대상이 아니더라도, 무단점유로 인하여 다른 구분소유자들이 해당 공용부분을 사용·수익할 권리가 침해되었고 이는 그 자체로 민법 제741조에서 정한 손해로 볼 수 있다. 그 상세한 이유는 다음과 같다.

가) 물건의 소유자는 다른 특별한 사정이 없는 한 법률이 정한 바에 따라 그 물건에 관한 모든 이익을 향유할 권리를 가진다. 소유권의 내용으로서 민법 제211조에서 정한 '사용·수익·처분'의 이익이 그 대표적인 예이다.

집합건물법에 따르면, 각 공유자는 전원의 공유에 속하는 공용부분을 그 용도에 따라 사용할 수 있고(제11조), 규약에 달리 정한 바가 없으면 그 지분비율에 따라 공용부분에서 생기는 이익을 취득한다(제17조).

나) 구분소유자 중 일부가 정당한 권원 없이 집합건물의 복도, 계단 등과 같은 공용부분을 배타적으로 사용하는 경우 다른 구분소유자들은 해당 공용부분을 사용할 수 없게 되는 불이익을 입게 된다. 즉 다른 구분소유자들의 해당 공용부분에 대한 사용권이 침해되는 것이다. 이

는 해당 공용부분을 구조상 별개 용도로 사용하는 것이 불가능하거나 다른 목적으로 임대할 수 없더라도 마찬가지이다.

다) 공용부분의 관리 또는 변경에 관한 사항은 규약으로 달리 정하지 않는 한 집합건물법 제15조(공용부분의 변경) 또는 제16조(공용부분의 관리)에 따라 관리단집회의 결의로써 결정할 수 있다. 구분소유자들은 위와 같이 집합건물법에서 정한 절차에 따라 집합건물의 공용부분을 사용하거나 수익하는 구체적인 방법을 폭넓게 정할 수 있다. 구분소유자 중 일부나 제3자에게 공용부분을 전용으로 사용할 수 있도록 하는 것도 공용부분의 관리 또는 변경에 관한 사항에 해당한다(대법원 2010. 2. 25. 선고 2008다73809 판결 참조). 구분소유자 중 일부가 집합건물법에서 정한 절차를 거치지 않고 정당한 권원 없이 공용부분을 배타적으로 사용하였다면 해당 공용부분에 대한 다른 구분소유자들의 사용·수익권을 침해하여 그에 해당하는 손해를 가한 것이다.

라) 구분소유자 중 일부가 정당한 권원 없이 공용부분을 배타적으로 점유·사용한 경우 해당 공용부분이 구조상 별개 용도로 사용될 수 있는지 여부나 다른 목적으로 임대할 수 있는 대상인지 여부는 부당이득반환의무의 성립 여부를 좌우하는 요소가 아니다. 정당한 권원 없이 집합건물의 공용부분을 배타적으로 점유하여 사용한 자는 부동산의 점유·사용 그 자체로 부당한 이익을 얻게 된다. 이로 인하여 다른 구분소유자들은 해당 공용부분을 사용할 수 있는 가능성이 원천적으로 봉쇄되는 손해를 입었으므로 이로써 민법 제741조에 따른 부당이

득반환의 요건이 충족되었다고 볼 수 있다. 그 외에 해당 공용부분에 대한 별개 용도로의 사용 가능성이나 다른 목적으로 임대할 가능성이 추가적으로 요구된다고 볼 수 없다.

마) 일반적으로 부동산의 무단점유·사용에 대하여 차임 상당액을 부당이득으로 반환해야 한다고 보는 이유는 해당 부동산의 점유·사용으로 인한 이익을 객관적으로 평가할 때 그 부동산 사용에 관한 권리가 당사자 간의 합의로 설정된다고 가정하였을 경우 약정되었을 대가로 산정하는 것이 합리적이기 때문이지, 해당 부동산이 임대 가능한 부동산일 것을 요건으로 하기 때문이 아니다. 이렇듯 '차임 상당액'은 부동산의 무단점유·사용으로 얻은 부당이득을 금전적으로 평가하는 데 필요한 기준일 뿐이다.

바) 침해부당이득에 관한 부당이득반환제도의 목적은 현실적으로 발생한 사실관계를 바탕으로 법률상 원인 없이 타인의 재산으로 인하여 이익을 얻고 타인에게 손해를 가한 자로부터 이득의 원천이 된 재산의 권리자에게 그 이익을 귀속시킴으로써 부당한 재산적 가치의 이동을 조정하는 데 있다. 공용부분을 정당한 권원 없이 배타적으로 점유·사용한 자가 그로 인한 이익을 누렸는데도, 해당 공용부분이 구조상 별개의 용도로 사용하거나 다른 목적으로 임대할 수 있는 대상이 아니라는 이유로 다른 구분소유자들에게 손해가 없다고 한다면, 이는 공용부분을 배타적으로 사용한 자로 하여금 점유·사용으로 인한 모든 이익을 보유하도록 하는 것으로서 부당이득반환제도의 취지인 공평의 이념에도 반한다.

2) 이러한 법리는 구분소유자가 아닌 제3자가 집합건물의 공용부분을 정당한 권원 없이 배타적으로 점유·사용하는 경우에도 마찬가지로 적용된다.

3) 이와 달리 집합건물의 복도, 계단 등과 같은 공용부분은 구조상 이를 점포로 사용하는 등 별개의 용도로 사용하거나 그와 같은 목적으로 임대할 수 있는 대상이 아니므로 특별한 사정이 없는 한 구분소유자 중 일부나 제3자가 정당한 권원 없이 이를 점유·사용하였더라도 이로 인하여 다른 구분소유자에게 차임 상당의 이익을 상실하는 손해가 발생하였다고 볼 수 없다고 하여 부당이득이 성립하지 않는다고 판시한 대법원 1998. 2. 10. 선고 96다42277, 42284 판결, 대법원 2005. 6. 24. 선고 2004다30279 판결, 대법원 2006. 5. 12. 선고 2005다36779 판결, 대법원 2011. 4. 28. 선고 2010다26097 판결, 대법원 2013. 11. 14. 선고 2011다86423 판결, 대법원 2014. 7. 24. 선고 2014다202608 판결, 대법원 2015. 11. 26. 선고 2014다31684 판결, 대법원 2018. 12. 28. 선고 2018다260138 판결 등을 비롯하여 같은 취지의 대법원판결(이하 '종전 대법원판결'이라 한다)들은 이 판결의 견해에 배치되는 범위에서 이를 모두 변경하기로 한다.

4) 원심은 종전 대법원판결에 따라 이 사건 복도와 로비가 구조상 이를 점포로 사용하는 등 별개의 용도로 사용하거나 그와 같은 목적으로 임대할 수 있는 대상임을 인정하기에 부족하다고 보아 원고의 부당이득 반환청구를 배척하였다.

그러나 위 1.가.항에서 본 사실관계를 앞서 본 법리에 비추어 살펴보면 이러한 원심의 판단은 다음과 같은 이유로 수긍하기 어렵다.

가) 이 사건 복도와 로비는 전체공용부분이므로 이 사건 건물의 구분소유자들은 이 사건 복도와 로비를 이 사건 건물에 출입.통행하기 위한 용도로 사용할 권리가 있고, 규약에 달리 정한 바가 없는 한 각 구분소유자들은 그 지분비율에 따라 이 사건 복도와 로비에서 생기는 이익을 취득한다.

나) 피고가 이 사건 복도와 로비를 정당한 권원 없이 배타적으로 골프연습장의 내부공간인 것처럼 사용하였으므로 이로 인하여 이익을 얻었음은 분명하다. 또한, 피고의 배타적 사용으로 인하여 이 사건 건물의 다른 구분소유자들은 이 사건 복도와 로비를 전혀 사용할 수 없었다.

다) 이 사건 복도와 로비를 구조상 별개의 용도로 사용하거나 그와 같은 목적으로 임대할 수 있는 대상으로 볼 수 없는지도 의문이지만, 그러한 대상인지 여부는 이 사건 부당이득 성립 여부의 판단에 영향을 미치지 않는다.

5) 그런데도 원심은 판시와 같은 이유로 원고의 부당이득반환청구를 기각하였으니 이러한 원심의 판단에는 부당이득에 관한 법리를 오해하여 판결에 영향을 미친 잘못이 있다. 이 점을 지적하는 취지의 상고이유 주장은 이유 있다. 환송 후 원심은 이 사건 복도와 로비에 대한 피고의 무단점유로 인한 부당이득이 성립함을 전제로 부당이득의 반환 범위에 대하여 심리할 필요가 있음을 지적하여 둔다.

공동 이익에 반하는 자에 대한 청구

공동이익에 반하는 자에 대하여 청구를 할 수 있는 요건 및 당사자 적격(서울고등법원 1986. 10. 8. 선고 86나2225 판결)

판례 해설

집합건물법에서는 특이하게 공동이익에 반하는 행위를 한 자에 대하여 일정한 경우 제재를 할 수 있는 조항을 두고 있다. 이에 대해서는 **사적자치의 원칙, 즉 내게 소유권이 있는 물건을 내 마음대로 사용할 수 없느냐**라는 의문이 있을 수 있으나, 중요한 것은 하나의 집합건물이라는 사회를 구성하는 점과 더욱이 사적자치에도 일정한 한계가 존재할 수 있으므로 집합건물법 제43조 이하에서 공동이익에 반하는 자에 대하여 일정한 제재를 할 수 있는 조항을 두었다는 것이다.

대상판결은 위에서 말한 바와 같이 공동이익에 반하는 자에 대한 행위 정지 청구 및 사용금지 청구를 할 수 있는 당사자 적격에 관하여 판시한 내용으로서 이와 같은 행위를 할 수 있는 자는 **관리단의 이름으로 관리단 집회를 결의를 통해서만 가능할 뿐 일반 구분소유자가 할 수 없고, 예외적으로 일반 구분소유자가 할 수 있기 위해서는 정지를 할 수 있는 자로 지정되는 결의를 하여야만 가능**하다고 판시한 것이다.

법원 판단

　집합건물의 구분소유자는 그 집합건물의 보존에 해로운 행위 기타 건물의 관리·사용에 관하여 다른 구분소유자들의 공동이익에 반하는 행위가 아닌한 그 전유부분을 자유로이 사용·수익 처분할 수 있고(민법 제211조, 집합건물법 제5조 제1항), **구분소유자들의 공동이익에 반하는 행위가 있는 경우에는** 이에 대한 구제조치를 취할 수 있되, 우선 그 위반의 정도가 가벼운 때는 위반행위를 한 구분소유자 및 점유자에 대하여 그 행위를 정지하거나 그 행위의 결과제거, 그 행위의 예방에 필요한 조치를 취할 수 있고(집합건물법 제43조 제1항, 제3항), 다만 **이를 소로써 청구하는 때에는 관리단집회의 과반수결의가 있어야 하며**(집합건물법 제43조 제2항) 그 위반행위로 말미암아 **구분소유자들의 공동생활의 장해가 현저**하여 앞서의 정지등 청구만으로는 그 장해를 제거하여 공유부분의 이용의 확보나 구분소유자들의 공동생활의 유지를 도모함에 심히 곤란한 경우에는 그 위반행위를 한 구분소유자에 대하여 상당한 기간 그 전유부분의 사용금지를 청구할 수 있고(집합건물법 제44조 제1항), 다만 이는 **관리단집회에서의 구분소유자 및 의결권의 각 3/4이상의 다수에 의한 특별결의에 따라 소로써만 구할수 있을뿐**더러 그 결의에 있어서도 **당해 구분소유자에 대한 변명의 기회를 주어야** 하며(집합건물법 제44조 제2항, 제3항), 그 위반행위에 대하여 앞서의 정지등 청구나 사용금지청구만으로는 공동생활의 유지가 심히 곤란하게 된 때에는 **최후로 당해 구분소유자의 전유부분 및 대지사**

용권의 경매를 명할 것을 법원에 청구할 수 있다(다만, 관리단집회의 특별결의와 당해 구분소유자에 대한 변명기회의 부여의 점은 사용금지청구에서와 같다. 집합건물법 제45조 제1항 내지 제3항).

...

그런데 집합건물법 제43조 제1항에 의하면, 집합건물의 구분소유자가 건물의 보존에 해로운 행위 기타 관리사용상 구분소유자의 공동이익에 반하는 행위를 한 경우, 또는 그 행위를 할 염려가 있는 경우에는 관리인 또는 관리단집회의 결의에 의하여 지정된 구분소유자는 구분소유자의 공동의 이익을 위하여 그 행위의 정지, 그 행위결과 제거 또는 그 행위의 예방에 필요한 조치를 취할 것을 청구할 수 있다"라고 규정되어 있고, 그 제2항에는 "**제1항의 규정에 의한 소송의 제기는 관리단집회의 결의가 있어야 한다**", 그 제3항에는 " 위 제1항, 제2항의 규정은 구분소유자 아닌 전유부분의 점유자에게도 준용한다"라고 각 규정되어 있는 바, 위 규정들을 자세히 보면 **관리단집회의 결의에 의하여 지정받은 구분소유자는 관리단집회의 결의가 있으면 관리인과는 별도로 소송당사자가 되어 소송으로써 공동이익에 반하는 행위의 정지 등을 청구할 수 있다**고 풀이된다.

이와 달리 관리단만이 소송당사자가 되고 관리인은 관리단의 기관으로서 소송을 수행하는 것이며, 관리인이 없거나 권한행사를 할 수 없을 때에만 비로소 관리단집회의 결의에서 지정받은 구분소유자가 관리단의 임시대표기관자격에서 소송수행권만을 갖는다는 해석은 위에서 설시한 집합건물법 제43조 제1항 규정자체에 반하고, 공동이익에 반하는 행위는 곧 구분소유권을 침해하는 것인데 구분소유자가 자기의 이름으로 재판상 또는 재판 외에서 직접 그 침해의 배제를 구하지 못하고 관리단이 행위의 주체가 되어 구분소유자를 대신하여 침해의 배제를 대행하여 줄 뿐이라는 해석은 구분소유권의 물권적 청구권을 제약하는 결과를 가져올 것이며, 다른 한편 공동이익에 반하는 행위가 집합건물 전체에 미치지 아니하는 경우 이해관계에 있는 구분소유자가 관리단집회결의를 얻어 자기의 비용으로 그 행위의 배제를 구할 수 있도록 하는 것이 오히려 더 합리적일 것이므로 **집합건물의 구분소유자는 관리단의 관리인이 있는 경우에도 관리단집회의 결의가 있다면 그 이름으로 소송을 제기할 수 있다**고 볼 것이므로 피고측의 원고에게 당사자적격이 없다는 취지의 항변은 이를 받아들이지 아니한다.

제43조(공동의 이익에 어긋나는 행위의 정지청구 등)
① 구분소유자가 제5조제1항의 행위를 한 경우 또는 그 행위를 할 우려가 있는 경우에는 관리인 또는 관리단집회의 결의로 지정된 구분소유자는 구분소유자 공동의 이익을 위하여 그 행위를 정지하거나 그 행위의 결과를 제거하거나 그 행위의 예방에 필요한 조치를 할 것을 청구할 수 있다.
② 제1항에 따른 소송의 제기는 관리단집회의 결의가 있어야 한다.
③ 점유자가 제5조제4항에서 준용하는 같은 조 제1항에 규정된 행위를 한 경우 또는 그 행위를 할 우려가 있는 경우에도 제1항과 제2항을 준용한다.

공동이익에 반하는 자에 대한 결의는 금지된 행위가 "특정"되어야 하고 "구체적인 결의"를 통해서만 가능하다(인천지방법원 2016나14737 공작물 철거)

> **판례 해설**
>
> 집합건물법 제6절에서 규정하고 있는 의무위반자에 대한 조치는 해당 구분소유자의 소유권을 제한하는 것이기 때문에 그 인정 요건이 상당히 까다롭다. 즉 관리단집회를 통해서만 가능하고 사용금지 청구 자체는 구분소유자 및 의결권의 3/4 동의를 받아야만 가능하다.
>
> 대상판결은 이와 같은 취지를 고려하여 공동 이익에 어긋나는 행위에 대한 정지 또는 사용 금지 청구를 위한 관리단집회는 단순히 공동이익에 반하다는 내용으로 결의해서는 안 되고 <u>행위의 정지, 행위의 결과 제거 또는 행위의 예방에 필요한 조치들 특정되고 구체적인 결의를 통해서만 가능하다</u>고 판시하였다.
>
> 결국 집합건물법상 공동이익에 반하는 자에 대한 청구를 위해서는 관리단 집회부터 철저히 준비하여 진행되어야 할 것이다.

법원 판단

이 사건 소 중 집합건물법상 공동의 이익 위반행위 결과 제거 청구 부분의 적법 여부

직권으로 이 사건 소 중 집합건물법상 공동의 이익 위반행위 결과 제거 청구 부분의 적법 여부에 관하여 살펴본다.

피고와 같이 집합건물의 전유부분 점유자는 집합건물의 관리 및 사용에 관하여 구분소유자 공동의 이익에 어긋나는 행위를 하여서는 아니 되고(집합건물법 제5조 제4항, 제1항), 점유자가 위와 같은 행위를 한 경우에는 관리인 또는 관리단집회의 결의로 지정된 구분소유자는 구분소유자 공동의 이익을 위하여 그 행위를 정지하거나 그 행위의 결과를 제거하거나 그 행위의 예방에 필요한 조치를 할 것을 청구할 수 있으며(같은 법 제43조 제3항, 제1항), 이에 따른 **소송을 제기하려면 관리단집회의 결의가 있어야** 한다(같은 법 제43조 제3항, 제2항).

그런데 구분소유라는 소유형태와 공동건물이라는 거주·사용형태가 교차하여 구분소유자 또는 점유자들 사이에 적지 않은 분쟁이 발생할 수 있는 특수성을 지닌 집합건물의 공동생활관계를 규율하고자 하는 입법 취지 및 그 밖에 단체자치의 원칙의 예외로서 인정한 소송 제기 방법의 파급력, 소송 제기 전 분쟁당사자들의 의견진술절차 또는 구분소유자들의 공개논의절차의 필요성 등 제반 사정에 비추어 보면, 집합건물법 제43조 제3항, 제2항 소정의 '관리단집회의 결의'라 함은 **'특정된' 공동의 이익 위반행위에 대하여 행위의 정지, 행위의 결과 제거, 행위의 예방에 필요한 조치 중 '특정된' 청구 내용을 결의하는 '구체적인'결의로 새겨야 할 것**이다.

위 법리에 비추어 이 부분 청구의 소 제기요건인 관리단집회의 결의의 존부에 관하여 살피건대, 갑4, 5 내지 10의 각 기재에 의하면, 원고는 2016. 3. 19. 정기 관리단집회를 소집한 사실, 2016. 3. 19. 개최된 원고의 정기 관리단집회에 구분소유자 총 297명(총 전유면적 8873.82㎡) 중 228명(전유면적 6,411.39㎡)이 참석하였고, 참석한 구분소유자 전원이 '집합건물법 분쟁조정에 대한 포괄적 위임 안건'에 동의하여 결의한 사실을 인정할 수 있기는 하나, 한편 위 안건의 제안사유는 '이 사건 집합건물의 발전과 활성화를 위하여 불법건축물 무단점유, 용도변경 등 효율적 통제를 하기 위하여 집합건물법의 규정을 점포소유주로부터 포괄적 위임을 받아 원고가 실시간 관리를 하기 위함'으로 기재되어 있고, 그 위임사항에는 '공용부분 시설 증·개축 및 개선에 관한 사항, 공용지분 임대료 설정에 관한 사항, 구분점포 용도 변경에 관한 사항, 불법시설물 운영 및 점거에 관한 사항, 기타 집합건물법 공용부분에 관한 사항 등'이 기재되어 있는 사실, 위 정기 관리단집회는 여러 개의 안건에 대한 결의를 처리하면서 대부분 관리단 임원들의 일방적인 회의 의사 발언들로 진행되었고 특히 위 안건은 회장 F의 제안사유에 대한 **구두 설명만으로 결의를 마친 사실**, 위 정기 관리단집회 개최 전후를 통틀어 **피고의 특정된 공동의 이익 위반행위나 이에 대한 특정된 청구 내용이 전혀 논의되지 아니하였고 피고와 E 모두 위 정기 관리단집회에 참석하지 아니한 사실**을 인정할 수 있는바, 이와 같은 포괄적 위임의 안건에 대한 위 정기 관리단집회의 결의만으로는 집합건물법 재43조 제3항, 제2항 소정의 관리단집회의 결의 즉, 특정된 공동의 이익 위반행위에 대하여 특정된 청구 내용을 결의하는 '구체적인' 결의가 있었다고 볼 수 없다.

> 제5조(구분소유자의 권리·의무 등)
> ① 구분소유자는 건물의 보존에 해로운 행위나 그 밖에 건물의 관리 및 사용에 관하여 구분소유자 공동의 이익에 어긋나는 행위를 하여서는 아니 된다.
> 제43조(공동의 이익에 어긋나는 행위의 정지청구 등)
> ① 구분소유자가 제5조제1항의 행위를 한 경우 또는 그 행위를 할 우려가 있는 경우에는 관리인 또는 관리단집회의 결의로 지정된 구분소유자는 구분소유자 공동의 이익을 위하여 그 행위를 정지하거나 그 행위의 결과를 제거하거나 그 행위의 예방에 필요한 조치를 할 것을 청구할 수 있다.
> ② 제1항에 따른 소송의 제기는 관리단집회의 결의가 있어야 한다.

공동 이익에 반한 자에 대한 청구의 의미와 적용범위(서울남부지방법원 2015가단215391 판결)

> **판례 해설**
>
> 집합건물법 제43, 44조에서 규율하고 있는 공동의 이익에 반하는 자에 대자에 대한 청구의 기본적인 의미는 공동생활을 하는 구분소유자들의 공동 생활의 유지를 도모함에 심히 곤란하게 된 경우 등에 한하여 청구할 수 있다. 다만 이와 같은 공동이익에 반하는 자에 대한 청구 자체는 해당 구분소유자의 구분소유권을 제한하기 때문에 아주 제한적으로만 인정될 수 있다.
>
> 더 나아가 **집합건물법에 해당 내용이 존재한다고 하더라도 계약상**

> 의 권한 자체는 침해할 수 없기 때문에 계약을 체결하지 않은 소수 구
> 분소유권자에 대하여 이를 무시하고 공사를 진행하는 것은 일부 구분
> 소유권자의 소유권을 과도하게 침해하는 행위가 될 것이다. 또한 임대
> 차 계약에 반대한 구분소유자는 공사 진행과 관련하여 협조할 의무 자체
> 가 존재하지 않는 바 이런 상황에서 공동이익에 반하는 자에 대한 청구
> 자체가 인정된다면 계약 체결을 강요하는 어처구니 없는 상황이 발생할
> 수 있는 것이다.
>
> 결국 임대차 계약에 반대하였다고 하여 공동이익에 반하는 자로 평가
> 되지는 않고 단순히 공용부분에 대하여 임의로 사용하는 등 객관적으로
> 공동생활에 반하는 행위를 하는 자에 대하여 청구할 수 있을 뿐 대상 판
> 결과 같이 임대차 계약을 체결하지 않았다고 하여 이를 두고 공동이익에
> 반하였다고 할 수는 없을 것이다.

피고 주장

피고는 먼저, 이 사건 건물이 집합건물에 해당하는 특정상 「집합건물의 소유 및 관리에 관한 법률」(이하 '집합건물법'이라 칭한다)에 따라 **구분소유권에 대한 제한의 필요성**이 있다고 주장한다. 즉, 구분소유자는 헌법 제23조 제1항, 제2항에 의거하여 소유권 행사는 공공복리에 적합하여야 하며 공동의 이익에 반하는 행위를 하지 못할 뿐 아니라(집합건물법 제5조 제1항), 피고가 이 사건 건물 2층 128구좌 중 대다수를 차지하는 115구좌의 구분소유자들과 임대차계약을 체결한 것은 상가활성화 차원 및 위 구분소유자들의 공동이익에 부합하는 조치에 해당하므로,

이 사건 점포부분에 대한 원고들의 사용·수익이 제한되어야 한다는 취지로 주장한다.

법원 판단

집합건물법에 의하면 **집합건물의 구분소유자**는 그 집합건물의 **보존에 해로운 행위** 기타 건물의 관리·사용에 관하여 **다른 구분소유자들의 공동이익에 반하는 행위가 아닌 한 그 전유부분을 자유로이 사용·수익 처분할 수 있음**이 원칙이고(민법 제211조, 집합건물법 제5조 제1항), 다만 구분소유자들의 공동이익에 반하는 행위가 있는 경우에는 이에 대한 구제조치를 취할 수 있되, 우선 그 위반의 정도가 가벼운 때는 위반행위를 한 구분소유자 및 점유자에 대하여 그 행위를 **정지**하거나 그 행위의 **결과제거**, 그 **행위의 예방에 필요한 조치**를 취할 수 있고(집합건물법 제43조 제1항), 그 위반 행위로 말미암아 구분소유자들의 공동생활의 장해가 현저하여 위 정지등 청구만으로는 그 장해를 제거하여 공유부분의 이용의 확보나 구분소유자들의 공동생활의 유지를 도모함에 심히 곤란한 경우에는 그 위반행위를 한 구분소유자에 대하여 **상당한 기간 그 전유부분의 사용금지를 청구**할 수 있으며(집합건물법 제44조 제1항), 그 위반행위에 대하여 위 청구나 사용금지청구만으로는 공동생활의 유지가 심히 곤란하게 된 때에는 최후로 당해 구분소유자의 전유부분 및 대지사용권의 경매를 명할 것을 법원에 청구할 수 있다(집합건물법 제45조 제1항 내지 제3항).

그리고 이러한 위반행위의 정지등 청구제도, 전유부분의 사용금지청구제도, 전유부분 등의 경매청구제도는 앞서 본 바와 같이 전유부분의 관리 및 사용·수익의 권능이 각 구분소유자에게 전속적으로 귀속되는 기본원칙에 대한 예외로서, 전유부분에 대한 소유권, 즉 재산권에 대한 중대한 제한을 가져오게 되므로 **집합건물법에서 정한 일정한 요건과 절차, 형식에 따라 행사**되어야 한다.

다른 한편으로, 피고가 이 사건 건물 2층 중 대다수의 구분소유자들과 임대차계약을 체결하였다손 치더라도, 그러한 행위만으로 **이 사건 건물 2층 전부를 점유하면서 공사를 진행하는 것을 허용하게 된다면 피고와 임대차계약을 체결하지 않은 일부 구분소유자의 재산권을 과도하게 침해 내지 제한하는 것**이 된다. 더욱이, 피고와 임대차계약을 체결하지 않은 구분소유자들로서는 **피고의 공사진행에 협조할 의무도 없다**. 나아가, **일부 구분소유자들이 다른 구분소유자들의 임대차계약 체결을 통한 재산권 행사에 반대하거나 찬성하지 않는다는 것이 그 다른 구분소유자들의 '공동의 이익'에 반하는 것이라고 평가하기는 어렵다**(이 법원 2013. 12. 3. 선고 2013가단19902 판결 참조). 집합건물법 제5조 제1항의 취지가 대다수 구분소유자들의 이익을 위해 어느 한 구분소유자 또는 일부 구분소유자가 갖는 자신의 전유부분에 대한 권리행사를 과도하게 침해 내지 제한하여 사실상 재산권을 박탈당하는 것까지 감내하도록 예정하고 있다고 보기는 어렵기 때문이다.

비록 **이 사건 건물 2층의 대다수 구분소유자들이 피고와 체결한 임대차계약이 그들의 이익에 부합된다고 하더라도, 원고들을 비롯하여 임대차계약 체결에 찬성하지 않는 다른 일부의 구분소유자들에 대한 관계에서는 적법한 점유권원을 취득하였다고 볼 수 없다. 피고의 위 주장은 받아들이지 않는다.

제5조(구분소유자의 권리·의무 등)
① 구분소유자는 건물의 보존에 해로운 행위나 그 밖에 건물의 관리 및 사용에 관하여 구분소유자 공동의 이익에 어긋나는 행위를 하여서는 아니 된다.

제43조(공동의 이익에 어긋나는 행위의 정지청구 등)
① 구분소유자가 제5조제1항의 행위를 한 경우 또는 그 행위를 할 우려가 있는 경우에는 관리인 또는 관리단집회의 결의로 지정된 구분소유자는 구분소유자 공동의 이익을 위하여 그 행위를 정지하거나 그 행위의 결과를 제거하거나 그 행위의 예방에 필요한 조치를 할 것을 청구할 수 있다.

제44조(사용금지의 청구)
① 제43조제1항의 경우에 제5조제1항에 규정된 행위로 구분소유자의 공동생활상의 장해가 현저하여 제43조제1항에 규정된 청구로는 그 장해를 제거하여 공용부분의 이용 확보나 구분소유자의 공동생활 유지를 도모함이 매우 곤란할 때에는 관리인 또는 관리단집회의 결의로 지정된 구분소유자는 관리단집회의 결의에 근거하여 소(訴)로써 적당한 기간 동안 해당 구분소유자의 전유부분 사용금지를 청구할 수 있다.

제45조(구분소유권의 경매)
① 구분소유자가 제5조 제1항 및 제2항을 위반하거나 규약에서 정한 의무를 현저히 위반한 결과 공동생활을 유지하기 매우 곤란하게 된 경우에는 관리인 또는 관리단집회의 결의로 지정된 구분소유자는 해당 구분소유자의 전유부분 및 대지사용권의 경매를 명할 것을 법원에 청구할 수 있다.

일부 구분소유자가 그 구분소유자의 소유물을 훼손하는 행위에 대해서 일정한 요건하에 다른 구분소유자가 공동의 이익에 반함을 이유로 그 행위의 정지, 결과 제거, 예방에 필요한 조치를 청구할 수 있다(부산지방법원 동부지원 2019. 1. 9. 선고 2018가합104114)

> **판례 해설**
>
> 대상판결은 건물을 구분소유한 자가 자신 소유의 건물에 '철거' 표시와 'X' 표시를 하고 유리 창문을 제거하는 행위를 했을 때 다른 구분소유자가 이 행위에 대해 방해제거 청구를 하고 유리 창문 설치를 요구할 수 있느냐에 대한 다툼이다.
>
> 일반적으로 소유자는 자신의 소유물을 법률의 범위 내에서 사용, 수익, 처분할 수 있는 권리를 가진 자(민법 제211조)이기 때문에 이러한 소유자의 행위에 대해서 타인이 구분소유자라는 명목으로 간섭하는 것은 불가능하다고 생각할지도 모른다.
>
> 그러나 집합건물의 경우 하나의 건물을 여러 구분소유자들이 공동으로 사용하고 있고 이에 당연한 결과로 각각의 이해관계가 얽혀 있는 바 자신의 소유라고 하더라도 타인과 공동으로 생활한 점을 고려하여 볼때 이는 사적자치를 넘어 최소한의 공공의 이익에는 부합하여야 하고 이를 위반하였을 경우에는 정지 또는 제거가 필요하고 이와 같은 이유로 집합건물법제43조 이하에는 공동 생활을 방해하는 자에 대하여 일정 청구를 할 수 있도록 규정하였다.

대상판결은 이러한 논의에 집합건물법 특성상 구분소유자의 공동의 이익을 중요시하고 있기 때문에 이에 비추어서 일방의 타방에 대한 보존행위가 인정된다고 판단하고 있다.

법원 판단

다. (본안 전 항변에 관한) 판단

이 사건 청구는 피고들이 소유한 세대의 사용 자체를 제한 내지 금지하는 것이 목적이라기보다, 원고 및 원고를 대표자로 선정한 세대들 주거의 평온을 위하여 필요한 범위 내에서 예방을 구하는 것이 주된 목적으로 보인다.

이에 더하여 앞서 본 것과 같은 집합건물법의 규정을 고려하면, **피고들 소유 세대의 외벽과 발코니 유리 창문에 훼손표시 등의 금지를 구하는 것과 유리 창문이 제거된 세대의 유리 창문 설치를 구하는 것**은, 집합건물법 제44조에 정한 '전유부분의 사용금지'에 해당한다기보다는 동법 제43조가 정한 '공동의 이익에 반하는 행위의 정지 및 예방에 필요한 조치'에 해당한다고 봄이 상당하므로, 이 사건 청구가 동법 제44조에 기한 청구임을 전제로 하는 피고들의 본안 전 항변은 나머지 점에 관하여 더 나아가 살펴볼 필요 없이 이유 없다.

3. 본안에 관한 판단

가. 피고들이 별지1 기재 세대를 매수한 후 세대의 외벽과 발코니에 설

치된 유리 창문에 페인트칠 등 방법으로 훼손표시를 한 사실, 별지3 기재 세대의 발코니에 설치된 유리 창문을 제거한 사실은 앞서 본 것과 같다. **건물 외벽과 발코니에 설치된 유리 창문에 훼손표시를 하는 것은 E연립주택 전체의 미관을 심하게 훼손시키는 행위로, 집합건물법에서 금지하는 '집합건물의 보존에 해로운 행위 및 건물의 관리 및 사용에 관하여 구분소유자 공동의 이익에 어긋나는 행위'에 해당한다고 봄이 상당하므로, 원고는 그 행위의 정지, 결과 제거, 예방에 필요한 조치를 피고들에게 청구할 수 있고,** <u>이는 훼손행위의 객체가 피고들 소유라 하더라도 마찬가지</u>이다.

나. 이에 대하여 피고들은 자신의 전유부분인 발코니에 유리 창문을 설치하지 않을 자유가 있으므로 유리 창문을 설치할 것을 명하는 청구는 부당하다거나 이 사건 청구는 모두 구분소유자 공동의 이익과 관련이 없다고 주장한다. 그러나 **세대의 외벽과 발코니에 설치된 유리 창문은 E연립주택 외벽의 일부를 이루고, 특정 세대가 발코니의 유리 창문을 설치하지 않을 경우 그 주변 세대는 주거 안전, 위생, 편의 측면에서 심각한 영향을 받을 수밖에 없으므로, 세대 발코니의 유리 창문 설치 여부 및 외벽, 발코니 유리 창문의 훼손 여부는 E연립주택 주민 공동의 이익과 관련이 있다고 보아야 한다.** 이에 관한 피고들의 주장은 이유 없다.

또한 피고들은 별지1 기재 세대에 훼손표시를 이미 제거하였으므로 원고들이 정지를 구하는 대상인 침해행위가 없다고 주장하나, 이 사건 청구는 향후 발생할 수 있는 훼손표시의 예방에 필요한 조치를 구하는 것이므로 이에 관한 피고들의 주장도 이유 없다.

다. 따라서 집합건물법 제43조가 정한 '예방에 필요한 조치'로서 피고 B은 별지1 기재 D호의 건물 외벽 및 발코니에 설치된 유리 창문에 별지2 기재 각 행위를 하여서는 아니 되고(피고 B이 피고 C에 신탁하지 않은 위 세대에 관하여는 피고 C에 위 의무를 부과할 근거가 없다), 피고들은 별지1 기재 세대 중 D호를 제외한 나머지 세대의 각 건물 외벽 및 발코니에 설치된 유리 창문에 별지2 기재 각 행위를 하여서는 아니 된다. 또한 동법 제43조가 정한 '행위의 결과를 제거하는 조치', 즉 유리 창문 제거로 인하여 발생한 공동이익에 반하는 결과를 제거한다는 원상회복으로 피고들은 유리 창문이 제거된 별지3 기재 세대의 발코니에 유리 창문을 설치할 의무가 있다

제5조(구분소유자의 권리·의무 등)
① 구분소유자는 건물의 보존에 해로운 행위나 그 밖에 건물의 관리 및 사용에 관하여 구분소유자 공동의 이익에 어긋나는 행위를 하여서는 아니 된다.

관리비 관련 분쟁

<u>관리비 채권의 귀속 주체가 당연히 관리단임을 전제로 위탁관리업체가 관리비 청구의 소를 제기한 경우 임의적 소송신탁에 해당하나 합리적 필요가 있으므로 당사자적격이 인정된다(대법원 2016. 12. 15. 선고 2014다 87885, 87892 판결).</u>

> **판례 해설**
>
> 대상 판결은 집합건물 관리단에 관한 사건이었지만 법리를 고려하여 볼 때 입주자대표회의에도 동일하게 적용된다. 입주자대표회의나 관리단에서는 관리 방법으로 자치관리 아니면 위탁관리를 통하여 관리업무를 수행하고 있는바, 관리업무를 수행하는 주체가 소송까지 제기할 경우에 민사소송법 제87조가 규정하는 임의적 소송신탁에 해당하여 부적법한지가 쟁점이었다.
>
> 이는 관리비 청구권 자체가 관리단 또는 입주자대표회의에 귀속된다는 전제하에 이를 대신하는 위탁관리업체의 권한 범위가 어디까지 포함되는지에 관한 문제인바, <u>관리단 또는 입주자대표회의 스스로가 아니라 관리업체 "이름"으로 관리비 청구의 소를 제기하는 경우에 판례는 이를 임의적 소송 신탁에 해당하는 것으로 보면서도, 관리단이 관리비 징</u>

수 등 관리업무를 전문 관리업체에 위임하여 수행하도록 하는 것은 합리적인 이유와 필요가 있고, 그러한 관리방식이 일반적인 거래현실인 점을 고려하여 예외적으로 당사자적격을 인정하였다.

사실 수많은 입주자대표회의나 관리단에서는 관리업체가 자신의 명의로 관리비 소송을 진행하고 있었는바, 만일 관리업체의 당사자적격이 인정되지 않았다면 일대 혼란이 발생한 것이었는데 대법원은 이를 감안하여서 인지 다른 소송에서는 임의적 소송신탁을 엄격하게 판단한 것과 달리 관리업체 역시 입주자대표회의 또는 관리단을 대신하여 소를 제기할 수 있다고 판단한 것이다.

여하튼 이유가 어찌되었던 대상판결의 중요한 쟁점은 ① 개개인의 입주민 또는 구분소유자에 대한 관리비의 귀속주체가 입주자대표회의 또는 관리단이라는 점, ② 위탁관리업체가 관리단을 대신하여 관리비 청구를 한다고 하더라도 부적법해지지 않는다는 것이다.

법원 판단

집합건물의 관리단이 관리비의 부과·징수를 포함한 관리업무를 위탁관리회사에 포괄적으로 위임한 경우에는, 통상적으로 관리비에 관한 재판상 청구를 할 수 있는 권한도 함께 수여한 것으로 볼 수 있다. 이 경우 위탁관리회사가 관리업무를 수행하는 과정에서 체납관리비를 추심하기 위하여 직접 자기 이름으로 관리비에 관한 재판상 청구를 하는 것은 임의적 소송신탁에 해당한다. 그러나 다수의 구분소유자가 집합

건물의 관리에 관한 비용 등을 공동으로 부담하고 공용부분을 효율적으로 관리하기 위하여 구분소유자로 구성된 관리단이 전문 관리업체에 건물 관리업무를 위임하여 수행하도록 하는 것은 합리적인 이유와 필요가 있고, 그러한 관리방식이 일반적인 거래현실이며, 관리비의 징수는 업무수행에 당연히 수반되는 필수적인 요소이다. 또한 집합건물의 일종인 일정 규모 이상의 공동주택에 대해서는 주택관리업자에게 관리업무를 위임하고 주택관리업자가 관리비에 관한 재판상 청구를 하는 것이 법률의 규정에 의하여 인정되고 있다[구 주택법(2015. 8. 11. 법률 제13474호로 개정되기 전의 것) 제43조 제2항, 제5항, 제45조 제1항].

이러한 점 등을 고려해 보면 관리단으로부터 집합건물의 관리업무를 위임받은 위탁관리회사는 특별한 사정이 없는 한 구분소유자 등을 상대로 자기 이름으로 소를 제기하여 관리비를 청구할 당사자적격이 있다.

관리업체 명의로 하는 관리비 청구는 예외적으로 가능하지만 이미 위탁관리계약이 종료되었다면 더 이상 관리비청구에 있어 원고적격의 지위에 있지 않다 (서울중앙지방법원 2020. 12. 1. 선고 2019가합505109 [관리비])

> 판례 해설
>
> 집합건물에 있어 관리비의 귀속 주체는 관리단이고 관리단으로부터 계약을 체결한 위탁관리업체는 관리비를 대신 청구할 수 있을 뿐이다. 이

> 와 같은 이유로 관리업체 자신의 이름으로 관리비 소송을 대신할 수 없으나 대법원은 일단 관리비 청구 자체가 관리업체의 가장 중요한 업무 중 하나라는 다소 납득할 수 없는 법리하에 관리비 청구를 인정하게 되었다.
>
> 이처럼 대법원의 그와 같은 판례에 따라 관리업체의 소송은 가능하여졌으나 관리업체로서는 계약이 존재하여야 비로소 적법한 관리업체로서의 지위를 갖는 것이기 때문에 대상판결에서 보는 바와 같이 그 지위가 상실되었다고 한다면 더 이상 관리비 청구는 할 수 없다고 할 것이다.

법원 판단

1) 집합건물의 관리단이 관리비의 부과·징수를 포함한 관리업무를 위탁관리회사에 포괄적으로 위임한 경우에는, 통상적으로 관리비에 관한 재판상 청구를 할 수 있는 권한도 함께 수여한 것으로 볼 수 있다. 이 경우 위탁관리회사가 관리업무를 수행하는 과정에서 체납관리비를 추심하기 위하여 직접 자기 이름으로 관리비에 관한 재판상 청구를 하는 것은 **임의적 소송신탁에 해당**한다. 그러나 다수의 구분소유자가 집합건물의 관리에 관한 비용 등을 공동으로 부담하고 공용부분을 효율적으로 관리하기 위하여 구분소유자로 구성된 관리단이 전문 관리업체에 건물 관리업무를 위임하여 수행하도록 하는 것은 합리적인 이유와 필요가 있고, 그러한 관리방식이 일반적인 거래현실이며, 관리비의 징수는 업무수행에 당연히 수반되는 필수적인 요소이다. 또한 집합건물의 일종인 일정 규모 이상의 공동주택에 대해서는 주택관리업자에게 관리

업무를 위임하고 주택관리업자가 관리비에 관한 재판상 청구를 하는 것이 법률의 규정에 의하여 인정되고 있다{구 주택법(2015. 8. 11. 법률 제13474호로 개정되기 전의 것) 제43조 제2항, 제5항, 제45조 제1항}. 이러한 점 등을 고려해 보면 **관리단으로부터 집합건물의 관리업무를 위임받은 위탁관리회사는 특별한 사정이 없는 한 구분소유자 등을 상대로 자기 이름으로 소를 제기하여 관리비를 청구할 당사자적격**이 있다(대법원 2016. 12. 15. 선고 2014다87885, 87892 판결 참조).

2) 한편, 집합건물의 소유 및 관리에 관한 법률 제23조 제1항은 건물에 대하여 구분소유 관계가 성립되면 구분소유자 전원을 구성원으로 하여 건물과 그 대지 및 부속시설의 관리에 관한 사업의 시행을 목적으로 하는 관리단이 설립된다고 규정하고 있고, 같은 법 제9조의3 제1항은 분양자는 제23조 제1항에 따른 관리단이 관리를 개시할 때까지 선량한 관리자의 주의로 건물과 대지 및 부속시설을 관리하여야 한다고 규정하고 있다.

3) 이러한 법 규정과 앞서의 법리에 비추어 이 사건에 관하여 보건대, 앞서 인정한 바와 같이 **원고는 이 사건 관리단이 이 사건 집합건물의 관리를 개시하기 전에 분양자와 이 사건 위탁관리 계약을 체결하고**, 위 집합건물의 관리업무를 수행하였으므로, **원고가 위 위탁관리 계약에 따라 위 집합건물의 관리업무를 수행하고 있는 기간 동안에는 구분소유자 등을 상대로 자기의 이름으로 소를 제기하여 관리비를 청구할 당사자적격이 있다**고 할 것이다.

그러나 이 경우에도 관리비 채권은 여전히 분양자가 갖고 있는 것이므로, 이 사건 집합건물의 관리업무를 원고에게 위임한 근거인 이 사건 위탁관리 계약이 종료한 이후에는 임의적 소송신탁을 금지하는 본래의 원칙으로 돌아가, 원고가 분양자로부터 관리비 채권을 양수하였다는 등의 특별한 사정이 없는 한 구분소유자 등에 대하여 직접 관리비를 청구할 수 없고, 이는 원고가 위 위탁관리 계약에 따라 관리업무를 수행하던 기간에 발생한 이 사건 체납관리비라고 하여 달리 볼 것은 아니다.

4) 그런데 앞서 인정한 바와 같이 이 사건 위탁관리 계약의 기간은 이 사건 관리단이 새로운 관리회사와 계약을 체결한 이후 그 관리회사가 그 업무를 인수할 때까지인데, 이 사건 관리단은 2018. 11. 27. 소외 회사와 이 사건 도급계약을 체결하여 2019. 1. 1.경부터 소외 회사가 이 사건 집합건물의 관리비 징수 등의 관리업무를 수행하고 있으므로, 이로써 이 사건 위탁관리 계약은 이 사건 소가 제기된 2019. 2. 1. 이전에 적법하게 종료되었다고 할 것이고, 이처럼 이 사건 위탁관리 계약이 종료된 이상 위탁관리 회사인 원고에게는 더 이상 이 사건 집합건물의 관리업무를 수행할 권한이 없으므로, 이 사건 집합건물의 구분소유자를 상대로 자기 이름으로 관리비에 관한 재판상 청구를 하는 것은 허용되지 않는다.

따라서 이 사건 소는 당사자적격이 없는 자에 의하여 제기된 소로서 부적법하다(설령 원고의 위 주장을 이 사건 체납관리비 채권이 자기의 권리라는 취지의 주장이라고 보더라도, 앞서 본 바와 같이 위 체납관리비 채권은 분양자에게 속한다고 할 것이므로, 이러한 원고의 주장도 받아들일 수 없다).

관리업체에 대한 해지는 보류한 채 단순히 관리비 징수 권한만을 정지시킬 수 없다(대법원 2014. 2. 27. 선고 2011다88207 판결)

> **판례 해설**
>
> 관리단에서 관리업체의 가장 중요한 의무는 **관리비 징수 의무**이고 이는 의무이자 가장 강력한 권한에 해당한다. 대상판결에서는 관리업체에 대한 해지는 하지 않은 채 단순히 관리비 징수 권한만 상실시킬 수 있느냐가 쟁점이 되었다. 즉 일반인의 입장에서는 전체 계약을 해지할 수 있다면 그 일부에 해당하는 용역 자체도 상실시킬 수 있다고 생각하는바, 그것이 가능한지 여부에 대한 다툼이었다.
>
> 그러나 대법원에서는 위임계약의 성질을 설명하면서 위임계약은 언제든지 해지가 가능하지만 위임계약 자체를 유지하면서 계약의 일부만의 효력을 정지하는 것은 허용되지 않는다고 판단하였다. 즉 위임계약 당사자 사이의 분쟁이 있었다는 사정만으로 일부의 권한만을 분리하여 해지하는 것은 타당하지 않다고 판시하였던 것이다.

> 결국 관리단이나 입주자대표회의로서는 위탁관리계약을 체결할 경우 일부 권한을 제외하고자 한다면 처음부터 그 항목은 제외한 채 위임계약을 체결해야할 뿐 위임계약 진행 도중 위임계약 내용 중 일부가 마음에 들지 않는다고 하여 그 부분만의 권한 박탈은 인정되지 않을 것이다.

법원 판단

위임계약의 경우 위임인은 민법 제689조 제1항에 의하여 언제든지 그 계약을 해지할 수 있지만, 그렇다고 하더라도 **위임인이 위임계약을 유지하면서 일방적으로 계약 내용 중 일부의 효력을 정지시키거나 계약의 일부만을 해지하는 것은 허용되지 않는다.** 또한 계약당사자는 **계약 내용을 전체적으로 고려하여 계약을 체결할지 여부를 결정하는 것**이고 이는 위임계약의 경우에도 마찬가지이므로, **위임계약의 당사자 사이에 분쟁이 있었다고 하여 그러한 사정만으로 위임인에게 유리하도록 계약 내용 중 일부에 관하여만 효력을 정지시키는 것이 계약당사자의 의사에 부합한다고 함부로 추단할 수도 없다.**

따라서 이 사건에서도 위임인인 이 사건 관리단체가 수임인인 원고의 이 사건 상가부분에 대한 관리업무 수행을 더 이상 원하지 아니할 경우 이 사건 관리단체로서는 민법 제689조 등에 근거하여 이 사건 **용역계약을 해지할 수 있을 뿐 위 계약을 해지하지도 아니한 채 일방적으로 원고의 입주자들에 대한 관리비 징수권한만을 소멸시킬 수는 없는 것**이고, 기록을 살펴보아도 이 사건 용역계약 당시 이 사건 관리단체와 원고 사이에 **향후 관리비 귀속에 관한 다툼이 발생할 경우 원고가 입주자들에 대한 관리비 징수권한을 이 사건 관리단체에 환원시키기로 하는 의사의 합치가 있었다고 볼만한 사정을 찾아볼 수 없다.**

그럼에도 원심은 그 판시와 같은 이유만으로 원고가 이 사건 상가부분의 입주자들에게 직접 관리비를 청구할 수 없다고 판단하였으니, 이러한 원심판결에는 위임계약의 해지 등에 관한 법리를 오해하여 판결 결과에 영향을 미친 위법이 있다. 이 점에 관한 상고이유의 주장에는 정당한 이유가 있다.

> 민법 제689조(위임의 상호해지의 자유)
> ① 위임계약은 각 당사자가 언제든지 해지할 수 있다.

관리업체의 방해로 인하여 건물을 사용·수익하지 못하였을 경우 관리비 산정의 기준이 되는 기산점(대법원 2011. 9. 29. 선고 2009다26985,26992 판결)

> **판례 해설**
>
> 관리비라고 함은 상식적으로 자신이 사용한 만큼 납부하는 것이 원칙이고 따라서 자신이 사용할 수 있는 상태임이 전제되어야 마땅할 것이다.

> 대상판결에서 <u>임차인 또는 구분소유자는 관리업체의 영업방해로 사실상 사용할 수 없는 상태였기 때문에 그 기간 동안 관리비 납부의무가 존재하지 않는다고 판단하였고 결국 사용할 수 있는 상태부터 관리비 납부의무가 발생한다</u>고 판시하였다.

법원 판단

집합건물의 관리단 등 **관리주체의 불법적인 사용방해행위로 인하여 건물의 구분소유자가 그 건물을 사용·수익하지 못하였다면, 그 구분소유자로서는 관리단에 대해 그 기간 동안 발생한 관리비채무를 부담하지 않는다**(대법원 2006. 6. 29. 선고 2004다3598, 3604 판결 참조).

원심판결 이유를 위 법리와 기록에 비추어 살펴보면, 원심이 이 사건 집합건물인 신화빌딩의 관리단과 위·수탁관리계약을 체결하고 이 사건 집합건물을 관리해 온 원고(반소피고, 이하 '원고'라고만 한다)가 피고(반소원고, 이하 '피고'라고만 한다)로부터 이 사건 지하상가 20개 점포(이하 '이 사건 점포'라고 한다)를 임차하여 안마시술소를 운영하려는 소외인의 안마시술소 설치공사를 방해한 행위는 구분소유자인 피고 또는 임차인인 소외인의 권리를 침해하는 불법행위에 해당한다고 전제한 다음, 소외인이 2006. 12. 21. 피고에게 이 사건 점포에 관한 임대차계약을 해지한다고 통보하여 그 무렵 위 임대차계약이 해지되었으므로, 특별한 사정이 없는 한 위 임대차계약이 해지된 다음달인 2007. 1.부터는 피고가 이 사건 점포를 다른 용도로 사용·수익할 수 있는 상태가 되었다고 봄이 상당하고, 따라서 피고는 2007. 1.부터는 원고에게 이 사건 점포에 관한 관리비를 지급할 의무가 있다고 판단한 것은 정당하며, 거기에 상고이유에서 주장하는 바와 같이 논리와 경험의 법칙을 위반하고 자유심증주의의 한계를 벗어나 사실을 잘못 인정하거나 필요한 심리를 다하지 아니한 나머지 손해배상에서의 인과관계에 관한 법리를 오해하는 등의 위법이 없다.

임차인이 사용하였던 전기·수도료를 구분소유자에게 청구할 수 있다는 내용의 관리규약 또는 구분소유자간 합의가 존재하지 않은 이상 임차인이 사용한 전기·수도료를 구분소유자에게 청구할 수 없다(서울중앙지방법원 2012가단197564 판결).

> **판례 해설**
>
> 대부분의 관리단이나 입주자대표회의에서는 구분소유자가 부동산을 타인에게 전세로 제공하거나 임대한 경우, 전세권자나 임차권자가 해당 관리비를 지급하지 않으면 해당 부동산 소유자인 구분소유권자가 이를 연대하여 부담하도록 하는 규약이나 규정을 두고 있다. 이와 같은 규정에 근거하여 관리단 또는 입주자대표회의는 전세권자나 상가임차인이 관리비 등을 지급하지 아니하는 경우 구분소유권자에게 연대 책임을 묻는 소를 제기하고 있으며, 대부분은 관리단이나 입주자대표회의가 승소를 한다.

> 그러나 만약 이와 같은 규약이나 합의가 없었을 경우에는 어떻게 될까?
>
> 대상판결은 구분소유자에게 임차인의 미납 전기·수도세 등 책임을 부담시키는 내용의 관리규약이 존재하지 아니하는 경우에는, 전기와 수도를 직접 사용한 임차인이 그 미납 요금을 부담하여야 할 뿐 구분소유자는 그 요금을 부담하지 않는다고 판시하였다.
>
> 특별한 사유 또는 규약도 없는 상태에서 타인이 사용한 수도 전기료까지 부담시키는 것은 우리 민법의 대원칙인 사적 자치에 반한다는 점과 우리 민법이 사용자 책임 및 연대책임을 엄격히 판단한다는 점을 고려할 때 대상판결은 타당하다고 사료된다.

당사자 주장

- 원고의 주장

이 사건 건물에 대한 전기·수도요금이 일괄 부과되는 바람에 ㈜ E나 원고들이 단전·단수 방지를 위하여 부득이 피고 구분건물에 대한 전기·수도요금을 포함한 전체를 납부할 수밖에 없었다. 그런데 **피고들은 피고 구분건물을 임대하여 임차인들로부터 전기·수도요금을 징수하고도 이를 납부하지 않았고 임차인들의 정보를 전혀 알려주지 않아** 원고들로서는 부득이 소유자인 피고들을 상대로 사무관리 또는 부당이득을 이유로 대납액 상당의 반환을 구할 수밖에 없다.

- 피고의 주장

㈜ E, 원고들과 피고들 사이에 전기·수도요금 납입에 관한 아무런 약정이 없는 이상 원고들로서는 전기·수도의 실제 사용자인 임차인들을 상대로 구하여야 하고, 특히 원고 회사는 대납 사실조차 없다.

한편 원고 관리단의 청구 중 일부분은 이미 종전 소송에서 패소하였음에도 다시 청구한 것으로 부당하고, 원고 관리단의 청구권은 상사채권으로 이미 소멸시효가 완성 되었다.

법원 판단

일단 전제사실에서 본 바로는, 피고 D 의 이 사건 건물 관리권부존재확인 소송의 판결확정 이후 종래의 ㈜ E와 피고 D 사이의 관리비 정산에 관한 묵시적 합의는 종료된 것으로 볼 수밖에 없고, 이후 ㈜ E, 원고 관리단과 피고들 사이에 전기·수도요금에 관한 별도의 약정을 한 적이 없으며, 원고 관리단이 구하는 기간에 피고 구분 건물은 소유자인 피고들이 아닌 임차인들이 점유·사용하여 온 사실은 당사자 사이에 다툼이 없다.

따라서 대납 요금이 사무관리비용 또는 부당이득 반환의 대상이 된다고 하더라도 **원고 관리단으로서는 전기·수도요금에 관한 약정이 없는 피고들에게 단지 소유자라는 이유만으로 반환을 구할 수는 없고 실제 전기·수도를 사용한 자, 즉 실제 입주자들인 임차인들에게 구하**

여야 하므로, 이와 다른 전제에서 한 원고 관리단의 주장은 나아가 살필 필요 없이 이유 없다.

관리단에서 관리규약에 없는 홍보비를 징수한 것은 무효로서 더 이상 지급할 의무는 없으나, 기 지급한 금액에 관하여 부당이득반환청구는 인정될 수 없다(인천지방법원 부천지원 2013가합1746 판결).

> **판례 해설**
>
> 관리규약이 존재하지 않는 상황에서 집합건물 관리단이 집합건물법에 규정된 관리비 항목 이외의 금원을 징수하는 것은 법적으로 무효일 가능성이 크다. 이와 같은 이유로 관리단에서 **집합건물법에 규정되지 않은 항목을 만들어 청구하기 위해서는 반드시 그에 대한 근거가 존재하여야** 한다.
>
> 다만 일반인들로서는 그와 같은 징수가 무효라고 한다면 기지급한 금액을 반환받는 것이 당연하다고 생각할 수 있지만, **법원은 이를 "무효이기는 하지만 반환할 수 없다"**고 판단하였다.
>
> 그 이유는, 이미 지급한 금액에 대하여 반환청구를 할 경우에는 법적인 근거가 존재하여야 하고, 통상적으로 민법 제741조의 부당이득반환 청구권을 통하여 가능한 바, 부당이득반환청구권의 행사는 **상대방이 부당한 이득을 얻고, 그 금액을 지급한 당사자에게 그만큼의 손해가 존재**

> 하여야 비로소 가능하다. 그런데 이 사건에서는 관리규약도 없는 홍보비를 징수하기는 하였으나 해당 금액의 지출이 투명하게 이루어져서 관리단의 부당이득이 없을 뿐만 아니라, **유무형의 이익은 해당 금액을 납부한 구분소유자에게로 돌아갔고, 무엇보다도 지급한 당사자에게 "손해"가 발생하지 않았다고** 판단되어 결국 부당이득반환청구권의 요건을 갖추지 못하였음을 이유로 패소한 것이다.

원고 주장

가. 피고는 무효인 이 사건 관리단규약에 근거하여 원고들이 이 사건 건물에서 상가를 운영하는 동안 원고들로부터 홍보비를 징수함으로써 부당하게 이득을 얻었으므로, 원고들에게 위 부당징수한 홍보비 합산액을 반환하여야 한다.

법원 판단

피고가 무효인 이 사건 관리단규약에 근거하여 원고들을 비롯한 입점 상인들로부터 1점포당 1일 5,000원씩의 홍보비를 징수한 사실은 앞서 본 바와 같다. 그런데 을 제2, 3, 4, 6호증의 각 기재에 변론 전체의 취지를 더하여 인정되는 다음과 같은 사정, 즉 ① **피고는 원고들로부터 홍보비를 징수하면서 시금계산서를 발행하여 관할 세무서에 신고**하였고, 그 내역에 관하여 매년 외부감사를 받고 있으며, 2011. 1.경 **부천세무서의 세무조사 결과 별다른 이상이 발견되지 않은 점**, ② 피고는 홍보비를 이 사건 건물 상가 활성화를 위한 전단지, 현수막 등의 제작, 각종 공연, 경품과 상품권 구입 등 **이 사건 건물 상가의 홍보에 사용**하면서 그 지출액에 대하여 영수증, 세금계산서 등을 근거로 회계처리를 하고 매년 외부 감사를 받는 등 홍보비 집행과정을 비교적 엄격하게 관리한 것으로 보이는 점, ③ 이 사건 건물 관리인인 BB은 홍보비를 임의로 다른 용도에 사용하였다는 혐의로 진정을 받았으나, 세무 자료, 회계 서류, 계좌 내역 등을 근거로 홍보비 징수 및 사용 내역을 소명하여 2011. 5.경 무혐의 처분을 받은 점, ④ **피고가 홍보비를 집행하여 각종 홍보 활동을 함으로써 발생한 고객 증가, 매출 신장, 이미지 재고 등 유·무형의 이익은 이미 원고들을 비롯한 입점 상인들에게 귀속**된 점, ⑤ 실제로 상인들이 '상인회', '번영회' 등의 명칭으로 단체를 구성하고 공동으로 홍보 활동을 하는 경우가 있는데, **피고의 홍보비 징수 및 홍보 활동은 사실상 입점 상인들이 비용과 시간을 투여하여야 할 홍보 활동을 대행한 것으로도 볼 수 있는** 점, ⑥ 홍보비 중 일부가 관리비 용도에 사용되었다고 하더라도 **관리비 부족액은 결국 이 사건 건물 상가 입점 상인들이 분담하여야 할 사항인 점** 등에 비추어 보면, 이 사건 관리단규약이 무효라는 사실만으로는 **원고들이 이미 지급한 홍보비 상당의 손해를 입었다거나 이를 통하여 피고가 위 홍보비 상당의 이익을 얻었다고 인정할 수 없고, 달리 피고가 홍보비를 징수하여 부당한 이익을 얻었다고 볼 증거가 없다.**

> 민법 제741조(부당이득의 내용) 법률상 원인없이 타인의 재산 또는 노무로 인하여 이익을 얻고 이로 인하여 타인에게 손해를 가한 자는 그 이익을 반환하여야 한다.

따라서 피고가 무효인 이 사건 관리단규약에 근거하여 입점주들로부터 홍보비를 징수함으로써 부당한 이익을 얻고 그로 인하여 입점주인 원고들에게 손해를 가하였다는 원고들의 부당이득반환 주장은 나머지 부분에 관하여 더 나아가 살펴볼 필요 없이 이유 없다.

소방 안전상 등의 위험으로 인하여 영업을 못했다는 이유로 관리비 지급을 거절하기 위해서는 그 위험은 추상적 위험이 아닌 구체적 위험 정도여야 한다(제주지방법원 2016. 6. 24. 선고 2014가단14596 판결)

판례 해설

본 사안에서 관리비 체납자들은 소방안전상의 이유로 입주를 하지 못하였고 따라서 그 기간 동안의 관리비 등은 지급할 수 없다고 하면서 관리비 지급을 거부하였다. 이에 **대상판결에서는 그와 같은 안전상의 이유로 관리비 납부를 거부하기 위해서는 그러한 위험이 추상적 위험 정도가 아닌 구체적 위험 정도는 되어야 비로소 가능한바**, 당시 소방안전법등에 의하여 지적받아 시정조치를 받은 적은 있지만 그 시기 동안에 다른 구분소유자들이 입주하여 영업을 하였던 점 등을 고려한다면 관리비 납부를 거부할 정도의 구체적 위험은 아니라는 전제하에 관리비 납부의무를 인정하였다.

사실 관리비를 연체하는 구분소유자들의 이유는 여러 가지이지만 대체로 관리단에서 관리를 잘못하였기 때문에 지급할 수 없다는 이유가 가장 많을 것이다. 그러나 관리비는 집합건물을 관리하기 위해서 필수적으로 납부되어야 하는 금원이고, 한명의 구분소유자가 관리비 납부를 거부한다면 필연적으로 그 부분만큼 다른 구분소유자가 책임을 부담하게 되므로 법원에서는 가급적 관리비 납부를 거부하는 이유에 대하여 엄격하게 해석하곤 한다.

결국 대상판결에서도 법원의 태도가 그대로 반영되어 관리비 납부의무를 인정하였는바 관리비 자체가 집합건물에서 차지하는 중요성을 감안할 때 지극히 타당한 판례라고 보인다.

피고들 주장의 요지

이 사건 건물 중 피고들이 구분소유하고 있는 건물 부분(이하 '이 사건 판매시설'이라 한다)은 소방시설 설치·유지 및 안전관리에 관한 법률(2015. 1. 20. 법률 제13062호로 화재예방, 소방시설 설치·유지 및 안전관리에 관한 법률로 개정되기 전의 것. 이하 '소방시설법'이라 한다)에 따라 위 법률에서 정하는 소방시설을 설치 또는 유지·관리해야 하는 특정소방대상물이다. 하지만 원고는 이 사건 건물 중 3, 4층 개구부를 진열장으로 막아 소방시설법 시행령 제2조 제1호에서 규정하는 '무창층(無窓層)'이 되었음에도 소방시설을 설치하지 않았다. 이 때문에 피고들은 화재가 발생할 경우 입게 될 인적·물적 피해에 대한 불안으로 이 사건 판매시설에 입주할 수 없게 되었다. 피고들은 원고에게 소방시설을 설치해 줄 것을 요청했으나 원고는 이를 거부했다. 이는 관리주체인 원고의 불법적인 사용방해에 해당하고, 피고들은 이 때문에 이 사건 판매시설을 사용·수익하지 못했으므로 관리비를 낼 의무가 없다.

법원 판단

집합건물법 제10조 제1항은 공용부분은 구분소유자 전원의 공유에 속한다고 규정하고, 제11조는 각 공유자는 공용부분을 그 용도에 따라 사용할 수 있다고 규정하면서도 제17조는 각 공유자는 규약에 달리 정한 바가 없으면 그 지분의 비율에 따라 공용부분의 관리비용과 그 밖의 의무를 부담한다고 규정하고 있다. 이처럼 모든 구분소유자가 공용부분을 공유하면서 관리비용을 부담하는 이상 집합건물의 구분소유자가 소방안전상의 위험을 이유로 관리비를 지급하지 않는 경우 다른 구분소유자에게 그 부담이 돌아갈 수밖에 없다. **이는 다른 구분소유자의 영업의 자유와 재산권을 침해할 우려가 있다.**

이와 같이 소방안전상의 위험을 이유로 관리비 지급을 거절할 수 있는 권리가 다른 구분소유자의 권리와 충돌할 수 있음을 염두에 두고, 제연설비 등 소방안전 상의 위험을 제거할 수 있는 소방 설비를 설치할 수 있는 비용은 관리비 또는 관리비와 함께 부과되는 장기수선충당금에서 나오는 것이 현실적인 상황인 점, 이 사건 규약 제6조 제6호에 따르면 구분소유자는 건물 유지관리에 필요한 관리비 등의 부담의무가 있음을 명시하고 있는 점을 함께 고려해보면 <u>소방안전상의 위험을 이유로 관리비의 지급을 거절하기 위해서는 화재가 발생할 경우 구분소유</u>

자의 생명·신체의 안전을 해할 것이라는 추상적인 위험이나 그에 대한 우려만으로는 부족하고, 그러한 위험이 구체적이고 직접적으로 확인될 수 있는 상태여야 한다. 뿐만 아니라 구분소유자가 관리비를 지급하더라도 관리단 등 관리주체가 소방시설의 설치를 거부하는 등의 이유로 소방안전상의 위험이 제거되지 않으리라는 분명한 근거가 있어야 한다.

...

위와 같은 사정들을 종합해 보면, 안전하게 생활할 권리는 우리 헌법에서 도출되는 중요한 기본권이고, 우리 사회에 있어 안전이라는 문제가 가장 큰 화두로 떠오르고 있기는 하나, 피고들이 주장하는 위와 같은 사유들만으로는 이 사건 건물의 구조나 소방시설 등의 현황에 비추어 소방안전상의 위험이 구체적이고 직접적으로 확인되었다고 보기 어렵다. 또한 피고들이 관리비를 지급하더라도 소방안전상의 위험이 제거되지 않을 것이라고 단정하기도 어렵다[피고들은 원고가 이 사건 건물을 소방안전기준에 위반한 상태로 방치한 것이 불법적인 사용방해라고 주장하나, 위와 같은 이유에서 원고의 행위를 불법적인 사용방해로 평가할 수 없다는 것도 지적해둔다(대법원 2006. 6. 29. 선고 2004다3598 판결 참조)].

제11조(공유자의 사용권) 각 공유자는 공용부분을 그 용도에 따라 사용할 수 있다.
제17조(공용부분의 부담·수익) 각 공유자는 규약에 달리 정한 바가 없으면 그 지분의 비율에 따라 공용부분의 관리비용과 그 밖의 의무를 부담하며 공용부분에서 생기는 이익을 취득한다.

일반관리비는 전유면적 비율이나 개별 사용량으로 관리비를 정할 수 없는 항목에 포함되므로, 별도의 정산방법에 의해 부담액이 결정될 수 있다(서울고등법원 2015나11986)

> **판례 해설**
>
> 대상판결은 전유면적 비율이나 개별 사용량으로 관리비를 정할 수 없는 항목에 일반관리비도 포함되므로, 별도의 정산 방법에 의하여 부담액이 결정될 수 있으며 구체적인 사항에 대하여는 공용부분에 대한 관리 권한이 있는 관리단이 규약이 아닌 형식으로 정하거나, 집합건물법에 의하여 관리인에게 이를 위임할 수 있다고 한 사례로서, 정산의 사전적 의미는 '정밀하게 계산한다'에 불과하지 단어 의미 자체로 어떠한 계산 방식을 전제하고 있지는 않다. 결국 '정산'은 개별 사용량에 의하여 부담액이 결정되는 것만을 의미하는 것은 아니고, 면적이나 사용량 이외에 다른 방법으로 구분소유자에게 관리비를 부담하게 하는 것 또한 포함하는 개념이라 할 것이다.
>
> 관리규약에 전유면적 비율이나 사용량 이외의 관리비 정산 방법에 대해 명시적인 규정을 하고 있다면 분쟁의 소지를 줄일 수 있다. 그러나 현실적으로는 다양한 관리비 항목에 대한 정산방식을 미리 예측하여 규정하기가 쉽지 않고, 관리비 항목의 경우 그때그때의 상황에 따라 변동성이 큰 바, 이를 제·개정 절차 자체가 까다로운 규약으로 정하는 것도 쉽지 않다. 따라서 정산 방식에 대하여 관리 규약이 아닌 형식을 인정하고, 관리인에게도 이를 위임할 수 있다고 한 동 판례는 실제 현실을 고려한 적절한 판례라고 할 것이다.

다만 정산 방식에 있어 자율성이 주어진다고 하더라도, **관리인이 그 부담비율이 현저히 부당하게 설정할 경우 그 정산 방식은 민법 제103조에 의하여 무효가 될 수 있음은 주의하여야 한다.**

법원 판단

집합건물법에 의하면, 각 공유자는 규약에 달리 정한 바가 없으면 그 지분의 비율에 따라 공용부분의 관리비용과 그 밖의 의무를 부담하며 공용부분에서 생기는 이익을 취득한다(집합건물법 제17조).

이 사건의 관리규약 제25조, 제26조에 의하면, 건물 공용 부분에서 발생하는 관리비는 원칙적으로 전유면적 비율에 따라 부담하되, 일부 항목에 대해서는 정산제로 할 수 있도록 규정되어 있다. 피고는 동 관리규약에 따르면 관리비는 전유면적 비율에 따라 비례 부담이 원칙이고, 전기, 상하수도료 등 실제 사용량을 확인할 수 있는 부분에 한하여 정산제로 부담하도록 정할 수 있을 뿐이라고 주장하나, 규약에서 정산제로 부과할 수 있는 관리비 항목 중에는 시설관리, 경비, 교통유발분담금, 환경개선분담금 등 개별적으로 사용량을 측정할 수 없고, 그렇다고 전유면적 비율에 따라 구분소유자가 이익을 취한다고 보기도 어려운 항목이 포함되어 있는바, 이에 대해서는 정산 방식을 별도로 정할 필요가 있다. 따라서 <u>전유면적 비율이나 개별 사용량으로 관리비를 정할 수 없는 항목에 일반관리비도 포함되므로, 별도의 정산 방법에 의하여 부담액이 결정될 수 있다.</u>

구체적인 사항에 대하여는 공용부분에 대한 관리 권한이 있는 관리단이 규약이 아닌 형식으로 정하거나, 집합건물법과 이 사건 관리규약 제11조에 의하여 관리인에게 이를 위임할 수도 있다 할 것이다. 따라서 관리인인 D는 공용부분에서 발생하는 세부 관리비 항목에 대한 정산방법을 정할 수 있는 권한이 있고, 이 사건은 관리계약에 의하여 D에게 '관리비, 각종 부담금 및 제비용 등의 부과, 징수, 운영에 관한 사항 일체'가 위임된 바, D가 구분소유자들에게 관리비를 부과한 것은 집합건물법과 이 사건 관리규약에서 예정한 관리단 내지 관리인의 정당한 권한 행사 범위 안에 있는 것이어서 정당하다.

> 제17조(공용부분의 부담·수익) 각 공유자는 규약에 달리 정한 바가 없으면 그 지분의 비율에 따라 공용부분의 관리비용과 그 밖의 의무를 부담하며 공용부분에서 생기는 이익을 취득한다.

관리단이 그의 재산으로 채무를 완제할 수 없는 때에는 집합건물법 제27조 제1항에 의하여 구분소유자는 전유면적의 비율에 따라 결정되는 공유지분의 비율로 관리단의 채무를 변제할 책임을 진다(대법원 1997. 8. 29. 선고 97다19625 판결)

> **판례 해설**
>
> 집합건물법 제27조 1항에서는 관리단이 그의 재산으로 채무를 전부 변제할 수 없는 경우 구분소유자는 전유부분 비율에 따라 그 채무를 변

제할 책임이 있는 것으로 규정하고 있다.

대상판결은 여타한 사정으로 인하여 관리단이 채무를 모두 변제하지 못하였고 결국 그에 따라 관리단을 구성하고 있는 구분소유자에게 개별적으로 소송이 들어온 사건이다.

대상판결의 원심에서는 가스계약을 체결한 업체가 단지 관리업체라는 이유만으로 원심은 원고의 소송을 기각하였으나, 관리업체는 당연 설립되는 관리단으로부터 업무를 위임받은 업체에 불과하여 해당 계약에 관한 권리와 의무는 종국적으로 관리단에게 귀속되므로, 관리단이 그 채무를 모두 변제하지 못할 경우에는 관리단을 구성하는 구분소유자가 전유부분의 비율에 따라 책임을 부담하여야 한다고 하면서 원심을 파기하였던 것이다.

이는 최근 관리주체가 체결한 계약의 귀속 주체는 관리회사가 아닌 관리단 또는 입주자대표회의라는 판례(대법원 2014다62657 판결)와 일맥상통하는 판단으로서 타당한 판결로 보인다.

법원 판단

집합건물의소유및관리에관한법률 제23조 제1항에 의한 집합건물의 관리단은 어떠한 조직행위가 없더라도 구분소유자 전원을 구성원으로 하여 구분소유 건물 및 그 대지와 부대시설의 관리에 관한 사업의 시행을 목적으로 하는 구분소유자 단체로서 당연히 성립되는 것이고, 그 **관**

리단이 실제로 조직되어 자치적 관리를 시작한 이상 구분소유 건물의 관리에 관한 권한 및 책임은 종국적으로 동 관리단에 귀속되고, 만일 관리단이 그의 재산으로 채무를 완제할 수 없는 때에는 같은 법 제27조 제1항에 의하여 구분소유자는 규약으로써 그 부담 부분을 달리 정하지 않는 한 그가 가지는 전유부분의 면적의 비율에 따라 결정되는 공유지분의 비율로 관리단의 채무를 변제할 책임을 진다.

그러함에도 불구하고, 원심은 가스공급계약을 체결한 당사자는 오직 소외 회사라는 이유로 그 가스사용료의 납부 채무를 소외 회사가 부담하며 원고와 피고들 또는 이 사건 건물의 관리단과 사이에 가스공급계약을 체결하였다고 인정할 만한 아무런 증거가 없다고 보아 피고들에 대하여 이 사건 건물의 공용부분에 관한 가스사용료의 지급을 구하는 원고의 이 사건 청구를 모두 배척하였는바, 이러한 경우 원심으로서는 마땅히 **구분소유자들에 의하여 당연히 성립되게 되는 관리단이 자치적 관리를 시작하였는지 여부**와 그로써 이 사건 건물을 관리하여 온 **소외 회사의 가스사용자로서의 권리·의무를 승계하였는지 여부**를 따져서 **사용료 채무의 종국적인 귀속 주체를 살피고 나아가 관리단의 변제 능력과 그에 따른 구분소유자들의 책임 범위에 관하여 판단하여야 함**에도 불구하고 이에 이르지 아니하고 막연히 직접 가스공급계약을 체결한 당사자만을 사용료 납부의무자로 단정한 나머지 관리단 채무에 대한 구분소유자들의 책임에 관하여 전혀 판단하지 아니하였으니, 이는 구분소유관계에 있어서 관리단의 법적 지위 및 도시가스 사용 관계에 관한 법리를 오인한 나머지 심리미진으로 인한 판단유탈의 위법을 저질렀다고 할 것이고, 이 점을 지적한 논지는 이유 있다.

> 제27조(관리단의 채무에 대한 구분소유자의 책임)
> ① 관리단이 그의 재산으로 채무를 전부 변제할 수 없는 경우에는 구분소유자는 제12조의 지분비율에 따라 관리단의 채무를 변제할 책임을 진다. 다만, 규약으로써 그 부담비율을 달리 정할 수 있다.

집합건물의 소유 및 관리에 관한 법률 제17조가 구분소유자가 제3자와 개별적인 계약을 통해 관리방식을 선택하고 그에 따른 비용부담과 정산방법 등을 구체적으로 정하는 것을 제한하는 규정인지 여부(소극) (대법원 2021. 9. 30 선고 2020다295304 판결 [부당이득반환청구의소])

> 판례 해설
>
> 대상판결의 사실관계와는 약간 다르지만 대상판결에서 알아두어야 할 법리는 집합건물의 소유 및 관리에 관한 법률 제17조 규정과 관련하여 집합건물의 구분소유자에게 전유부분의 면적 비율에 따라 공용부분에 대한 관리의무가 귀속된다는 원칙을 규정한 것일 뿐, 구분소유자가 제3자와 개별적인 계약을 통해 관리방식을 선택하고 그에 따른 비용부담과 정산방법 등을 구체적으로 정하는 것을 제한하는 규정이 아니라는 것이다.
>
> 즉 특정 구분소유자가 공용부분에서 발생하는 비용에 관하여 자신

> 의 전유면적 비율보다 더 많이 부담한다는 약정은 적법하고 실재 그와 같이 부담한다고 하더라도 부당이득반환청구권을 행사할 수 없다. 그렇다면 반대의 경우 즉 특정구분소유자에게 이익을 줄 목적으로 전유부분 면적 대비 공용부분 비용을 절감하는 약정 자체는 유효할까. 아니다. 이는 또다른 구분소유자에게 피해를 줄 수 있고 이와 같은 이유로 실재 약정을 체결한 관리단 관리인이 배임죄로 처벌받은 사례가 있다.
>
> 결론적으로 특정 구분소유자와의 계약체결을 원인으로 한다면 해당 구분소유자가 자신의 부담분보다 더 많이 지급하는 것은 유효하지만 그에 반하여 자기의 전유면적 비율보다 감경하는 약정은 무효이다.

법원 판단

[1] 관리규약이나 관리단, 관리인 등이 제대로 갖춰지지 않은 집합건물의 구분소유자들이 개별적인 계약을 통해 제3자에게 건물관리를 위탁한 경우, 구분소유자와 제3자 사이의 법률관계는 당사자가 체결한 계약의 내용에 따라 정해지고, 특별한 사정이 없는 한 집합건물의 소유 및 관리에 관한 법률상 관리단 또는 관리인에 관한 규정이 적용되지 않는다.

[2] 집합건물의 소유 및 관리에 관한 법률 제17조는 집합건물의 구분소유자에게 전유부분의 면적 비율에 따라 공용부분에 대한 관리의무가 귀속된다는 원칙을 규정한 것일 뿐, 구분소유자가 제3자와 개별적인 계

약을 통해 관리방식을 선택하고 그에 따른 비용부담과 정산방법 등을 구체적으로 정하는 것을 제한하는 규정이 아니다.

관리비에 대한 부당이득반환 또는 불법행위 손해배상청구는 민법상의 총유 규정이 적용되므로 관리단집회의 결의를 거쳐서 제기하여야 한다 (서울고등법원 2018. 12. 21. 선고 2018나2037176)

판례 해설

관리단은 집합건물법이라는 특별법이 적용되는 영역으로 공용부분에 대해 각 공유자가 보존행위를 할 수 있다고 하는 부분(집합건물법 제16조 제1항)에 대해서는 공유의 법리가 적용되기도 하고, 관리단을 당사자로 하는 소송에 대해서는 법인 아닌 사단의 조문을 준용하는 것으로 보아 관리단 소송 자체는 총유의 규정을 적용해야 하는 것으로 볼 수도 있고, 집합건물법상 관리비와 같은 관리단의 재산에 대하여 별도로 청구할 수 있는 조항을 마련한 것(집합건물법 제25조 제1항)으로 보아 그 재산에 관하여 별도의 독자적인 법리가 적용되기도 하는 등 관리단과 관련된 소송에서 어느 법리를 따라야 하는지 판단하기 어려울 수 있다.

이에 대하여 대상 판결은 관리단이 일정한 구분소유자가 입주함에 따라 당연설립되는 집단이며 그 외의 규정들을 종합하여 보았을 때 법인격 없는 사단에 해당한다고 보아 집합건물법상의 특별한 규정이 있지 않은 영역에 대해서는 민법상의 총유에 관한 규정이 적용된다고 보

> 고 관리비에 대한 부당이득채권 또는 불법행위에 대한 손해배상 청구를
> 할 때에는 관리단집회의 결의를 거쳐야 한다고 정리하였다.

법원 판단

나. 본안전 항변

1) 관리단 결의

피고들은, 원고 관리단이 비법인 사단이고, 관리단 재산은 총유에 해당하여 총유물의 관리 및 처분은 사원총회의 결의에 의하여야 하고, 이 사건 소는 원고 관리단의 총유 재산에 속하는 관리비에 대한 침해를 원인으로 하는 손해배상청구 내지 부당이득반환청구이므로 총유재산에 관한 것이어서, 이 사건 소의 제기에도 관리단 총회의 결의가 필요한데, 원고 관리단의 결의가 없음이 명백하므로 원고 관리단의 이 사건 소 제기는 부적법하다고 주장한다.

살피건대, **권리능력 없는 사단이 총유재산에 관한 소를 제기함에 있어서는 정관에 다른 정함이 있다는 등의 특별한 사정이 없는 한 사원총회의 결의를 거쳐야 하는 것**이므로, 이러한 **사원총회 결의 없이 제기된 소는 소송요건이 흠결된 것으로서 부적법**하고, 이는 **보존행위로서 소를 제기한 경우에도 마찬가지**이다(대법원 2011. 7. 28. 선고 2010다97044 판결, 대법원 2010. 2. 11. 선고 2009다83650 판결 등 참조).

이 사건 건물 입주자들이 납부하는 관리비는 원고 관리단의 총유재

산이고, 이를 **불법적으로 취득하였음을 이유로 한 손해배상채권 내지 법률상 원인 없이 이득하였음을 이유로 한 부당이득반환채권 역시 원고 관리단의 총유재산**이라고 봄이 타당하다. 이러한 채권의 행사에 관하여 원고 관리단의 정관에 다른 정함이 있다고 볼 만한 자료가 없으므로, 원고 관리단의 이 사건 소의 제기에 관하여는 관리단집회의 결의가 필요하다.

2) 총유재산에 관한 법리를 적용할 수 없다는 주장

원고 관리단은, 이 사건 소는 총유물 그 자체에 관한 것이 아니고, 집합건물법상 구분소유자가 공용부분에 대하여 가지는 공유지분권에 기한 보존행위, 나아가 구분소유자들로부터 관리권을 위임받은 관리인의 권한에 기초한 것이므로, 원고 관리단이 그 채권을 행사함에 있어서 민법상 총유재산에 관한 법리를 적용하여서는 안 된다고 주장한다.

살피건대, 집합건물법은 집합건물의 공용부분은 구분소유자 전원의 공유임을 전제로 그 보존행위는 각 공유자가 할 수 있는 것으로 규율하고 있기는 하다(집합건물법 제10조, 제16조). 그러나 한편, 집합건물법은 구분소유자 전원을 구성원으로 하여 건물과 그 대지 및 부속시설의 관리에 관한 사업의 시행을 목적으로 하는 **관리단이 당연설립**되는 것으로 규정하고 있고(집합건물법 제23조), **관리단의 구성 및 운영, 의결방법에 대한 여러 규정**을 두고 있다. 이러한 규정의 취지를 종합하면, **집합건물법상 특별한 규정이 있는 경우에는 그 규정을 적용하되, 규정의**

없는 경우에는 관리단의 구성, 권한 및 운영 등에 필요한 사항에 대하여 기본적으로 민법상 비법인 사단에 관한 규정과 법리가 적용된다 할 것이다.

구분소유자들이 피고 D에 납부한 관리비는, 집합건물법에 의하여 건물과 그 대지 및 부속시설의 관리를 위하여 관리단에 부여된 권한에 근거하여 징수된 것으로서 원고 관리단의 재산이고, 집합건물법에 특별한 규정이 없으며, 원고 관리단은 민법상 비법인사단이므로, 그 재산은 원칙적으로 총유의 형태로 귀속된다 할 것이다. 따라서 이에 대한 침해를 전보하기 위한 부당이득반환채권 내지 손해배상채권도 당연히 총유재산으로 보아야 하고, 이를 재판상 청구하기 위해서는 정관에 정함이 있는 등 특별한 사정이 없는 한, 민법상 일반원리에 의하여 관리단 집회의 소제기 결의를 필요로 한다. 이와 달리 원고 관리단의 주장과 같이 원고 관리단의 부당이득반환채권이나 손해배상채권을 구분소유자의 공용부분에 대한 지분권과 유사한 것으로 볼 수는 없고, 원고 관리단의 청구를 공유자의 보존행위와 동일한 것으로 해석할 근거도 없다. 따라서 원고 관리단의 주장은 이유 없다.

또한 원고 관리단은, 총유재산의 보존행위마저 총회 구성원의 결의를 요구하게 되면 법률적 분쟁 해결이 불가능하게 되고, 긴 시간과 많은 절차 및 비용을 필요로 하게 되어 사실상 법원은 심판을 거부하는 것이 되고, 종국에는 총유재산에 대한 제3자의 불법점유나 부당행위가 사실상 정당한 것처럼 유지되는 결과에 이르게 되므로, 총유물의 보존, 관리, 처분행위라 하더라도 구분소유자의 정당한 이익을 해하지 않는 경우에는 관리단 집회의 결의는 필요하지 않다고 해석하여야 한다고도 주장한다.

그러나 민법은 총유와 공유를 구분하여 규정하고 있고, 총유는 재산의 관리처분권이 법인격 없는 단체에 귀속되면서 그 구성원에게 지분을 인정하지 않는 점 등을 감안하면, 총유재산의 보존행위에도 총회 구성원의 결의를 요하는 것은 위와 같은 법체계의 당연한 논리적 귀결이므로, **사실적으로 원고 관리단이 주장하는 부작용이 생길 수 있다 하더라도 그와 같은 개별적 사정으로 민법 제276조를 비롯한 관련 규정 및 종래의 법리와 달리 보존행위에 한하여 소제기 결의가 필요 없다고 해석할 근거가 될 수 없을 뿐만 아니라**, 원고 관리단이 주장하는 구분소유자의 정당한 이익이 무엇인지, 어떠한 방법으로 판단하여야 하는지에 대한 기준도 없으므로, 원고 관리단의 이 부분 주장은 받아들이기 어렵다.

3) 집합건물법상 소제기 권한이 있다는 주장

원고 관리단은, 집합건물의 관리단은 집합건물의 관리 및 사용에 관한 공동이익을 위하여 구분소유자의 권리와 의무를 선량한 관리자의 주의로 행사할 수 있고(집합건물법 23조의2), 이 사건 소 제기는 구분소유자의 공동이익을 위하여 제기된 것이어서 관리단 집회의 결의 없이 소를 제기할 수 있다고 주장한다.

살피건대, **집합건물법 제23조의2는 집합건물 관리단의 구분소유자**

들에 대한 의무를 설시한 규정일 뿐, 이를 들어 위 조항이 **민법상 비법인 사단에 대한 일반적인 원칙에 대한 예외를 인정하여 집합건물의 관리단에 총회 결의 없이 소를 제기할 수 있는 권능을 부여하는 규정이라고 볼 수 없다.** 따라서 원고 관리단의 위 주장은 이유 없다.

또한 원고 관리단은, 집합건물법 제25조 제1항에 의하여 관리인은 사무집행을 위한 분담금액과 비용을 각 구분소유자에게 청구·수령하는 권한을 가지고, 원고 관리단의 이 사건 청구는 피고들이 불법으로 취득한 관리비에 대한 반환청구로서 '관리비에 관한 청구'이므로, 위 규정에 의하더라도 소제기에 관리단집회의 결의가 필요없다고 주장한다.

살피건대, **집합건물법 제25조 제1항에서 관리인에게 직접 청구·수령권이 부여된 것은 구분소유자에 대한 관리비 청구에 한정된다**고 보아야 한다. 관리인은 집합건물관리단의 수임인에 불과한바, 집합건물법에 규정된 관리비 청구 외에 다른 청구까지 관리인이 단독으로 소제기 결의 없이 소를 제기할 수 있다고 본다면, 이는 **규약에 정함이 있는 등 특별한 사정이 없는 한 민법에 의하여 소제기 결의 없이는 소를 제기할 수 없는 관리단의 권한에 비하여 그 수임인인 관리인이 더 큰 권한을 가지게 되는 결과가 되기 때문**이다. 따라서 원고 관리단의 부당이득반환 내지 손해배상청구는, 집합건물법에서 정한 관리비 청구로 볼 수 없고, 집합건물법 제25조 제1항에 의하여 소제기 결의가 필요없다는 위 주장은 받아들일 수 없다.

집합건물의 관리단 등 관리주체가 관리비 체납을 이유로 단전단수 조치를 하기 위한 요건 (대법원 2021. 9. 16 선고 2018다38607 판결 [손해배상(기)])

판례 해설

집합건물의 관리단 등 관리주체가 단전조치를 하기 위해서는 법령이나 규약 등에 근거가 있어야 하고, 단전조치의 경위, 동기와 목적, 수단과 방법, 입주자가 입게 된 피해의 정도 등 여러 사정을 종합하여 사회통념상 허용될 만한 정도의 상당성이 있어야 한다(대법원 2006. 6. 29. 선고 2004다3598, 3604 판결, 대법원 2015. 2. 26. 선고 2012다76713, 76720판결 참조).

단전조치에 관하여 법령이나 규약 등에 근거가 없거나 규약이 무효로 밝혀진 경우 단전조치는 원칙적으로 위법하다. 다만 ① 관리주체나 구분소유자 등이 규약을 유효한 것으로 믿고 규약에 따라 집합건물을 관리하였는지, ② 단전조치를 하지 않으면 집합건물의 존립과 운영에 심각한 지장을 초래하는지, ③ 구분소유자 등을 보호할 가치가 있는지 등을 종합하여 사회통념상 허용될 만한 정도의 상당성을 인정할 만한 특별한 사정이 있다면 단전조치가 위법하지 않다.

법원 판단(단전조치의 적법 여부)

가. <u>집합건물의 관리단 등 관리주체가 단전조치를 하기 위해서는 법령이나 규약 등에 근거가 있어야 하고, 단전조치의 경위, 동기와 목적, 수단과 방법, 입주자가 입게 된 피해의 정도 등 여러 사정을 종합하여 사회통념상 허용될 만한 정도의 상당성</u>이 있어야 한다(대법원 2006. 6. 29. 선고 2004다3598, 3604 판결, 대법원 2015. 2. 26. 선고 2012다76713, 76720판결 참조).

단전조치에 관하여 법령이나 규약 등에 근거가 없거나 규약이 무효로 밝혀진 경우 단전조치는 원칙적으로 위법하다. 다만 관리주체나 구분소유자 등이 규약을 유효한 것으로 믿고 규약에 따라 집합건물을 관리하였는지, 단전조치를 하지 않으면 집합건물의 존립과 운영에 심각한 지장을 초래하는지, 구분소유자 등을 보호할 가치가 있는지 등을 종합하여 사회통념상 허용될 만한 정도의 상당성을 인정할 만한 특별한 사정이 있다면 단전조치가 위법하지 않다.

나. 원심은 관리규약이 「집합건물의 소유 및 관리에 관한 법률」에서 정한 관리단집회의 결의 요건을 갖추지 못하고 제정·개정되어 무효이나, 단전조치가 사회통념상 허용될 만한 정도의 상당성을 벗어난 위법한 행위라고 보기 어렵다는 이유로 반소 청구를 받아들이지 않았다.

(1) 반소원고들은 2008. 8.경부터 단전조치가 있을 때까지 장기간 수천만 원의 관리비를 체납하였다. 반소피고는 반소원고들을 상대로 관리비를 청구하는 소를 제기하는 등 관리비를 지급받기 위해 오랜 기간 여러 방안을 강구하였다. 그러나 반소원고들은 조정이 성립한 다음에도 관리비를 지급하지 않았다. 반소원고 1은 2012. 12. 28. 반소피고와 2013. 1. 28.까지 관리비를 납부하기로 합의하였으나 이를 이행하지 않았다.

(2) 2010년과 2011년 이 사건 점포의 관리비 중 전기요금이 61.3~83.5%로 가장 큰 비중을 차지하고, 이는 건물 전체 전기요금의 약 9~20%에 해당한다. 반소피고는 반소원고들로부터 관리비를 지급받지 못해 한국전력공사에 2012년 11월과 12월 전기요금 합계 72,779,600원을 납부하지 못하였다. 한국전력공사는 2012. 12. 3. 전기요금의 지급을 청구하는 지급명령을 신청하였고, 2013. 1. 9. 전기요금을 2013. 1. 25.까지 납부하지 않을 경우 전기사용계약을 해지한다는 예고서를 보냈다. 반소피고는 반소원고들로부터 관리비를 지급받고 구분소유자들과 입주민들의 공동이익을 보호하기 위해 단전조치를 하였다.

(3) 반소피고 운영위원회는 2012. 4. 30. 반소원고들의 관리비에 대한 대책을 논의하였고, 2012. 5. 7. 관리용역을 맡은 주식회사 유일종합관리에 이 사건 점포에 대한 단전조치를 요구하기로 결의하였으며, 2012. 7. 27. 이 사건 점포에 단전조치를 하고 구분소유자들에게 협조를 요청하기로 결의하였다. 반소피고는 2012. 12.경 단전조치에 관하여 구분소유자

또는 입주민 중 76% 정도의 동의를 받았다.

(4) 반소피고는 2012. 11. 28.부터 2013. 1. 24.까지 9회에 걸쳐 반소원고들에게 단전조치와 그 일시를 예고하였다. 반소피고의 대표자는 층별 대표들과 함께 이 사건 점포의 출입문이 잠기고 불이 꺼져 영업이 종료되었음을 확인한 다음 2013. 1. 30. 00:30 옥상 변전실에서 단전조치를 하였다.

(5) 관리규약이 관리단집회의 결의 요건을 갖추지 못하여 무효이나, 반소원고들을 포함한 구분소유자들이 관리규약이 제정된 때부터 이 사건 소송에 이르기까지 그 효력에 대해 의문을 제기하지 않고 유효한 관리규약으로 인식하였다. 반소피고는 관리규약에 기초하여 이 사건 건물을 관리하였다.

다. 원심판결 이유를 기록에 비추어 살펴보면, 원심이 관리규약이 무효라고 하더라도 단전조치가 불법행위에 해당하지 않는다고 판단한 것은 위에서 본 법리에 따른 것으로 정당하다. 원심판결에 상고이유 주장과 같이 필요한 심리를 다하지 않고 논리와 경험의 법칙에 반하여 자유심증주의의 한계를 벗어나거나 불법행위에 관한 법리오해, 이유불비, 이유모순 등의 잘못이 없다.

3. 단전조치와 손해 사이의 인과관계

원심의 이 부분 판단은 가정적·부가적 판단으로서, 위에서 본 바와 같이 단전조치가 불법행위에 해당하지 않는다고 한 원심판결이 정당한 이상 위와 같은 가정적·부가적 판단의 당부는 판결에 영향을 미치지 않는다. 따라서 이 부분 상고이유는 더 나아가 살펴볼 필요 없이 받아들이지 않는다.

업종제한 관련 분쟁

수분양자의 지위를 양수한 자 등이 분양계약에서 정한 업종제한 약정을 위반할 경우 영업상 이익을 침해당할 처지에 있는 자가 동종업종의 영업금지를 청구할 수 있는지 (대법원 2006. 7. 4.자 2006마164,165 결정 [가처분이의])

> **판례 해설**
>
> 분양계약 또는 관리규약을 통하여 업종지정으로 독점적 업종을 지정받은 자가 있는 경우 이와 같은 지정업종은 흡사 물권과 같아서 당시 수분양자 뿐만 아니라 **수분양자로부터 양수한 자 그리고 임차한 자까지도 모두 그 효력이 미치게 된다.**
>
> 더 나아가 이로 인하여 직접 침해를 받는 자 즉 업종을 지정받은 자로서는 자신의 업종을 침해한 자에 대하여 적극적으로 침해 금지를 청구할 수 있고 더욱이 법원은 이에 대한 보전의 필요성을 상당히 완화하여 해석하는 점이 특이하다.

법원 판단

건축회사가 상가를 건축하여 **점포별로 업종을 정하여 분양한 후에 점포에 관한 수분양자의 지위를 양수한 자 또는 그 점포를 임차한 자**는 특별한 사정이 없는 한 상가의 점포 입점자들에 대한 관계에서 상호 묵시적으로 분양계약에서 약정한 업종제한 등의 의무를 수인하기로 동의하였다고 봄이 상당하므로, 상호간의 업종제한에 관한 약정을 준수할 의무가 있다고 보아야 하고, 따라서 **점포 수분양자의 지위를 양수한 자 등이 분양계약 등에 정하여진 업종제한약정을 위반할 경우, 이로 인하여 영업상의 이익을 침해당할 처지에 있는 자는 침해배제를 위하여 동종업종의 영업금지를 청구할 권리가 있으며**(대법원 2004. 9. 24. 선고 2004다20081 판결, 2005. 8. 19.자 2003마482 결정 등 참조), 상가 분양회사가 수분양자에게 특정영업을 정하여 분양한 이유는 수분양자에게 그 업종을 독점적으로 운영하도록 보장함으로써 이를 통하여 분양을 활성화하기 위한 것이고, 수분양자들 역시 지정품목이 보장된다는 전제 아래 분양회사와 계약을 체결한 것이므로, **지정업종에 대한 경업금지의무는 수분양자들에게만 적용되는 것이 아니라 분양회사에도 적용된다고 할 것이다**(대법원 2005. 7. 14. 선고 2004다67011 판결 참조).

위와 같은 법리를 기초로 기록을 살펴보면, 원심이 이 사건 점포가 분양된 바 없고 분양회사인 프라임산업이 여전히 이를 소유한 채 피신청인 한국자산신탁에 신탁을 한 상태라고 하더라도, 이 사건 점포의 분양회사이자 소유자인 프라임산업 내지 피신청인 한국투자신탁과 **이 사건 점포를 임차한 피신청인 스타벅스는 이 사건 점포에서 커피숍 영업을 직접 하거나 제3자로 하여금 하게 하여서는 아니 될 의무**가 있고, 자신의 점포에 관하여 지정업종을 **'커피숍'으로 지정받은 신청인** 이성우 등으로서는 피신청인들이 이 사건 점포에서 커피숍 영업을 직접 하거나 제3자로 하여금 하게 함으로써 위 신청인들의 위 각 점포에서의 현실적인 매출 감소, 고정 고객의 이탈, 점포의 재산가치 하락 등 영업상의 이익을 침해당할 처지에 있다고 하여, 위 신청인들로서는 **그 영업상 이익의 침해 배제를 위하여 피신청인들에 대하여 동종업종(커피숍)의 영업금지를 청구할 권리가 있다고 한 것은 정당**하고, 거기에 재항고이유로 드는 업종제한약정의 취지, 업종제한약정 위반을 사유로 한 영업금지청구권의 요건, 성질에 관한 법리오해 및 심리미진 등의 위법이 없다.

지정 업종의 보호를 받고 있는 구분소유자가 있는 경우 관리규약 개정을 통하여 그와 같은 지정업종 보호를 삭제하는 경우에는 단순 관리규약의 개정만으로는 불가능하고 지정업종의 보호를 받은 구분소유자의 특별한 승낙이 있어야 가능하다(대법원 2006. 7. 4.자 2006마164,165 결정)

판례 해설

집합건물에서 지정업종의 보호를 받는 경우는 최초 ① **분양계약서에 지정업종으로 선택되어 있거나** ② **관리규약에 규정된 경우**이다. 이와 같

> 은 보호를 받는 업종에 대하여 관리규약 개정을 통하여 그 보호를 삭제하며 자유로이 해당 업종의 영업을 할 수 있도록 하는 것이 과연 가능할까의 문제이다.
>
> 이에 대하여 대상판결은 **관리규약 개정을 통하여 지정 업종을 없애고 자유로이 업종을 유지시키기 위해서는 <u>지정업종으로 인하여 혜택을 받고 있는 구분소유자의 특별한 승낙을 받아야만 가능하다</u>**고 판시하고 있다. 즉 집합건물법 29조에서는 규약 개정을 위해서는 구분소유자 및 의결권 3/4의 동의를 받도록 규정하고 있으면서도 후문에는 일부 구분소유자의 권리에 특별한 영향을 미칠 경우에는 그 구분소유자의 승낙을 받아야만 가능하다고 규정하고 있는 바, 지정업종으로 독점적 이익을 가지고 있는 구분소유자가 있는 경우 해당 구분소유자로서는 그와 관련된 이익에 대하여 관리규약 개정만으로 영향을 받을 수 없기 때문에 해당 구분소유자의 동의를 받도록 대상판결은 법리대로 판단하였던 것이다.

법원 판단

나아가 이 사건 점포가 '스타벅스' 커피숍이 영업을 개시하기 전인 2004. 12. 27. 관리단 대표위원회의 승인을 거쳐 최종적으로 '커피숍'으로 업종이 변경되기는 하였으나, 이 사건 건물의 구분소유자로 구성된 관리단의 규약에 의하면, 관리단 집회의 의결 내용이 특정 구분소유권의 권리에 영향을 미칠 사항에 관하여는 당해 구분소유자의 동의를 얻어야 하는 것으로 규정하고 있는바(관리단규약 제27조), **업종의 지정 내지 변경에 관한 사항은 당해 업종에 관한 특정 구분소유권의 권리에 영향**

을 미칠 사항이라고 할 것이므로 **업종의 지정 내지 변경에 관하여는 당해 구분소유자의 동의를 얻어야 할 것**이고, 이는 관리단규약 제11조 제4호에서 구분소유자 등이 '대표위원회의 사전승인 없이 전유부분의 전부 또는 일부를 지정된 용도와 업종 이외의 목적에 사용하는 행위'를 금지하고 있어 대표위원회의 승인이 있다면 업종의 변경이 가능한 경우가 있다 하더라도 **그러한 업종의 변경이 다른 구분소유권자의 업종을 침해하는 경우에는 여전히 그 동의를 얻어야 한다고 보아야 할 것**이므로, 원심이 같은 취지에서 신청인 이성우 등이 이 사건 점포에 관한 지정업종을 '커피숍'으로 지정 내지 변경하는 데 동의하였음을 소명할 만한 자료가 없어 이 사건 점포에 관한 위와 같은 지정업종의 지정 내지 변경은 위 신청인에 대하여는 그 효력이 없다고 한 것은 정당하고, 거기에 재항고이유로 드는 법리오해 등의 위법이 없다.

제29조(규약의 설정·변경·폐지)
① 규약의 설정·변경 및 폐지는 관리단집회에서 구분소유자의 4분의 3 이상 및 의결권의 4분의 3 이상의 찬성을 얻어서 한다. 이 경우 규약의 설정·변경 및 폐지가 일부 구분소유자의 권리에 특별한 영향을 미칠 때에는 그 구분소유자의 승낙을 받아야 한다.

업종제한을 규정한 관리규약을 변경하는 것은 해당 업종을 독점적으로 영위하고 있는 구분소유자의 권리와 직접 관련이 있는 사항이기 때문에 일반 의결정족수로는 부족하고 해당 구분소유자의 동의를 받아야 한다(서울북부지방법원 2014가합21780 판결).

사실 관계

가. 원고는 A건물 시공사로부터 업종을 약국으로 정하여 A건물 111호 점포를 분양받아 약국을 경영하고 있는 자이고, 피고1은 A건물 201호 점포의 소유자이며, 피고2는 위 201호 점포를 임대하여 약국을 경영하는 자이다.

나. A건물 분양계약서에는 업종제한 규정이 포함되어 있으며, 분양 이후 최초 제정된 A건물 관리규약에도 '업종 준수'규정이 포함되어 있었다. 그 후 A건물 상가번영회는 관리규약을 개정하여 업종제한 규정을 폐지하였다.

다. 원고는 201호 점포의 소유자 피고B와 임차인 피고C를 상대로 약국 영업을 하게 하거나 하여서는 아니 된다는 영업금지 등을 청구하는 이 사건 소를 제기하였는바, 피고들은 상가번영회가 업종제한 규정을 폐지하였으므로, 피고들은 기존 업종과 무관하게 자유로이 업종을 선택할 수 있다고 주장한다.

법원 판단

집합건물법 제29조 제1항은 '규약의 설정·변경 및 폐지는 관리단집회에서 구분소유자의 4분의 3 이상 및 의결권의 4분의 3 이상의 찬성을 얻어서 한다. 이 경우 **규약의 설정·변경 및 폐지가 일부 구분소유자의 권리에 특별한 영향을 미칠 때에는 그 구분소유자의 승낙을 받아야 한다**'라고 규정하고 있고, 이는 강행규정이라 할 것인데, 피고들의 주장 자체에 따르더라도 관리규약 개정에 찬성한 13명의 입점자만으로는 집합건물법의 위 규정에 따른 의결정족수 24명(32X3/4)에 미치지 못함이 계산상 명백하므로, 상가번영회가 2011. 9. 19. 관리규약을 개정하면서 업종제한 규정을 삭제한 것은 집합건물법 제29조 제1항에 위반하여 무효이다.

제29조(규약의 설정·변경·폐지)
① 규약의 설정·변경 및 폐지는 관리단집회에서 구분소유자의 4분의 3 이상 및 의결권의 4분의 3 이상의 찬성을 얻어서 한다. 이 경우 규약의 설정·변경 및 폐지가 일부 구분소유자의 권리에 특별한 영향을 미칠 때에는 그 구분소유자의 승낙을 받아야 한다.

가처분 진행 도중에도 업종이 지정된 점포의 소유자가 제3자에게 점포를 임대하여 고정적인 임대수익을 얻고 있다고 하여도 업종제한 약정을 위반한 동종의 점포를 상대로 영업금지가처분을 구할 보전의 필요성이 있다고 인정한 사례[대법원 2006. 7. 4.자 2006마164,165 결정]

> **판례 해설**
>
> 임시지위를 정하는 가처분은 다른 용어로 만족적 가처분이라고 표현한다. 즉 다른 보전처분과 다르게 임시지위를 정하는 가처분은 가처분이 인용되는 경우 본안판결을 받는 것과 동일한 효력을 발생시키기 때문이다.
>
> 결국 가처분만으로 이와 같은 효력을 발생시키기 때문에 가처분 재판부는 피보전권리 외에 보전의 필요성에 대하여 엄격하게 판단하고 있다. **보전의 필요성이라 함은 다툼이 있는 권리관계가 본안 소송에 의하여 확정되기 전까지 가처분권리자에게 끼칠 현저한 손해를 피하거나 급박한 위험을 막기 위하여 또는 기타 필요한 이유가 있을 경우에 한하여 응급적·잠정적 처분을 과연 허용할 필요가 있는지 여부**라고 할 것인바, 법원은 이와 같은 보전의 필요성에 관하여 본안소송의 내실화를 위하여 엄격하게 판단하는 경향이 존재한다.
>
> 그럼에도 불구하고 이 사건에서는 실제 업종을 침해당한 자가 자신의 점포를 임대하여 매달 일정 금액의 수익을 벌어들이고 있음에도 불구하고 보전의 필요성을 인정하고 있는바, 그 이유는 **상대방이 지속적으로 영업을 하는 경우 신청인들의 매출 감소, 고정고객 이탈, 인지도 하락 등에 관하여 구체적이고 즉각적인 손해가 지속될 것이라고 판단하여 보전의 필요성을 인정**한 것이다.

법원 판단(보전의 필요성에 관하여)

　동종영업의 금지를 구하는 가처분은 민사집행법 제300조 제2항에 정한 임시의 지위를 정하는 가처분의 일종으로서, 특히 이러한 가처분은 그 다툼 있는 권리관계가 본안소송에 의하여 확정되기까지 사이에 **가처분 권리자가 현재의 현저한 손해를 피하거나 급박한 위험을 막기 위하여 또는 기타 필요한 이유가 있을 경우에 한하여 응급적·잠정적 처분으로서 허용되는 것**으로서, 본안판결 전에 채권자에게 만족을 주는 경우도 있어 채무자의 고통이 크다고 볼 수 있으므로 **그 필요성의 인정에는 신중을 기해야** 할 것이다 (대법원 1997. 10. 14.자 97마1473 결정, 2005. 8. 19.자 2003마482 결정 등 참조).

　원심결정 이유와 기록에 나타난 이 사건 건물 내 상가동의 현황, 신청인 이성우 등이 운영하는 '티파니' 점포와 '스타홈스' 점포의 각 위치와 영업 형태 및 영업 상황, 이 사건 점포에서 피신청인 스타벅스가 운영하였던 커피숍 영업의 형태 및 영업 상황, 피신청인 스타벅스가 운영하는 커피숍(스타벅스)의 인지도, 기타 제반 사정 등에 비추어 볼 때, 원심이, 피신청인 스타벅스가 이 사건 점포에서 '스타벅스'라는 상호로 커피숍을 계속 운영할 경우 그로 인하여 '티파니' 점포 및 '스타홈스' 점포에는 **상당한 매출 감소와 고정 고객의 이탈, 인지도 하락 등의 구체적이고 즉각적인 손해가 지속될 것**으로 보이고, 이러한 손해는 피신청인 스타벅스가 이 사건 점포에서의 영업을 중단함으로 인하여 **피신청인들이 입게**

되는 손해에 비하여 미미하다거나 추후 금전적 보상에 의하여 모두 만족을 얻을 수 있는 것으로 단정할 수도 없다고 할 것이므로, 신청인 이성우 등은 이 사건 피보전권리에 관한 본안소송이 확정되기까지 사이에 이 사건 점포에서 피신청인들이 커피숍 영업을 계속함으로써 현저한 손해나 급박한 위험이 발생할 가능성이 커 보전의 필요성에 대하여 그 소명이 충분하다고 판단한 것은 앞서 본 법리에 따른 것으로 수긍할 수 있으므로, 거기에 채증법칙 위반 내지 보전의 필요성에 관한 법리오해 등의 위법이 있다는 재항고이유는 받아들일 수 없다.

업종이 제한된 채 분양된 점포의 양수인 또는 임차인은 업종 제한 약정을 준수할 의무가 있고, 수분양자들이나 구분소유자들 스스로의 합의로 해당 약정을 사후 변경할 수 있다(대법원 2012. 11. 29. 선고 2011다79258 판결)

판례 해설

건축주가 건축 이후 점포별로 업종을 정하여 분양한 경우, 그 점포의 수분양자나 그의 지위를 양수한 자 또는 점포를 임차한자는 특별한 사정이 없는 한 업종 제한 등의 의무를 수인하는데 묵시적으로 동의하였다고 판단한 사례이다.

즉 대법원은 수분양자 지위를 양수한 자나 점포 임차인들 역시 업종 제한 등의 의무를 준수하여야 하고, 이를 위반할 경우 이로 인하여 영업상 이익을 침해당할 처지에 있는 자는 침해배제를 위하여 동종영업의 영업금지를 청구할 권리가 있다고 보았다.

다만 대법원은 이 같은 업종 제한 설정을 **수분양자들이나 구분소유자들 스스로의 합의에 의하여 '사후' 변경할 수 있다**고 판시함으로써, 차후 이 같은 영업 제한에서 자유로워질 수 있는 여지를 남겨놓았다. 이때 주의할 것은 임차인 등 제3자는 별도의 대리권을 수여받지 않는 이상 사후 합의의 주체에 포함되지 않는다는 점이다.

법원 판단

[1] 건축주가 상가를 건축하여 점포별로 업종을 정하여 분양한 경우 **점포의 수분양자나 그의 지위를 양수한 자 또는 점포를 임차한 자**는 특별한 사정이 없는 한 상가의 점포 입점자들에 대한 관계에서 **상호 묵시적으로 분양계약에서 약정한 업종 제한 등의 의무를 수인하기로 동의하였다**고 봄이 타당하므로, 상호간 업종 제한에 관한 약정을 준수할 의무가 있다고 보아야 하고, 따라서 이들이 업종 제한 약정을 위반할 경우 이로 인하여 영업상 이익을 침해당할 처지에 있는 자는 **침해배제를 위하여 동종업종의 영업금지를 청구할 권리가 있다.**

[2] 상가건물이 집합건물법의 규율대상인 집합건물인 경우 관리단의 설립 이후에는 집합건물법 제28조의 관리단 규약을 통하여 분양 당시의 업종 제한을 새로 설정하거나 변경할 수도 있는데, 이러한 업종 제한에

는 기본적으로 수분양자 또는 구분소유자에게 해당 업종에 관한 독점적 운영권을 보장하는 의미가 내포되어 있으므로 **이를 사후에 변경하기 위해서는 임차인 등의 제3자가 아닌 수분양자들이나 구분소유자들 스스로의 합의가 필요하다**. 이 때, 구분소유자나 수분양자가 임차인 등에게 사전적·포괄적으로 상가건물의 관리에 관한 의결권을 위임하거나 업종 제한 변경의 동의에 관한 대리권을 수여한 경우에는 위 임차인 등이 참여한 결의나 합의를 통한 업종 제한의 설정이나 변경도 가능하다고 할 것이다.

제28조(규약)

① 건물과 대지 또는 부속시설의 관리 또는 사용에 관한 구분소유자들 사이의 사항 중 이 법에서 규정하지 아니한 사항은 규약으로써 정할 수 있다.

관리규약에 의하여 새로이 업종 제한에 관한 조항을 신설할 경우 사실상 독점적으로 영업을 하고 있는 일부 구분소유자에게 집합건물법 제29조1항의 특별한 영향을 미치는 자에 해당함을 이유로 승낙을 받아야 하는지 여부(대법원 2006. 10. 12. 선고 2006다36004 판결)

판례 해설

분양계약이나 기존의 관리규약이 아닌 관리단이 제정한 규약을 통해서 사실상 독점적 지위를 누리면서 영업을 하는 경우가 종종 있다. 다만 이와 같은 지위는 **사실상의 독점적 지위에 불과**할 뿐 법률상 보호를 받는 독점적 지위는 아니기 때문에 쉽게 깨질 우려가 있게 된다.

새로이 관리규약을 개정하면서 업종제한에 관한 규정을 삽입하는 경우 해당 규정으로 인하여 기존의 독점적 영업형태가 침해를 받는 경우가 있을 수 있다. 그러나 이와 같은 경우는 법적으로 보호되는 지위가 아니기 때문에 **관리규약 개정으로 인하여 특별히 영향을 받는 구분소유자에 해당한다고 할 수 없으므로 해당 구분소유자의 승낙이 없다고 하더라도 관리규약은 적법·유효**하게 되는 것이다.

즉 관리규약이라고 함은 모든 사람에게 동일하게 적용되는 것이므로 그에 대하여 특별히 영향을 받는 경우라고 할 수 없다고 할 것이다.

법원 판단

원심판결 이유에 의하면, 원심은 채택한 증거들을 종합하여 그 판시와 같은 사실을 인정한 다음, 원심 판시 별지목록 기재 상가건물(이하 '이 사건 건물'이라 한다)에 대하여 집합건물의 소유 및 관리에 관한 법률(이하 '집합건물법'이라 한다)의 규정에 의한 관리단의 지위를 갖는 엑스포코아 총번영회에서 제정한 관리단 규약의 업종제한규정과 위 관리단 규약의 위임을 받아 그 중 4층 입점자(구분소유자) 및 점유자들로 구성된 4층 번영회에서 제정한 4층 번영회칙의 절차규정은 모두 입점자 내지 점유자들을 당연 회원으로 하는 상가번영회에 의하여 마련된 것으로서, 이는 집합건물법 제42조의 규정에 따라 기존 입점자 내지 점유자들뿐 아니라 기존 입점자로부터 지위를 양수한 자 또는 그 점포를 임차한 자가 해당 점포에 대하여 지정된 업종을 변경하고자 하는 경우에도 마찬가지로 적용된다고 봄이 상당하다는 이유로, '4층 번영회칙 시행 이전에 입점한 업종과 신규 업종이 중복되는 경우에는 4층 번영회와 협의 후 관리사무소의 승인을 얻은 후에 입점한다.'고 규정한 4층 번영회칙 제12조 제3호에 따른 승인을 받지 않은 채 기존에 헬스클럽으로 영업을 하던 이 사건 건물 4층 30호를 임차하여 원고들과 중복되는 피아노학원으로 업종을 변경하여 입점한 피고에 대한 영업행위의 금지를 구하는 원고들의 이 사건 청구를 인용하였다.

기록과 원심판결에 나타난 관리단 규약과 4층 번영회칙 제정의 경위 및 내용, 특히 이 사건 건물의 4층 번영회칙은 집합건물법상의 관리단에 해당하는 총번영회에서 제정한 관리단 규약에서 각 층별 번영회를 구성할 것과 그 층별 규약의 제정권한 및 업종제한에 따른 자세한 사항을 규정할 권한을 **위임하는 규정을 둠에 따라 이에 근거하여 작성**된 것인 점, 4층 번영회칙에 대하여 집합건물법 제29조 제1항 전문에 따른 **4층 구분소유자 및 의결권 4분의 3 이상의 찬성을 받은 점**, 관리단 규약에서 업종제한에 관한 자세한 사항을 각 층별 번영회에서 정하도록 위임한 취지는 특정 층의 번영회에서 제정한 해당 층 구분소유자들만의 이해관계 조정을 위한 층별 번영회칙에 대하여 다른 층의 **각 구분소유자들은 모두 동의하여 이를 관리단 규약의 내용으로 받아들이겠다는 취지**로 해석되는 점 등을 종합하여 보면, 이 사건 건물 4층 **번영회칙도 관**

리단 규약에 포섭되어 그 일부로서 효력을 가진다고 봄이 상당하므로, 집합건물법 제42조에 따라 해당 층 모든 구분소유자와 그 특정승계인 및 임차인 등에 대하여도 효력이 미친다고 할 것이다.

나아가 집합건물법 제29조 제1항 후문은 '관리단 규약의 설정·변경 및 폐지가 일부의 구분소유자의 권리에 특별한 영향을 미칠 때에는 그 구분소유자의 승낙을 얻어야 한다.'고 규정하고 있으나, 이 사건에서처럼 새로이 업종제한에 대한 관리단 규약을 설정하는 경우 그로 인하여 소유권 행사에 다소 제약을 받게 되는 등 구분소유자의 권리에 영향을 미친다고 하더라도 이는 모든 구분소유자들에게 동일하게 영향을 미치는 것으로, **결국 '전체의 구분소유자'의 권리에 관한 것이지 특별한 사정이 없는 한 '일부의 구분소유자'에게만 특별한 영향을 미치는 것이라고는 할 수 없으므로,** 설령 피고가 임차한 4층 30호의 구분소유자 김정임이 4층 번영회칙에 대하여 승낙을 하지 않았더라도 피고가 그 규약의 효력을 부인할 수는 없다고 하겠다.

그렇다면 피고에게 이 사건 건물의 관리단 규약과 4층 번영회칙에 정한 동종업종 영업의 사전 승인 등 업종제한에 관한 규정이 적용된다고 본 원심의 조치는 정당한 것으로 수긍할 수 있고, 거기에 상고이유로 주장하는 바와 같이 집합건물법상의 관리단 규약에 관한 법리를 오해한 위법이 있다고 할 수 없다.

> 제29조(규약의 설정·변경·폐지)
> ① 규약의 설정·변경 및 폐지는 관리단집회에서 구분소유자의 4분의 3 이상 및 의결권의 4분의 3 이상의 찬성을 얻어서 한다. 이 경우 규약의 설정·변경 및 폐지가 일부 구분소유자의 권리에 특별한 영향을 미칠 때에는 그 구분소유자의 승낙을 받아야 한다.

분양계약서에 지정업종 또는 업종 제한이 명기된 경우 해당 업종 제한을 위반한 자에 대하여 동종업종의 영업금지를 청구할 수 있는 권리가 있고 이는 수분양자 뿐만 아니라 양수인 그리고 세입자까지 공통적으로 적용되어 세입자까지도 청구가 가능하다(대법원 2002. 12. 27. 선고 2002다45284 판결)

> **판례 해설**
>
> 집합건물에서 지정업종을 침해하는 다른 구분소유자에게 영업금지를 청구할 수 있는 권원은 분양계약서 및 관리규약, 두 가지 경우에 불과하다.
>
> 대상판결은 분양계약서에 업종 지정이 된 경우로서 지정된 업종을 위반하여 영업을 한 자에 대해서 <u>자신의 업종을 침해당한 자가 수분양자인지 아니면 그로부터 양수한 자인지 상관없이 영업금지를 청구할 수 있는 권리가 있다</u>고 보고 있다.
>
> 따라서 상가 점포를 임차하려거나 매입하려는 자로서는 자신이 영업을 하려는 업종을 할 수 있는지부터 먼저 살펴보아야 할 것이다.

법원 판단

건축회사가 상가를 건축하여 각 점포별로 업종을 지정하여 분양한 경우 그 수분양자나 점포에 관한 수분양자의 지위를 양수한 자는 특별한 사정이 없는 한 그 상가의 점포 입주자들에 대한 관계에서 상호간에 명시적이거나 또는 묵시적으로 분양계약에서 약정한 업종제한 등의 의무를 수인하기로 동의하였다고 봄이 상당하므로, 상호간의 업종제한에 관한 약정을 준수할 의무가 있고, 따라서 <u>점포 수분양자나 그 지위를 양수한 자 등이 분양계약에서 정한 업종제한약정을 위반할 경우, 이로 인하여 영업상의 이익을 침해당할 처지에 있는 자는 침해 배제를 위하여 동종 업종의 영업금지를 청구할 권리가 있으며</u>(대법원 1997. 12. 26. 선고 97다42540 판결, 2002. 8. 23. 선고 2001다46044 판결 등 참조), 일단 **위와 같은 동의를 한 이후 나중에 이와 다른 명시적 의사표시나 행위를 하는 것은 신의칙에 위배되어 허용될 수 없다**고 할 것이다.

원심이 적법하게 인정한 사실관계에 의하면, 채권자와 채무자를 비롯한 원심 판시의 이 사건 점포의 수분양자들은 분양회사와의 **분양계약 체결 당시 입점일로부터 1년의 기간동안은 이 사건 상가의 점포 입점자들에 대한 관계에서 상호 분양계약에서 약정한 업종제한 등의 의무를 수인하기로 동의**하였고, 그 이후로도 계속하여 채무자를 포함한 수분양자들이 자치적으로 상가번영회를 구성하고 상가번영회의 회칙을 정함으로써 위와 같은 업종제한 등의 의무를 수인함에 동의하였다고 봄이 상당하며, 채무자가 위와 같은 동의를 한 후에 상가번영회에서 탈퇴하는 등 이와 다른 의사표시를 하는 것은 신의칙에 위배되어 허용될 수 없다고 할 것이다.

분양계약서 등에서 업종 제한을 두는 경우 수분양자들이나 구분소유자들 스스로의 합의가 아닌 임차인 등의 제3자 사이의 합의에 기하여 제한업종의 변경이 불가능하다(대법원 2003다45496 영업금지 등).

> **판례 해설**
>
> 업종지정에 따른 업종 금지 청구는 당사자의 입장에서는 자신과 동일한 업종, 유사한 업종을 영위하려는 자를 방해하기 위한 가장 강력한 수단이다. 즉 분양계약서 또는 관리규약에 업종 지정이나 업종금지 조항이 존재한다면 이를 모르고 임차를 하였더라도 동일 또는 유사업종을 영위하려는 자는 결국 해당 업종으로 영업을 할 수 없게 된다.
>
> 이 사건에서 원고는 분양자로부터 업종을 지정받은 수분양자였고, 다만 자신이 직접 영업하지 않고 임차를 주었던바, 해당 임차인이 임대인인 수분양자의 의사와 무관하게 다른 임차인이 해당 업종을 영위할 것을 동의하여 주었던 것이다. 더 나아가 이 사건 관리단 또한 기존의 지정된 업종과 다르게 새로운 업종을 지정하는 관리규약을 제정, 개정하였다.

이 사건에서 업종을 지정받은 수분양자는 자신의 임차인이 임의로 합의한 업종 합의에 관하여 무효를 주장하는 한편, 제한업종의 변경 과정에서 의결정족수를 충족하지 못하였음을 주장하였고, 대법원에서는 이러한 주장이 모두 받아들여졌다.

생각건대 **수분양자의 호실에 지정된 업종은 그에게 우선적이고, 특별하게 인정된 지위에 해당**하는 바, 이에 관하여 <u>**수분양자가 아닌 점유자가 합의할 권한도 없을 뿐만 아니라**</u>, 수분양자에게 있어서 너무 중요한 이와 같은 사안을 변경하기 위해서는 법률 및 기존의 관리규약에서 규정한 절차를 준수해야 함을 지적한 대법원의 판단은 지극히 타당하다.

법원 판단

분양계약서 또는 '집합건물의 소유 및 관리에 관한 법률'(이하 '집합건물법'이라 한다) 제28조의 관리단규약 등에서 업종제한조항을 두는 경우에 어떠한 범위의 업종변경을 제한할 것인가, 업종변경을 절대적으로 금지할 것인가 아니면 일정한 범위에서 변경을 허용할 것인가는 사적 자치의 원칙에 따라 당사자가 자유로이 정할 수 있는 것이고, 업종변경의 허부, 범위 및 절차 등은 분양계약서 또는 관리단규약 등의 합리적 해석을 통하여 판단하여야 할 것이나 이 경우에도 분양회사가 수분양자에게 특정 영업을 정하여 분양하거나 구분소유자들 사이에서 각 구분소유의 대상인 점포에서 영위할 영업의 종류를 정하는 것은 기본적으로 수분양자 또는 구분소유자에게 그 업종을 독점적으로 운영하도록 보장하는 의미가 내포되어 있다고 할 것이므로, 이 경우 **소유권을 분양받은 수분양자들이나 구분소유자들의 독점적 지위는 수분양자들이나 구분소유자들 스스로의 합의가 아닌 임차인 등의 제3자 사이의 합의에 기하여 변경될 수는 없다**.

앞에서 본 법리와 위 인정 사실을 종합하며 보면, 이 사건 상가의 경우 당초의 분양계약상 업종변경에 대하여는 분양자인 대림산업의 동의를 얻어야 하지만, 이 사건 상가의 2/3가 분양된 후에는 상가관리위원회의 승인을 받아야 하는데, 상가관리위원회는 수분양자 전원으로 구성된다는 것이고, 그 밖에 수분양자 이외의 자가 상가관리위원회의 회원이 된다고 볼 아무런 근거가 없으며, 한편 이 사건 상가의 경우 소유권만을 분양하였으므로 여기서 수분양자는 명백히 소유권을 분양받은 자, 즉 구분소유자를 의미한다고 할 것이니, 결국 **위 상가관리위원회는 그 명칭에 상관없이 바로 집합건물법상의 구분소유자단체인 관리단을 의미하는 것이라고 보아야 할 것이고, 따라서 이 사건 상가의 경우 분양계약상 정해진 업종을 변경하는 데 대한 승인권은 집합건물법상의 관리단이 갖는다고 할 것이다.**

……

그렇다면 이 사건 번영회는 집합건물법상의 관리단이라 할 수 없고, 달리 피고 1이 분양받은 214호 점포에서 부동산중개 영업이나 미장원 영업을 영위할 수 있도록 구분소유자들로 구성된 관리단에 해당하는 단체의 동의나 <u>기존의 경쟁업종을 영업할 수 있는 점포소유자의 동의</u>

<u>를 얻지 못했음</u>은 피고들의 주장 자체로 명백하거나 기록상 명백하므로 **피고 1이 당초 분양계약상 정해진 제한업종에 대하여 적법한 변경절차를 거쳤다고 볼 수 없다.**

> 제28조(규약)
> ① 건물과 대지 또는 부속시설의 관리 또는 사용에 관한 구분소유자들 사이의 사항 중 이 법에서 규정하지 아니한 사항은 규약으로써 정할 수 있다.

상가분양계약에 있어서 지정업종에 대한 경업금지의무는 수분양자들에게만 적용되는 것이 아니라 분양회사에게도 적용되고 이는 주된 채무이므로 이를 이유로 분양계약 해제도 가능하다(대법원 2005. 7. 14. 선고 2004다67011 판결)

> **판례 해설**
>
> 업종 지정이나 기타 경업금지 의무는 대부분 분양계약서에 명시하면서 이를 위반할 경우 업종을 위반한 당사자에게 침해당한 영업자는 영업금지 청구를 할 수 있다. 대상판결은 더 나아가 분양계약 자체의 해제를 주장할 수 있는지 여부에 관하여 판단한 것이다.
>
> 분양계약서에 따라 업종을 지정하는 분양자로서도 업종지정에 관하여 계약의 당사자로서 일정한 책임이 문제 되는바, 수분양자로서는 분양계약을 할 당시 지정된 업종은 자신이 해당 점포를 분양받는 목적 자체이

> 므로 이와 같은 지정업종의 준수가 지켜지지 않고 분양업자가 이를 위반
> 하여 동종 업종을 재차 지정한다면, 이는 **분양계약의 주된 의무 위반에
> 해당하므로 계약해제가 가능하고 수분양자로서는 그에 따른 분양대금
> 반환 청구도 가능**하다고 할 것이다.

법원 판단

계약상의 많은 의무 가운데 **주된 채무와 부수적 채무를 구별**함에 있어서는 급부의 독립된 가치와는 관계없이 **계약을 체결할 때 표명되었거나 그 당시 상황으로 보아 분명하게 객관적으로 나타난 당사자의 합리적 의사에 의하여 결정**하되, **계약의 내용·목적·불이행의 결과 등의 여러 사정을 고려**하여야 할 것인바(대법원 1997. 4. 7.자 97마575 결정 참조), 원심은, 피고가 이 사건 상가 분양 당시 층별 지정업종 및 품목을 중복되지 않게 정해놓고 원고 등 수분양자들에게 **분양을 원하는 층의 층별 지정업종의 범위 내에서 세부적인 취급품목을 지정하여 분양계약을 체결**하고, 그 분양계약서에 '협의한 업종과 취급품목으로만 영업하여야 하며, 다른 업종이나 품목으로 변경하고자 할 경우에는 피고의 사전 서면승인을 받아야 하고, 수분양자가 위 계약을 위반할 경우에 피고는 계약을 해제할 수 있다.'고 규정한 취지는, 경업금지를 분양계약의 내용으로 하여 만약 분양계약 체결 이후라도 수분양자가 경업금지의 약정을 위배하는 경우에는 그 분양계약을 해제하는 등의 조치를 취함으로써 기존 점포를 분양받은 상인들의 영업권이 실질적으로 보

호되도록 최선을 다하여야 할 의무를 부담하겠다는 것이므로(대법원 1995. 9. 5. 선고 94다30867 판결, 1997. 4. 7.자 97마575 결정 참조), 피고의 이러한 **경업금지의무는 이 사건 상가 분양계약의 목적달성에 있어 필요불가결하고 이를 이행하지 아니하면 분양계약의 목적이 달성되지 아니하여 원고들이 분양계약을 체결하지 아니하였을 것이라고 여겨질 정도의 주된 채무**라고 봄이 상당하다고 판단하였는바, 위 법리에 비추어 기록을 살펴보면, 이러한 원심의 판단은 옳고, 거기에 분양계약의 주된 채무의 해석에 관한 법리를 오해한 위법이 있다고 할 수 없다.

관리단의 관리규약 개정시 특정 업종제한이 포함된다고 하더라도, 이러한 업종 제한이 특정 구분소유자의 이익을 해한다고 해석할 수 없다(서울중앙지방법원 2013가합93598).

> **판례 해설**
>
> 최근에 자주 발생하는 상가업종제한과 관련된 사례이다. 이 사건에서는 해당업종제한 규약이 특정 구분소유자에게 특별히 영향을 미치는 것인지, 이로 인해 해당 구분소유자로부터 동의를 받아야하는지 여부가 문제되었다.
>
> 대상판결은 업종제한에 관한 **관리단규약을 새로 설정하는 경우**, (기존에 해당 업종을 영위하는 구분소유자가 아닌 한) 모든 구분소유자에

> 대해 영향을 미치는 조문에 해당하기에 이를 두고 특정 구분소유자에게만 영향을 미친다고 볼 수 없다고 판단함으로써 원고의 손을 들어주었다.
>
> 해당 업종에 관한 영업을 할 계획이 있었고 구체화된 계획에 따라 이후 실제 공사까지 진행된 사항이라면 해당 구분소유자에게 직접적인 이해관계가 있기 때문에 집합건물법 제29조 제1항에 의해 특정 구분소유자에게 승낙을 받아야 하나, **이러한 계획조차 구체화되지 않은 상태에서는 업종제한을 위한 규약을 제정한다고 하여 장래의 특정구분소유자의 권리를 제한하다고 볼 수 없을 것이다.**

법원 판단

집합건물법 제29조 제1항 후문이 '규약의 설정·변경 및 폐지가 일부 구분소유자의 권리에 특별한 영향을 미칠 때에는 그 구분소유자의 승낙을 받아야 한다'고 규정하고 있으나, 새로이 업종제한에 대한 관리단 규약을 설정하는 경우 그로 인하여 소유권 행사에 다소 제약을 받게 되는 등 구분소유권자의 권리에 영향을 미친다고 하더라도 <u>이는 모든 구분소유자들에게 동일한 영향을 미치는 것으로, 결국 '전체의 구분소유자'의 권리에 관한 것이지 특별한 사정이 없는 한 '일부의 구분소유자'에게만 특별한 영향을 미치는 것이라고 할 수 없고</u>(대법원 2006. 10. 12. 선고 2006다36004 판결 참조), 이 사건 규약상 업종제한으로 인하여 피고가 원고와 동일 업종을 영위할 수 없으나, 한편 피고가 다른 업종을 선택하여 영업할 경우 이 사건 규약에 의하여 독점적인 영업이 가능해지는 이익도 있어 **이 사건 규약이 피고 및 피고의 임대인에게 반드시 불리한 것이라고 단정할 수 없는 점 등을 종합하여 보면, 가사 피고의 임대인이 이 사건 금지규정이 포함된 이 사건 규약에 대하여 승낙을 하지 않았다 하더라도, 이를 이유로 그 효력을 부인할 수는 없다.** 피고의 위 주장은 이유 없다.

제29조(규약의 설정·변경·폐지)
① 규약의 설정·변경 및 폐지는 관리단집회에서 구분소유자의 4분의 3 이상 및 의결권의 4분의 3 이상의 찬성을 얻어서 한다. 이 경우 규약의 설정·변경 및 폐지가 일부 구분소유자의 권리에 특별한 영향을 미칠 때에는 그 구분소유자의 승낙을 받아야 한다.

주상복합건물에서의 분쟁

아파트/상가 업무시설에 대한 구분관리 안건에 대한 결의는 입주자대표회의 결의가 아니라 관리단 명의로 집회를 소집하여 아파트와 상가 구분소유자 모두의 의견을 수렴해야 한다(대전지방법원 2017카합50467).

판례 해설

건물의 구분관리를 내용으로 하는 의결은 아파트 입주자대표회의가 아닌 건물 전체의 관리단 명의로 소집되어 아파트와 상가 구분소유자들의 의견수렴을 기초로 이루어질 필요가 있다는 사례이다.

주상복합건물은 건물 전체가 비주거용 건물(예컨대 상가 부분)과 주거용 건물(예컨대 아파트 부분)로 구분되어 각 부분의 구분소유자들이 건물 전체의 관리에 있어 이해관계를 서로 달리 하는 경우가 많다. 그러다보니 갈등이 생기기 마련이고, 이는 자칫 법적분쟁으로도 이어질 수 있는데, 이 사건의 경우도 아파트와 상가 업무 시설이 구분되지 않고 관리되었다가 상가 업무시설의 관리비 체납금액이 3억 원을 초과하자 아파트 입주민들이 피해 확대를 우려하여 독자적인 관리단을 조직하려고 한 사례이다.

공동주택관리법에 따른 입주자대표회의는 공동주택의 입주자 등을 대표하여 관리에 관한 주요사항을 결정하기 위하여 동별 세대수에 비례하여 관리규약으로 정한 선거구에 따라 선출된 4명 이상의 동별 대표자로 구성되는 자치의결기구이고, 집합건물법에 따른 관리단은 건물에 대한 구분소유관계가 성립되면 구분소유자 전원을 구성원으로 하여 건물과 그 대지 및 부속시설의 관리에 관한 사업시행을 목적으로 설립되는 단체로서 명확하게 구별되는 별개의 단체다.

따라서 두 단체를 동일시 할 수 없다는 것이 판례의 입장인바, 한 동의 집합건물이 주거부분과 상가 부분으로 구조상, 이용상 구별된다고 하더라도 그 공용부분이 일부 구분소유자들의 것인지, 전체 구분소유자들의 것인지의 구별이 반드시 명확한 것도 아니며, 공용 부분의 변경이나 재건축 등과 같이 소유자 전원의 이해와 관계가 있는 사항은 여전히 존재할 수 있기 때문에 **구분결의를 하기 위해서는 입주자대표회의의 결의가 아닌 건물 전체의 관리단 명의로 집회를 소집하여 아파트와 상가 구분소유자들의 의견수렴을 받아야만 한다.**

위와 같은 사항은 입주자대표회의가 실질적으로 상가시설을 관리하고 있다고 하더라도 마찬가지라는 것이 재판부의 입장이므로 '구분 의결'은 건물 전체의 관리단 명의로 집회를 소집한 후 진행하는 것이 추후 생길수도 있는 문제 방지에 적절할 것이다.

법원 판단

집합건물법 제23조 제1항은 "건물에 대하여 구분소유관계가 성립되면 구분소유자는 전원으로서 건물 및 그 대지와 부속시설의 관리에 관한 사업의 시행을 목적으로 하는 관리단을 구성한다."고 규정하고 있다. 이러한 **관리단**은 어떠한 조직행위를 거쳐야 비로소 성립되는 단체가 아니라 **구분소유관계가 성립하는 건물이 있는 경우 당연히 구분소유자 전원을 구성원으로 하여 성립되는 단체**이고, 구분소유자로 구성되어 있는 단체로서 위 법 **제23조 제1항의 취지에 부합하는 것이면 존립 형식이나 명칭에 불구하고 관리단으로서의 역할을 수행할 수 있다**(대법원 2013. 3. 28. 선고 2012다4985 판결 참조), 한편 집합건물의 일부의 구분소유자만이 공용하도록 제공되는 것임이 명백한 공용부분(이른바 '일부공용부분')이 있는 경우 그 일부의 구분소유자는 집합건물법 제28조 제2항에 따라 별도의 규약을 만들고 그 공용부분의 관리에 관한 사업의 시행을 목적으로 하는 관리단을 구성할 수도 있다(집합건물법 제23조 제2항). 이러한 **일부공용부분 관리단은 당연히 설립되는 것이 아니라** 제28조제2항의 규약에 따라 **일부공용부분의 구분소유자들 사이의 결의로 설립**되고, 위와 같은 일부공용부분 관리단의 규약은 일부공용부분 구분소유자의 4분의 3 이상 및 의결권의 4분의3 이상 다수의 결의에 의해 설정되어야 한다(집합건물법 제29조 제1항), 이처럼, 집합건물법 제23조 제1항에 따라 1동의 집합건물에 대하여 구분소유 관계가 성립되면 별도의 설립절차 없이 그 구분소유자 전원을 구성원으로 하는 **관리단이 당연히 설립되는 것과는 달리**, 집합건물법 제23조 제2항의 일부공용부분 관리에 관한 사업 시행을 목적으로 하는 관리단은 일부공용부분을 공용하는 구분소유자들이 규약을 설정하는 별도의 조직행위를 거쳐야만 설립된다. 따라서 이 사건 결의와 같이 <u>이 사건 건물을</u>

이 사건 상가와 이 사건 아파트로 분리하여 구분 관리하는 내용의 의결을 하기 위해서는 집합건물법 제23조 제2항에 따라 일부공용부분 구분소유자의 4분의 3이상 및 의결권의 4분의 3이상 결의에 의해 규약을 제정함으로써 일부공용부분 관리단을 구성하였어야 함에도 이 사건 결의는 '관리단 집회'라는 명칭에도 불구하고 일부공용부분 관리단에 대한 별도의 조직행위 없이 채무자인 입주자대표회의에 의하여 이루어진 이상 **절차적으로 위법**하다.

또한 이 사건 상가와 이 사건 아파트의 공용부분을 분리하여 관리하는 것은 이사건 아파트의 구분소유자들뿐만 아니라 이 사건 상가의 구분소유자들에게도 이해관계가 미치는 사항이다. 또한 일부의 구분소유자만이 공용하도록 제공되는 것임이 명백한 일부공용부분은 건물의 구조에 따른 객관적 용도에 의하여 결정되어야 하지만 실제 주상복합건물의 관리에 있어 일부공용부분에 해당하는지의 구별이 쉬운 것만은 아니고 이에 따른 분쟁도 빈번히 발생하고 있어 1동의 집합건물이 주거부분과 상가 부분으로 구조상, 이용상 구별된다고 하더라도 그 공용부분이 일부 구분소유자들만의 공용부분인지, 건물 전체 구분소유자들의 공용부분인지의 구별이 반드시 명확한 것은 아니므로 이 사건 건물의 구분관리를 내용으로 하는 이 사건 의결은 아파트 입주자대표회의가 아닌 이 사건 건물 전체의 관리단 명의로 소집되어 이 사건 아파트와 이 사건 상가 구분소유자들의 의견수렴을 기초로 이루어질 필요가 있다. 또한 1동의 집합건물이 주거부분과 상가부분으로 구조상, 이용상 구분되는 경우라 하더라도 그 집합건물 소유자 전원의 이해와 관계가 있는 사항(공용부분의 변경이나 재건축등은 관리단 집회의 결의를 거쳐서 하게 된다)은 여전히 존재하므로, 채무자가 **일부공용부분 관리단 설립을 위한 별도의 조직 행위를 거치지도 않은 채 집합건물법상 관리단 집회가 아닌 아파트 입주자대표회의 의결 방식으로 구분관리를 내용으로 하는 이 사건 결의를 하고, 관리규약을 개정한 것은 위법하다**고 봄이 상당하다.

> 제23조(관리단의 당연 설립 등)
> ② 일부공용부분이 있는 경우 그 일부의 구분소유자는 제28조제2항의 규약에 따라 그 공용부분의 관리에 관한 사업의 시행을 목적으로 하는 관리단을 구성할 수 있다.

주상복합건물에서 상가와 별도로 아파트로 구성되어 있을 경우 상가와 아파트가 당연히 구분되어 별도의 관리단이 성립되는 것은 아니다(서울동부지방법원 2015가합109728 판결).

> 판례 해설
>
> 이 사안은 최근 많이 발생하고 있는 주상복합건물의 관리단 성립에 관한 문제이다. 우리는 흔히 아파트와 상가가 혼재될 경우에는 아파트와 상가가 구분하여 각각의 관리 단체가 성립되는 것으로 생각한다. 그러나 대상판결에서는 **비록 아파트와 상가가 그 성질은 다를지라도 별개의 관리**

단이 성립하는 것이 아니라 **원칙적으로 하나의 건물에는 하나의 관리단이 성립한다**는 집합건물법의 규정에 따라 하나의 관리단이 성립한다고 판시하였고, 만약에 **별도의 관리단**을 성립하려면 집합건물법 제23조 제2항에서 요구하는 일부 공용부분 관리단의 요건을 충족해야 한다고 판단하였다.

다만 **이 사건 아파트는 총 세대 수가 150세대 미만으로 공동주택관리법상 의무단지가 아니라는 점을 고려하면 의무단지일 경우에는 또 다른 법리가 적용될 수 있으므로, 대상판결은 150세대 이하의 아파트에만 적용하는 것이 타당할 것**으로 보인다.

법원 판단

1. 기초사실

이 사건 집합건물은 지하 2층 내지 5층에 주차장, 지하 1층 내지 지상 3층에 근린생활시설(상가, 총 32세대), 지상 4층 내지 15층에 아파트(총 60세대)로 구성된 주상복합건물이며, 원고는 이 사건 집합건물 중 상가 부분의 구분소유자들로 구성된 단체이다.

2. 본안전 항변에 대한 판단

집합건물법 제23조 제1항은 "건물에 대하여 구분소유관계가 성립되면 구분소유자 전원을 구성원으로 하여 건물 및 그 대지와 부속시설의 관리에 관한 사업의 시행을 목적으로 하는 관리단이 설립된다"고 규정하고 있는바, **집합건물의 관리단은** 어떠한 조직행위를 거쳐야 비로소 성립되는 단체가 아니라 **구분소유관계가 성립하는 건물이 있는 경우 당연히 그 구분소유자 전원을 구성원으로 하여 성립되는 단체**이다.

한편 **집합건물의 일부의 구분소유자만이 공용하도록 제공되는 것임이 명백한 공용부분**(이하, '일부공용부분'이라 한다)이 있는 경우 그 일부의 구분소유자는 집합건물법 제28조 제2항에 따라 별도의 규약을 만들고 그 공용부분의 관리에 관한 사업의 시행을 목적으로 하는 관리단을 구성할 수도 있다(집합건물법 제23조 제2항). 다만 이러한 **일부공용부분 관리단**은 당연히 설립되는 것이 아니라 집합건물법 제28조 제2항의 규약에 따라 <u>**일부공용부분의 구분소유자들 사이에 명시적인 결의로 정하는 경우에 한하여 설립**</u>되고, 위와 같은 **일부공용부분 관리단의 규약은 일부공용부분 구분소유자의 4분의 3 이상 및 의결권의 4분의 3 이상 다수의 결의에 의해 설정**되어야 하며(집합건물법 제29조 제2항), 설정된 규약에서 정할 수 있는 사항은 일부공용부분에 관한 사항으로써 집합건물 구분소유자 전원에게 이해관계가 있지 아니하거나 구분소유자 전원의 규약에 따로 정하지 아니한 사항에 국한된다(집합건물법 제28조 제2항)는 점에서 집합건물법 제23조 제1항의 구분소유자 전원으로 구성된 관리단과 구별된다.

이 사건에 관하여 보건대, 집합건물법 제23조 제1항에 따라 1동의 집합건물에 대하여 구분소유 관계가 성립하면 별도의 설립절차 없이 그 구분소유자 전원을 구성원으로 하는 관리단, 즉 피고가 당연 설립되는 것이지, **주상복합건물이라는 사정만으로 상가부분과 아파트 부분이 구분되어 각각의 관리단이 설립되는 것은 아니**라 할 것이므로, 이와 다른 전제에 선 원고의 주장은 이유 없다.

또한 집합건물법 제23조 제2항의 일부공용부분 관리단은 우선 **일부공용부분이 특정**되어야 하고, 일부공용부분을 공용하는 구분소유자들이 집합건물법 제28조 제2항의 **규약을 설정하는 별도의 조직행위를 거쳐야만 설립**된다고 할 것인데, 원고가 제출한 증거들만으로는 이 사건 집합건물 중 상가의 구분소유자들만의 공용에만 제공되는 일부 공용부분이 구체적으로 특정되었다고 할 수 없고, 피고의 관리규약 외에 일부 공용부분의 관리를 위한 별도의 규약이나 정관을 설정하였음을 인정하기에도 부족하고, 달리 이를 인정할 증거가 없다.

제28조(규약)
② 일부공용부분에 관한 사항으로써 구분소유자 전원에게 이해관계가 있지 아니한 사항은 구분소유자 전원의 규약에 따라 정하지 아니하면 일부공용부분을 공용하는 구분소유자의 규약으로써 정할 수 있다.

주상복합단지에서 아파트와 상가가 구조적으로 분리되었다고 하더라도 집합건물법상 일부공용부분 관리단이 당연히 성립하는 것은 아니고 일정한 요건을 갖추어야 가능하다(대법원 2016. 12. 29. 선고 2015다239263 판결).

> 판례 해설
>
> 하나의 대지권을 형성하고 있는 주상복합건물은 하나의 집합건물을 형성하게 되고, 이는 집합건물법 제23조 제1항에 따라 별도의 조직행위나 규약이 없더라도 관리단이 당연설립된다. 문제는 **아파트와 상가가 하나의 동이 아니라 구조적으로 분리된 경우에도 위와 같은 법리를 그대로 원용하여 일부공용부분 관리단이 당연히 성립되는지**이다.
>
> 이에 대하여 대상판결은 원래 의미의 관리단과 다르게 **일부공용부분 관리단이 성립되기 위해서는 집합건물법 제23조 제2항 그리고 제28조 제2항에 따라 구분소유자 및 의결권 3/4 이상의 동의를 얻어 규약 등의 성립 등 일정한 요건을 갖추어 조직행위를 하여야 비로소 성립**되는 것이지 원고의 주장처럼 집합건물법 제23조 제1항을 인용하여 당연성립되는 것은 아니라고 판단하였다.
>
> 생각건대, 집합건물법상 관리단은 민법상 비법인사단에 해당하지만, 통상적인 비법인사단과는 다르게 정관 등의 조직행위를 요구하지 않은 것은 집합건물법 제23조 제1항의 특칙으로 인한 것으로 이와 같은 **특칙조항은 예외적으로만 인정되어야** 하는 점, 더욱이 **집합건물법상 일부공용부분 관리단에 관하여 분명히 조직행위를 규정해둔 점**을 고려하여 본다면 대상판결은 지극히 타당하다.

대법원 판단

원심은 그 판시와 같은 이유로, 원고의 구 정관은 집합건물의 소유 및 관리에 관한 법률(이하 '집합건물법'이라 한다)에 따른 **일부공용부분 관리단 설립절차인 구분소유자 및 의결권의 각 4분의 3 이상의 찬성을 얻어 설정된 것이 아닌 점**, 이 사건 규약의 내용은 원고가 이 사건 건물 전체의 관리단이라는 것으로 일부공용부분의 범위조차 명시하고 있지 아니한 점 등에 비추어 보면, 원고가 이 사건 상가 구분소유자들만의 공용에 제공된 일부공용부분의 관리를 위한 규약을 설정함으로써 집합건물법 제23조 제2항에 따른 일부공용부분 관리단을 구성한 것으로 보기 어렵다고 판단하였다.

원심은 나아가, '이 사건 건물과 같이 아파트와 상가가 구조적으로 분리되어 있는 주상복합건물의 경우에 각 부분의 관리단이 별도로 당연 설립된다고 보는 것이 관리비 산정 및 이해관계의 조정에 더 적합하고, 집합건물의 통일적·효율적 관리와 법률관계의 간명한 처리라는 집합건물법의 입법취지에 부합한다'는 원고의 주장에 대하여, 집합건물법 제23조 제1항에 따라 1동의 집합건물에 대하여 구분소유 관계가 성립되면 별도의 설립절차 없이 그 구분소유자 전원을 구성원으로 하는 관리단이 당연히 설립되고, 이와 달리 **집합건물법 제23조 제2항의 일부공용부분 관리에 관한 사업 시행을 목적으로 하는 관리단은 일부공용부분을 공용하는 구분소유자들이 집합건물법 제28조 제2항의 규약을 설**

정하는 별도의 조직행위를 거쳐야만 설립되는데, 원고의 위 주장은 집합건물법 제29조 제2항의 규약 설정이라는 집합건물법의 일부공용부분 관리단 설립요건을 거치지 않더라도 일부공용부분 관리단이 당연 설립된다는 것이어서 집합건물법 제23조의 해석 범위를 넘는다는 점 등 그 판시와 같은 사정을 들어 위 주장을 배척하였다.

관련법리(대법원 2013. 1. 24. 선고 2012다34382·34399 판결, 대법원 2013. 3. 28. 선고 2012다4985 판결 참조)에 따라 기록을 살펴보면, 원심의 위와 같은 판단은 모두 정당하다. 거기에 필요한 심리를 다하지 아니한 채 논리와 경험의 법칙을 위반하여 자유심증주의의 한계를 벗어나거나, 집합건물법에 관한 법리를 오해한 잘못이 없다.

제23조(관리단의 당연 설립 등)
② 일부공용부분이 있는 경우 그 일부의 구분소유자는 제28조제2항의 규약에 따라 그 공용부분의 관리에 관한 사업의 시행을 목적으로 하는 관리단을 구성할 수 있다.
제28조(규약)
② 일부공용부분에 관한 사항으로써 구분소유자 전원에게 이해관계가 있지 아니한 사항은 구분소유자 전원의 규약에 따로 정하지 아니하면 일부공용부분을 공용하는 구분소유자의 규약으로써 정할 수 있다.

주상복합 건물 중 아파트 부분에 관하여 공동주택관리법(구 주택법)이 적용되기 위해서는 해당 건물이 구 주택법이 개정되기 전인 2007년 이후에 사용승인을 받았거나, 최소한 150세대 이상의 세대수로 구성되어야 한다(수원지방법원 2016. 12. 2. 선고 2015가합65236 판결).

> **판례 해설**
>
> 아파트와 오피스 또는 상가로 구분된 주상복합건물에서 아파트와 상가 등에 끊임없이 분쟁이 발생하고 있다. 이런 상황에서 **아파트가 법적인 지위를 구성하기 위해서는 해당 주상복합건물이 2007년 이후에 사용승인을 받았거나, 150세대 이상의 세대수로 구성되어야 한다.** 만약 이 요건을 충족하지 못하였다면 적어도 민법상 비법인 사단 혹은 집합건물법 제23조 제2항의 일부공용부분 관리단으로서의 요건은 갖추어야 한다.
>
> 이 사건 건물은 주상복합건물로서 2007년 이전 건축되었을 뿐만 아니라 세대수 역시 129세대에 불과하여 구 주택법(현 공동주택관리법)의 적용을 받을 수 없었다. 그렇다면 결국 민법상 비법인사단의 요건 또는 일부공용부분 관리단으로 인정받아야 하는 바, 원고는 집합건물법상 일부공용부분 관리단으로 인정받기는 했으나, 집합건물법 제29조 제1항의 의결정족수 요건을 갖추지 못하였기에 각하를 면할 수 없었다.

법원 판단

피고들은, L, J, K를 원고의 입주자대표로 선출한 선거는 무효이므로, 이 사건 소는 적법한 대표권이 없는 자에 의하여 제기된 소로서 부적법하다고 본안전 항변을 한다.

1) 주택법이 2007. 4. 20. 법률 제8383호로 개정되기 전까지는 건축법에 따른 건축허가를 받아 주택과 주택외의 시설을 동일건축물로 건축한 주상복합건물에 대해서는 공동주택의 입주자대표회의의 구성, 관리주체, 관리방법 등을 정한 주택법 제43조가 적용되지 아니하고, 집합건물의 소유 및 관리에 관한 법률(이하 '집합건물법'이라고 한다)이 정한 관리규정이 적용되었다. 그러다가 법률 제8383호로 개정된 주택법 및 2007. 11. 30. 대통령령 제20429호로 개정된 주택법 시행령이 시행된 이후에는 **주택이 150세대 이상인 주상복합건물에 대해서도 주택법 제43조가 적용**되게 되었다.

그런데 갑 제4호증의 기재에 의하면 이 사건 건물은 주택법과 주택법 시행령이 위와 같이 각 개정되기 이전인 2001. 3. 19. 사용승인이 이루어진 1개동의 주상복합건물인 사실을 인정할 수 있는데, 이 사건 건물에 대해서는 위와 같은 주택법 및 주택법 시행령의 각 개정과 무관하게 공동주택의 입주자대표회의의 구성 및 그 운영 등에 관한 주택법의 규정이 적용되지 않고 집합건물법이 적용된다 할 것이다. 더욱이 앞서 본 것과 같이 이 사건 건물은 아파트가 129세대에 불과하여, 2007. 11. 30.자로 개정된 주택법 시행령에 따르더라도 주택법 제43조의 적용 대상이 아니라고 할 것이다.

2) 집합건물법 제23조 제1항은 '건물에 대하여 구분소유 관계가 성립되면 구분소유자 전원을 구성원으로 하여 건물과 그 대지 및 부속시설의 관리에 관한 사업의 시행을 목적으로 하는 관리단이 설립된다'고 규정하고 있으므로, 집합건물법상의 관리단은 어떠한 행위를 거쳐야 비로소 성립되는 단체가 아니라 구분소유관계가 성립하는 건물이 있는 경우 당연히 그 구분소유자 전원을 구성원으로 하여 성립되는 단체이다(대법원 1995. 3. 10. 선고 94다49687, 49694 판결 등 참조).

한편 집합건물법 제23조 제2항은 '일부공용부분이 있는 경우 그 일부의 구분소유자는 제28조 제2항의 규약에 따라 그 공용부분의 관리에 관한 사업의 시행을 목적으로 하는 관리단을 구성할 수 있다'고 규정하고 있고, 같은 법 제28조 제2항은 '일부공용부분에 관한 사항으로써 구분소유자 전원에게 이해관계가 있지 아니한 사항은 구분소유자 전원의 규약에 따로 정하지 아니하면 일부공용부분을 공용하는 구분소유자의 규약으로써 정할 수 있다'고 규정하고 있다.

원고가 이 사건 건물 중 아파트 부분만의 관리업무를 수행하기 위하여 아파트의 구분소유자 등으로만 구성된 사실은 앞서 본 것과 같으므로, 원고는 집합건물법 제23조 제1항에 따라 이 사건 건물의 구분소유자 전원을 구성원으로 하여 성립된 이 사건 건물 전체의 관리단에 해당하지는 않는다.

그러나 앞에서 인정한 사실 및 갑 제2, 3, 4호증의 각 기재에 변론 전체의 취지를 종합하여 인정할 수 있는 다음과 같은 사정들, 즉 ① 원고는 고유의 목적을 가지고, 규약에 근거하여 의사결정기관 및 집행기관인 대표자를 두는 등 조직을 갖추고 있는 점, ② 이 사건 건물은 주상복합건물로서 그 중 이 사건 아파트는 지상 2층부터 15층까지, 이 사건 상가는 지상 1층으로 각 구성되어 있어 **이 사건 아파트만의 용도에 제공되는 출입구, 통로, 복도 등 공용부분이 엄연히 존재**하는 점, ③ 주상복합건물의 경우 1동의 건물에 존재하고 있지만 상가와 주택이라는 상이한 성격을 가지고 각각의 공용에 제공되는 **공용부분이 존재**하고 이들의 관리에 대해서는 **그것을 공유하고 사용하는 구분소유자 등으로 구성된 단체에서 담당하는 것이 합리적**인 점, ④ 원고는 독자적으로 **이 사건 아파트에 대한 위탁관리업체를 선정하는 등 이 사건 아파트를 실질적으로 관리**하여 온 점, ⑤ 이 사건 아파트의 관리를 위하여 아파트구분소유자들만으로 구성된 별도의 관리단이 있다고 보이지 않는 점 등을 종합하면, **원고는 이 사건 아파트의 관리를 목적으로 구분소유자 등을 구성원으로 하여 구성된 단체로서 집합건물법 제23조 제2항의 일부공용부분 관리단에 해당한다**고 볼 것이다.

3) 그런데 집합건물법 제29조 제1항은 '규약의 설정·변경 및 폐지는 관리단집회에서 구분소유자 및 의결권의 각 4분의 3 이상의 찬성을 얻어 행한다'고 정하고 있고, 이는 강행규정이므로(대법원 2008. 12. 24. 선고 2008다61561 판결 참조), 원고가 이 사건 관리규약을 개정하는 경우에는 **위 규정에 의한 의결정족수가 충족되어야 한다.**

제23조(관리단의 당연 설립 등)
② 일부공용부분이 있는 경우 그 일부의 구분소유자는 제28조제2항의 규약에 따라 그 공용부분의 관리에 관한 사업의 시행을 목적으로 하는 관리단을 구성할 수 있다.

제29조(규약의 설정·변경·폐지)
① 규약의 설정·변경 및 폐지는 관리단집회에서 구분소유자의 4분의 3 이상 및 의결권의 4분의 3 이상의 찬성을 얻어서 한다. 이 경우 규약의 설정·변경 및 폐지가 일부 구분소유자의 권리에 특별한 영향을 미칠 때에는 그 구분소유자의 승낙을 받아야 한다.

주상복합 건물에서 상가만의 관리단이 성립하기 위해서는 집합건물법 제23조 제2항의 일부 공용부분 관리단으로서 별도의 조직행위를 거쳐야만 가능하다(서울고등법원 2017. 3. 7. 선고 2016나2071004 판결).

판례 해설

원칙적으로 비법인 사단이 인정되기 위해서는 별도의 조직행위, 즉 자치 법규(정관), 대표자, 재정적 독립 등이 있어야만 비로소 비법인 사단으로서 인정이 되고 법률행위를 할 수 있으며, 그렇지 않을 경우에는 비법인 사단으로 인정받지 못한다. 그러나 집합건물법상 관리단은 별도의 조직행위가 없더라도 집합건물법 제23조 제1항에 따라 별도의 설립절차 없이 구분소유자 전원을 구성원으로 한 관리단이 당연설립 될 뿐 관리규약 등이 존재하지 않더라도 부적법하지 않다.

대상판결에서 주상복합건물 상가 부분 구분소유자들이 적법한 관리단으로 인정받기 위해서 어떻게 해야 하는지 여부가 문제되었는바, 집합건물법에서는 해당 구분소유자 전원으로 이루어진 관리단에 대해서만 당연 설립을 인정하고 있을 뿐 그 외 일부 공용부분에 관하여는 해당 건물 부분이 일부 공용부분일 것이 전제된 다음 집합건물법 제23조 제1항에서 요구하는 별도의 설립행위 즉 집합건물법 제28조 제2항에서 요구하는 구분소유자 3/4 및 의결권 3/4 이상의 동의를 받아야만 비로소 가능하다고 판단한 것이다.

원고 주장

원고는, 자신이 집합건물법 제23조 제1항에 정한 이 사건 집합건물 중 상가 부분의 구분소유자들로 당연히 설립하는 상가 관리단이고, 설령 당연설립 되지는 않더라도 이 사건 상가 부분은 아파트 부분과 출입구, 엘리베이터 등 공용부분이 아파트 부분과 완전히 독립되어 있어 집합건물법 제23조 제2항에 따라 상가 부분의 구분소유자들로만 구성된 일부 공용부분 관리단임을 전제로, 피고를 상대로 이 사건 상가 부분의 관리권한이 원고에게 있다는 확인 및 주위적으로는 공용부분인 주차장에 대한 방해배제청구를, 예비적으로는 공용부분인 주차장에 대한 상가부분의 면적 비율만큼의 관리권한이 원고에게 있다는 확인을 구한다.

법원 판단

1) 관련 법리

집합건물법 제23조 제1항은 "건물에 대하여 구분소유 관계가 성립되면 구분소유자 전원을 구성원으로 하여 건물과 그 대지 및 부속시설의 관리에 관한 사업의 시행을 목적으로 하는 관리단이 설립된다."라고 규정하고 있다. 이러한 관리단은 어떠한 조직행위를 거쳐야 비로소 성립되는 단체가 아니라 구분소유 관계가 성립하는 건물이 있는 경우 당연히 그 구분소유자 전원을 구성원으로 하여 성립되는 단체이고, 구분소유자로 구성되어 있는 단체로서 위 법 제23조 제1항의 취지에 부합하는 것이면 그 존립형식이나 명칭에 불구하고 관리단으로서의 역할을 수행할 수 있다(대법원 2013. 3. 28. 선고 2012다4958 판결 등 참조).

한편 **집합건물의 일부의 구분소유자만이 공용하도록 제공되는 것임이 명백한 공용부분**(이하 '일부공용부분'이라 한다)이 있는 경우 그 일부의 구분소유자는 집합건물법 **제28조 제2항에 따라 별도의 규약을 만들고 그 공용부분의 관리에 관한 사업의 시행을 목적으로 하는 관리단을 구성할 수도 있다**(집합건물법 제23조 제2항). 다만 이러한 **일부공용부분 관리단은 당연히 설립되는 것이 아니라** 집합건물법 제28조 제2항의 규약에 따라 **일부공용부분의 구분소유자들 사이에 명시적인 결의로 정하는 경우에 한하여 설립**되고, 위와 같은 **일부공용부분 관리단의 규약은 일부공용부분 구분소유자의 4분의3 이상 및 의결권의 4**

분의 3 이상 다수의 결의에 의해 설정**되어야 하며(집합건물법 제29조 제1항), 설정된 규약에서 정할 수 있는 사항은 **일부공용부분에 관한 사항으로서 집합건물 구분소유자 전원에게 이해관계가 있지 아니하거나 구분소유자 전원의 규약에 따로 정하지 아니한 사항에 국한**된다(집합건물법 제28조 제2항)는 점에서 집합건물법 제23조 제1항의 구분소유자 전원으로 구성된 관리단과 구별된다.

2) 원고가 이 사건 집합건물의 상가 관리단으로 당연설립 되었는지 여부

집합건물법 제23조 제1항에 따라 1동의 집합건물에 대하여 구분소유 관계가 성립하면 별도의 설립절차 없이 그 구분소유자 전원을 구성원으로 하는 관리단, 즉 피고가 당연설립 되는 것이고, 이와 달리 집합건물법 제23조 제2항의 **일부공용부분 관리에 관한 사업 시행을 목적으로 하는 관리단은 일부공용부분을 공용하는 구분소유자들이 집합건물법 제28조 제2항의 규약을 설정하는 별도의 조직행위를 거쳐야만 설립**되는바, 원고 주장과 같이, 1동의 집합건물이라 하더라도 구조상·이용상 상가 부분과 주거 부분으로 구분되고 그 공용부분도 사실상 구분되는 주상복합건물의 경우 복수의 관리단이 당연설립 된다고 할 수는 없다.

이에 대하여 원고는, 구 주택법 제43조 제1항(2015. 8. 11. 법률 제13474호로 개정되기 전의 것, 이하 같다) 및 구 주택법 시행령 제48조(2016. 8. 11. 대통령령 제 27444호로 개정되기 전의 것, 이하 같다), 집합건물법 제

2조의2 규정에 따라 주상복합건축물의 경우 주택부분에만 입주자대표회의가 구성되고, 상가 부분에는 입주자대표회의를 통하지 아니한 별개의 관리가 필요하여 하나의 건물에 분할된 별개의 관리가 이루어진다는 점에서 이 사건 집합건물의 상가 부분을 관리하는 원고가 당연설립 된다는 취지로 주장한다.

살피건대, 구 주택법 제43조 제1항 및 구 주택법 시행령 제48조에 따르면 주상복합건축물을 입주자대표회의 구성의무를 부담하는 공동주택의 범위에 포함하면서도 '복리시설 중 일반인에게 분양되는 시설'은 공동주택의 범위에서 명시적으로 제외하고 있어 위 규정의 해석상 주상복합건축물의 경우 주택(주거) 부분의 입주자들에 의해서만 입주자대표회의가 구성되고, 한편 집합주택의 관리방법과 기준에 관하여 주택법에 특별한 규정이 있을 경우 집합건물법보다 주택법이 우선하므로(집합건물법 제2조의2) 주상복합건축물에 관하여는 입주자대표회의의 구성에 관한 주택법 규정이 우선 적용되고 그 결과 주상복합건축물의 아파트 부분에는 관리단이 아닌 입주자대표회의가 구성되며, 주택 외의 부분에 대하여는 입주자대표회의를 통하지 아니한 별개의 관리, 즉 집합건물법상 관리단의 설립을 통한 관리가 필요하다고 할 것이다. 그러나 구 주택법 및 구 주택법 시행령에 의하면, 구 주택법이 적용되는 '대통령령이 정하는 공동주택'이라 함은 '300세대 이상의 공동주택 또는 세대수가 150세대 이상으로서 승강기가 설치된 공동주택 또는 세대수가 150세대 이상으로서 중앙집중식 난방방식의 공동주택, 건축법 제11조에 따른 건축

허가를 받아 주택 외의 시설과 주택을 동일건축물로 건축한 건축물로서 주택이 15세대 이상인 건축물'을 말하는바, 앞서 본 바와 같이 이 사건 집합건물 중 공동주택은 60세대에 불과하여 이 사건 집합건물은 구 주택법 및 구 주택법 시행령 규정의 적용대상에 해당하지 않으므로, 이 사건 집합건물이 구 주택법 및 구 주택법 시행령 규정의 적용대상임을 전제로 한 원고의 위 주장은 이유 없다.

3) 원고가 집합건물법 제23조 제2항의 일부공용부분 관리단인지 여부

살피건대, 집합건물법 제23조 제2항의 일부공용부분 관리단은 우선 일부공용부분이 특정되어야 하고, 일부공용부분을 공용하는 구분소유자들이 집합건물법 제28조 제2항의 규약을 설정하는 별도의 조직행위를 거쳐야만 설립된다고 할 것인바, 이 사건 집합건물의 상가 부분 출입구, 복도, 엘리베이터, 계단실, 상가 화장실 및 상가 부분 발코니(2,3층)부분은 아파트 부분과 분리되어 상가 부분 구분소유자들이 공용하도록 설치되어 있는 사실은 당사자 사이에 다툼이 없으나, 위 인정사실 및 원고가 제출한 증거들만으로는 이 사건 집합건물 중 주차장 등 **상가의 구분소유자들만의 공용에만 제공되는 일부공용부분이 구체적으로 명확히 특정되었다고 할 수 없고, 피고의 관리규약 외에 일부공용부분의 관리를 위한 별도의 규약이 정관을 설정하였음을 인정하기에도 부족**하고, 달리 이를 인정할 만한 증거가 없다.

4) 소결

그렇다면 원고는 '집합건물법상 이 사건 집합건물 중 상가부분 관리단'이 아닌 '이 사건 집합건물의 상가 구분소유자들로 구성된 **임의의 단체'에 불과**하다고 할 것이므로, 원고가 집합건물법상 이 사건 집합건물 중 상가 부분 관리단임을 전제로 한 원고의 주위적 청구와 예비적 청구는 더 나아가 살필 필요 없이 이유 없다.

> 제23조(관리단의 당연 설립 등)
> ② 일부공용부분이 있는 경우 그 일부의 구분소유자는 제28조제2항의 규약에 따라 그 공용부분의 관리에 관한 사업의 시행을 목적으로 하는 관리단을 구성할 수 있다.
> 제28조(규약)
> ② 일부공용부분에 관한 사항으로써 구분소유자 전원에게 이해관계가 있지 아니한 사항은 구분소유자 전원의 규약에 따로 정하지 아니하면 일부공용부분을 공용하는 구분소유자의 규약으로써 정할 수 있다.

주상복합 건물에서 아파트와 상가가 분리되었다고 하더라도 공용부분 수익은 각자의 지분 비율에 의하여 분배된다(서울고등법원 2016나5643 판결).

> 판례 해설
>
> 최근 '아파트와 오피스텔' 또는 '아파트와 상가'가 혼재된 주상복합 건물에서 건물의 절대적인 부분을 차지하는 아파트가 건물 전체 광고 등 공

> 용부분의 수익을 상가 구분소유자들에게 분배하지 않고 전부 취득하는 경우가 종종 있다.
>
> 그러나 집합건물법 제17조에서는 '공용부분의 수익은 구분소유자의 지분 비율대로 취한다'고 규정하고 있고 대상판결 역시 전유부분의 지분 비율 즉, 면적 비율대로 수익을 취득한다고 판시하고 있다.
>
> 본 대상 판결은 위에서 지적한 바와 같은 현재의 관행에 경종을 울리는 판결로서 소수에 해당하는 상가 구분소유자들에게 아주 유익한 판결이 될 것으로 보인다.

기초 사실

1. 별지 목록 기재 부동산(이하 '이 사건 주상복합건물'이라 한다)은 1999년경 서울 성동구 성수동2가 279-50 대지 위에 건립된 지상 18층, 지하 4층의 주상복합건물로서, 지상 3층부터 18층까지는 아파트, 지상 1, 2층은 상가, 지하 1층은 상가와 상가 주차장, 지하 2층은 상가 주차장, 지하 3, 4층은 아파트 주차장으로 구성된 집합건물이다. 이 사건 주상복합건물의 지하 3, 4층에는 주차장 외에도 창고 11개(지하 3층 5개, 지하 4층 6개)와 중앙감시실 등이 있다. 상가와 아파트는 이용하는 엘리베이터와 계단이 각 각 다르고, 서로 왕래할 수 있는 통로가 없어 구조상으로 분리되어 있다.

2. 이 사건 주상복합건물의 상가와 아파트는 1999년경부터 2006.5.31.

까지 공동관리되었다가 2006.6.1.경 이후부터 상가는 원고가, 아파트는 피고가 관리하여 왔다.

3. 이 사건 주상복합건물 상가 구분소유자의 지분 비율은 39.13%이다.

4. 원고는 2015.1.29. 아래와 같이 일부 상가 구분소유자로부터 뒤에서 보는 부당이득반환청구권을 양도받고, 2016. 12. 12. 피고에게 채권양도통지를 하였다. 상가 구분소유자의 총 전유면적은 4,108.93㎡이고, 채권을 양도한 상가 구분소유자의 전유면적 합계는 3,622.99㎡로서 전체 상가 구분소유자 중 88.17%에 해당한다.

법원 판단

1. 관련 법리

집합건물법 제17조는 "각 공유자는 규약에 달리 정한 바가 없으면 **그 지분의 비율에 따라 공용부분의 관리비용과 그 밖의 의무를 부담하며 공용부분에서 생기는 이익을 취득한다**"고 규정하고, 제10조 제1항은 "공용부분은 구분소유자 전원의 공유에 속하지만 일부의 구분소유자만 공용하도록 제공되는 것임이 명백한 공용부분(이하 '일부공용부분'이라 한다)은 그들 구분소유자들의 공유에 속한다"고 규정하고 있다.

집합건물의 어느 부분이 구분소유자 전원 또는 일부의 공용에 제공되는지 여부는 소유자들 간에 특단의 합의가 없는 한 그 건물의 구조에 따른 객관적인 용도에 의하여 결정되어야 하는 것인바(대법원 2006. 5.

12. 선고 2005다36779 판결 참조), 건물의 안전이나 외관을 유지하기 위하여 필요한 지주, 지붕, 외벽, 기초공작물 등은 그 구조상 구분소유자의 전원 또는 그 일부의 공용에 제공되는 부분으로서 구분소유권의 목적이 되지 않고(대법원 2011. 3. 24. 선고 2010다95949 판결 등 참조), **집합건물에서 여러 개의 전유부분으로 통하는 복도, 계단 기타 구조상 구분소유자의 전원 또는 그 일부의 공용에 제공되는 건물 부분은 공용부분으로서 구분소유권의 목적이 되지 않는다**(대법원 2013. 11. 14. 선고 2011다86423 판결 등 참조).

2. 옥상 부분 부당이득반환청구에 대하여

을 제12, 13호증의 각 기재(각 가지번호 포함), 을 제1호증의 1, 2, 제11호증의 각 영상, 당심의 현장검증 결과에 변론 전체의 취지를 종합하면, 에어미디어의 안테나가 옥상에 설치되어 있었고, 엘지유플러스의 안테나가 옥상에 설치되어 있는 사실이 인정된다(피고는 원고가 주장하는 안테나는 아파트 '옥상'에 설치된 것이 아니라 '옥상에 있는 물탱크와 엘리베이터 코어가 함께 설치된 시설물'의 지붕에 설치된 것이고, 위 시설물은 아파트 구분소유자를 위한 것으로서 아파트 구분소유자의 소유라고 주장하나, 물탱크나 엘리베이터 코어가 설치된 시설물 자체가 결국 옥상 위에 있는 이상 그 위의 안테나 역시 옥상과 연결된 시멘트 구조물 위라고 보는 것이 경험칙에 부합하는 점, 임대차계약시에도 각 옥상의 일부를 임대차목적물로 기재한 점 등에 비추어보면 위 안테나들은 옥상에 설치된 것으로 보아야 한다).

위 인정사실을 앞서 본 법리에 비추어 보면 **이 사건 주상복합건물의 옥상은 비록 상가 구분소유자들의 출입이 용이하지 않다고 하더라도 이 사건 주상복합건물 전체의 안전 및 외관을 유지하기 위하여 필요한 지붕의 역할을 한다고 보여 이 사건 주상복합건물 전체 구분소유자의 공용에 제공되는 전체공용부분이라고 보인다.** 따라서 <u>피고가 옥상의 일부를 임대하여 독점적으로 이익을 얻었다면 상가 구분소유자에게 그 지분에 따른 이익을 부당이득으로서 반환할 의무가 있다.</u>

제17조(공용부분의 부담·수익) 각 공유자는 규약에 달리 정한 바가 없으면 그 지분의 비율에 따라 공용부분의 관리비용과 그 밖의 의무를 부담하며 공용부분에서 생기는 이익을 취득한다.

수익형 호텔 관련 법적 분쟁

준공 지체 및 무이자 대출 약정 위반으로 계약해제 가능한지 여부 (제주지방법원 2017. 11. 2. 선고 2017가합10158 판결)

> **판례 해설**
>
> 일반적으로 계약의 의무이행에 다소의 지체 또는 위반이 있는 것과 계약 자체를 해제할 수 있는지는 별개의 문제이다. 대상판결은 사소한 의무위반만으로는 계약 자체를 해제할 수 없다고 판단하였는바, "계약은 지켜져야 한다"는 로마법의 법언을 충실히 해석한 법리라고 할 수 있다.
>
> 대상판결에서 수분양자들이 주장한 사항은 두 가지였다. 첫째, 계약 위반에 따른 법정해제, 즉 처음 분양계약을 체결할 당시와는 달리 무이자 담보대출이 되지 않은 경우 과연 계약해제를 할 수 있는지. 둘째, 사용승인 이후 무려 3개월이 지난 시점에서 준공검사를 받았다면 이는 약정해제 사유가 되는지 여부이다.
>
> 이에 대하여 법원은 무이자 담보대출 약정이 준수되지 않았다고 하더라도 분양대금 지급의무는 어차피 수분양자의 의무이기 때문에 이는 해제 사유가 될 수 없고, 더 나아가 준공검사가 늦어졌다고 하더라도 그 지

> 체에 관하여 상당한 이유가 있으므로 이 역시 해제권 발생 근거가 될 수 없다고 판시하였다.
>
> 따라서 계약해제를 이유로 한 분양대금 반환 청구를 할 때에는 신중을 기하여 소를 제기하여야 할 것이다.

원고 주장

가. 이 사건 분양계약에서 2016. 5.말경을 준공예정일로 정하였음에도 피고는 그로부터 3개월을 초과한 2016. 9. 27.에 이르러서야 사용승인을 받았는바, 이 사건 분양계약 제2조 제3항에 따라 원고들에게 약정해제권이 발생하였다.

나. 또한 피고는 원고들과 계약할 당시 5차 중도금까지는 무이자대출로 자동납부처리하는 것으로 약정하였음에도, 이후 원고들에게 5차 중도금을 직접 납부할 것을 요구하면서 이를 포함한 금액을 미납 분양대금으로 계산하여 그 지급을 최고하였는바, 이는 피고가 무이자대출 약정을 위반하고, 나아가 원고들에게 부당하게 과다한 잔금 지급을 요구한 것으로서 이에 따라 원고들에게 법정해제권이 발생하였다.

다. 이에 원고들이 2016. 11. 29. 피고에게 이 사건 분양 및 위탁운영계약의 해제를 통지하였고, 이 사건 소장 부본의 송달로써도 계약을 해제하는바, 이로써 이 사건 분양 및 위탁운영계약은 적법하게 해제되었으므로, 피고는 원고들에게 원상회복으로서 기존에 지급받은 계약금과 중도금을 반환할 의무가 있고, 나아가 이 사건 분양계약 제3조 제2항에 따라 위약금을 지급할 의무가 있다.

법원 판단

가. 계약위반에 따른 법정해제권 주장

　피고가 원고들을 비롯한 수분양자 모집과정에서 '이 사건 호텔 수익표'를 통해 분양대금의 60%에 해당하는 중도금 전부, 즉 5차 중도금까지 피고가 대출 및 그 이자 납부를 지원하는 것처럼 홍보 내지 안내한 사실이 인정되고, 피고가 이러한 대출 및 이자 지원의무에 관하여 이 사건 분양계약서 제6조 제1항에서 계약의 내용으로 명시하였음에도, 이후 원고들에게 5차 중도금에 대하여는 대출 및 이자를 지원할 수 없다는 뜻을 통지한 사실은 앞서 본 바와 같다.

　그런데 민법 제544조에 의하여 채무불이행을 이유로 계약을 해제하려면, 당해 채무가 계약의 목적 달성에 있어 필요불가결하고 이를 이행하지 아니하면 계약의 목적이 달성되지 아니하여 채권자가 그 계약을 체결하지 아니하였을 것이라고 여겨질 정도의 주된 채무이어야 하고 그렇지 아니한 **부수적 채무를 불이행한 데에 지나지 아니한 경우에는 계약을 해제할 수 없다**(대법원 2005. 11. 25. 선고 2005다53705 판결 참조).

　이 사건에 관하여 보면, **분양계약에서 분양대금을 지급하는 것은 수분양자의 주된 채무로서 본래 수분양자 스스로 이행하여야 하는 의무이고**, 더군다나 피고가 지정한 금융기관으로부터의 원고들에 대한 대출이 승인되지 않으면 어차피 원고들 스스로 중도금을 납부하고, 그

연체이자까지 부담하여야 하는바, 이러한 사정들에 비추어 보면, **피고의 5차 중도금 대출 및 이자 지원은 원고들의 입장에서 이 사건 분양 및 위탁운영계약 체결 여부에 영향을 미칠 만큼 계약의 중요한 부분에 해당한다고 볼 수 없다.**

따라서 위와 같은 의무를 불이행한 사정만으로는 이 사건 분양 및 위탁운영계약의 해제를 인정할 수 없으므로, 원고들의 이 부분 주장은 받아들일 수 없다.

나. 준공지체에 따른 약정해제권 주장

이 사건 분양계약 제2조 제3항에서 피고의 귀책사유로 준공예정일로부터 3개월 이내에 준공할 수 없게 되는 경우 원고들이 계약을 해제할 수 있도록 정한 사실, 피고가 당초 2016. 5.말경을 준공예정일로 정하였음에도 그로부터 3개월을 훨씬 초과한 2016. 9. 27.에서야 이 사건 호텔에 대한 사용승인을 받은 사실은 앞서 본 바와 같으므로, 특별한 사정이 없는 한 당초 준공예정일로부터 3개월이 경과한 2016. 9. 1. 이후에는 원고들에게 이 사건 분양 및 위탁운영계약에 대한 약정해제권이 발생하였다.

그런데 피고는, 이 사건 호텔의 준공이 지연된 것은 피고의 설계변경허가신청에 대한 관할관청의 행정처리 기간이 예상보다 길어졌기 때문이고, 이러한 설계변경에 대하여 당초 원고들이 동의하였으므로, 원고들은 위 약정해제권을 행사할 수 없다는 취지로 주장한다.

…위와 같이 피고가 설계변경허가를 받은 이후에 원고들과 이 사건 분양계약을 체결하면서 **별도로 설계변경동의서를 받은 이유 중에는, 원고들이 설계변경으로 준공이 몇 달 지체되는 것을 양해하고 이를 법적으로 문제 삼지 않게 하기 위한 것도 포함된 것으로 보이는 점**, 그 이후의 경과 및 원고들이 보인 태도 등에 비추어 보면, **원고들은 이 사건 호텔의 준공예정일이 당초보다 2개월 정도 늦추어지는 사정에 관하여 동의 내지 양해하였다고 봄이 타당하다.** 이 점을 지적하는 취지의 피고 주장은 이유 있다.

위탁운영계약의 실질은 임대차 계약이고 임대차 계약에 관한 그 의무를 이행하지 못하였을 경우에는 임대차 계약 해지할 수 있으며 더 나아가 현재 점유하고 있는 공용부분까지 관리단 또는 구분소유자에게 인도할 의무가 있다(제주지방법원 2018. 1. 11. 선고 2017가합12086 판결).

> **판례 해설**
>
> 수익형 호텔의 위탁운영계약은 수분양자 개별적으로 체결하게 되고, 이와 같은 위탁운영계약은 운영회사가 계약 내용대로 수분양자의 전유부분 호실을 활용하여 숙박업을 운영을 하고, 약정된 금액 또는 수익금을 수분양자에게 지급하는 구조이다. 따라서 **운영회사가 임대차 계약에 따른 금액을 지급하지 못하였을 경우에 해당 구분소유자는 각자 임대차 계약 해제를 주장할 수 있고**, 대상판결 역시 이를 확인하였다.

> 더 나아가 이 사건에서는 관리단뿐만 아니라 구분소유자 개인이 공동원고로서 현재 운영회사에게 공용부분에서의 퇴거청구를 하였는바, 대상판결은 임대차 계약이 해제된 마당에 위탁운영회사는 전유부분 뿐만 아니라 공용부분도 마찬가지고 점유할 권원이 없다고 판단하였고, 관리단의 공용부분 관리 권한에 의거하여, 구분소유자 개인은 집합건물법 제16조 제1항 단서에 따른 공유자의 보존행위에 기하여 퇴거 청구를 인용하여 주었다.

법원 판단

집합건물에 있어서 공용부분이나 구분소유자의 공유에 속하는 건물의 대지 또는 부속시설을 제3자가 불법으로 점유하는 경우에 그 제3자에 대하여 방해배제와 부당이득의 반환 또는 손해배상을 청구하는 법률관계는 구분소유자에게 단체적으로 귀속되는 법률관계가 아니고 공용부분 등의 공유지분권에 기초한 것이어서 그와 같은 소송은 **1차적으로 구분소유자가 각각 또는 전원의 이름으로 할 수 있고**, 나아가 집합건물에 관하여 구분소유관계가 성립하면 동시에 법률상 당연하게 구분소유자의 전원으로 건물 및 그 대지와 부속시설의 관리에 관한 사항의 시행을 목적으로 하는 단체인 **관리단이 구성되고, 관리단집회의 결의에서 관리인이 선임되면 관리인이 사업집행에 관련하여 관리단을 대표하여 그와 같은 재판상 또는 재판외의 행위를 할 수 있다**(대법원 2003. 6. 24. 선고 2003다17774 판결 등 참조). 한편 **집합건물의 소유자는 집합건물법 제16조 제1항 단서에 의하여 공용 부분에 대한 보존행위를 단독으로 할 수 있고, 그 보존행위의 내용에는 지분권에 기한 방해배제청구권과 공유물의 반환청구권도 포함된다(대법원 1999. 5. 11. 선고 98다61746 판결 등 참조).

앞서 본 인정사실에 의하면, 퍼스트건설과 피고 사이의 이 사건 임대차계약은 퍼스트건설이 피고의 차임연체를 이유로 약정해제권을 행사함에 따라 적법하게 해지되었으므로, 피고는 이 사건 호텔 구분소유자들에 대한 관계에서 이 사건 호텔을 무단으로 점유·사용하고 있다고 할 것이고, 한편 앞서 본 법리에 따라 **원고 관리단은 그 법적 지위에서, 원고 B는 집합건물법 제16조 제1항 단서에 따라 공유자의 보존행위로서 각 이 사건 호텔 건물의 공용부분에 대하여 반환청구를 할 수 있으므**로, 이러한 원고들의 청구에 따라 피고는 원고들에게 이 사건 호텔의 공용부분에 해당하는 별지1. 목록 기재 건물 중 별지2. 목록 기재 각 부분을 인도할 의무가 있다.

수익형 호텔 관리단은 전체 공용부분에 대하여 관리단집회 결의로서 현재 위탁관리회사에 대해서 건물 인도를 청구할 수 있다(부산고등법원 2018. 10. 31. 선고 2018나52276 판결)

판례 해설

수익형 호텔에서의 관리회사는 운영위탁과 관리위탁으로 구분되어 있다. 즉 운영위탁은 수익형 호텔인 만큼 개개의 구분소유자의 전유부분을 통하여 영업 및 수익을 창출하는 행위이고, 관리위탁은 통상적으로 관리하는 관리비 및 공용부분 관리 등에 관한 업무이다.

그리고 각 위탁의 성격에 따라 그 적용되는 법리가 다르다. **운영위탁은 개개의 구분소유자와 임대차 계약을 체결하여 운용하는 임대차 계약의 형태를 취하고 있는 반면, 관리위탁은 민법상 위임계약의 법리가 적용되고 있다.**

결국 이와 같은 이유로 운영위탁을 해지하기 위해서는 개개의 구분소유자들이 해지하여야 하는 반면, 관리위탁을 해지하기 위해서는 공용부분 관리행위의 권한이 관리단(관리인)에게 귀속되어 있으므로 그에 따른 법리를 주장해야 할 것이다.

법원 판단

전체공용부분 인도청구에 관한 판단

1) 집합건물법은 각 공유자의 지분은 그가 가지는 전유부분의 면적 비율에 따르고(제12조 제1항), 각 구분소유자의 의결권은 규약에 특별한 규정이 없으면 제12조에 규정된 지분 비율에 따르며(제37조 제1항), 공용부분의 관리에 관한 사항은 공용부분의 변경을 제외하고는 통상의 집회결의로 결정하며(제16조 제1항), 관리단 집회의 의사는 집합건물법 또는 규약에 특별한 규정이 없으면 구분소유자의 과반수 및 의결권의 과반수로써 의결한다고(제38조 제1항) 규정하고 있다. 관리인은

공용부분의 보존·관리 및 변경을 위한 행위를 할 수 있다(제25조 제1항 제1호).

2) 앞서 본 증거에 갑 제34호증의 기재 및 변론 전체의 취지를 종합하면, ① 원고는 이 사건 건물 전체 구분소유자들로 구성된 관리단인 사실, ② 피고는 센텀호텔의 운영을 위해 이 사건 건물 중 상가 전유부분을 제외한 나머지 부분을 모두 점유하는 사실, ③ 원고는 2017. 4. 30.자 관리단 집회의 결의로 피고가 점유하는 센텀호텔에 대한 인도소송 진행을 결의한 사실은 앞서 본 바와 같다.

3) 이에 대하여 피고는 이 사건 상가 구분소유자들도 기전실과 방재실을 임의로 사용할 수 있으므로 이를 배타적으로 점유·사용하지 않았다고 주장한다. 그러나 피고가 상가 전유부분을 제외한 이 사건 건물을 점유하고 센텀호텔을 운영한 사실은 앞서 본 바와 같으므로, 피고가 전체공용부분인 기전실과 방재실을 배타적으로 점유하였다고 봄이 상당하다. 따라서 피고의 이 부분 주장은 이유 없다.

4) 또한 피고는 노후 비품교체 등 설비투자를 위한 비용을 지출하였으므로 상사유치권 행사를 위하여 전체공용부분을 점유할 권리가 있다고 주장한다. 그러나 피고가 제출한 증거만으로는 피고가 전체공용부분의 보존 또는 개량을 위하여 그와 같은 비용을 지출하였다고 인정하기 어렵고 달리 이를 인정할 증거가 없다. 오히려 갑 제7호증의 기재에 따르

면 피고와 이 사건 객실 구분소유자들 중 일부 사이에 체결된 부동산관리위탁 임대계약서의 특약사항 제4조에 리노베이션 비용은 피고의 영업수익금으로 충당하며 이 사건 객실 구분소유자에게 별도 비용을 청구하지 않는다고 정하고 있으므로, 피고는 필요비 또는 유익비 상환청구권을 포기한 것으로 봄이 상당하다. 따라서 피고의 이 부분 주장은 이유 없다.

대규모 점포 관련 분쟁

구 유통산업발전법에 따른 대규모점포의 개설등록 및 구 재래시장 및 상점가 육성을 위한 특별법에 따른 시장관리자 지정이 '수리를 요하는 신고'로서 행정처분에 해당하는지 여부(적극) (대법원 2019. 9. 10 선고 2019다208953 판결 [관리비])

> **판례 해설**
>
> 구재래시장법 및 구 유통산업발전법 등의 내용과 체계에 비추어 보면, **구 유통산업발전법에 따른 대규모점포의 개설등록 및 구 재래시장법에 따른 시장관리자 지정은 행정청이 그 실체적 요건에 관한 심사를 한 후 수리하여야 하는 이른바 '수리를 요하는 신고'로서 행정처분에 해당**한다. 따라서 <u>이러한 행정처분에 당연무효에 이를 정도의 중대하고도 명백한 하자가 존재하거나 그 처분이 적법한 절차에 의하여 취소되지 않는 한 구 유통산업발전법에 따른 대규모점포개설자의 지위 및 구 재래시장법에 따른 시장관리자의 지위는 공정력을 가진 행정처분에 의하여 유효하게 유지된다</u>고 봄이 타당하다.
>
> 대규모점포관리자가 관리비를 징수할 수 있는 상대방은 <u>상인들에 대하여 행사할 수 있는 것이지, 이와는 별개 주체인 관리단에 대해서는</u>

> 관리단이 시장관리자에게 직접 경비를 지급하기로 약정하는 등 특별한 사정이 없는 한 이를 행사할 수 없다고 보아야 한다.
>
> 결론적으로 대상판결에서는 대규모점포관리자의 행정상의 지위 및 관리단과의 관계를 명확히 해석한 판례로서 의의가 있다고 보인다.

법원 판단

1. 대규모점포 관리자의 신고 수리의 법적 성격

1) 구 유통산업발전법 제8조 제1항은, 대규모점포를 개설하고자 하는 자는 영업을 개시하기 전에 지식경제부령으로 정하는 바에 따라 시장·군수·구청장에게 등록하여야 한다고 규정하고 있고, 구 유통산업발전법 시행규칙(2012. 10. 5. 지식경제부령 제271호로 개정되기 전의 것) 제5조 제1항은 구 유통산업발전법에 따라 대규모점포의 개설등록을 하려는 자는 소정 서식의 신청서에 그 각호의 서류를 첨부하여 시장·군수 또는 구청장에게 제출하여야 한다고 규정하고 있으며, 구 유통산업발전법 제9조는 구 유통산업발전법 제8조에 따라 대규모점포를 등록하는 경우 일정 요건하에 제9조 제1항 각호 소정의 인허가 등이 의제되는 효과가 발생하도록 규정하고 있다.

2) 한편 구 재래시장법 제67조 제1항은, 시장·군수·구청장이 당해 시장에 구 유통시장 발전법 제12조 제1항 내지 제3항의 규정에 의한 대규모점포 개설자의 업무를 수행하는 자가 없는 경우 그 제2항의 규정에 해

당하는 자 중에서 시장관리자를 지정할 수 있다고 규정하고 있다.

또한, 구 재래시장 및 상점가 육성을 위한 특별법 시행규칙(2010. 6. 30. 지식경제부령 제135호로 개정되기 전의 것) 제14조는 구 재래시장법 제67조 제1항에 따라 시장관리자로 지정받으려는 자는 소정 서식의 신청서에 그 각호의 서류를 첨부하여 시장·군수·구청장에게 제출하여야 한다(제1항)고 규정하면서, 제1항에 따라 시장관리자의 지정 신청을 받은 시장·군수·구청장은 제출 서류의 사실 여부 확인 및 적격성 여부 등을 검토하여 적합하다고 인정하는 경우에는 그 신청을 받은 날부터 14일 이내에 소정 서식에 따른 시장관리자 지정서를 교부하여야 한다(제2항)고 규정하고 있다.

3) 앞서 본 각 규정의 내용과 체계에 비추어 보면, **구 유통산업발전법에 따른 대규모점포의 개설등록 및 구 재래시장법에 따른 시장관리자 지정은 행정청이 그 실체적 요건에 관한 심사를 한 후 수리하여야 하는 이른바 '수리를 요하는 신고'로서 행정처분에 해당**한다(대법원 2015. 11. 19. 선고 2015두295 전원합의체 판결, 대법원 2018. 7. 12. 선고 2017다291517, 291524 판결 등 참조).

그러므로 <u>이러한 행정처분에 당연무효에 이를 정도의 중대하고도 명백한 하자가 존재하거나 그 처분이 적법한 절차에 의하여 취소되지 않는 한 구 유통산업발전법에 따른 대규모점포개설자의 지위 및 구 재래시장법에 따른 시장관리자의 지위는 공정력을 가진 행정처분에 의</u>

하여 유효하게 유지된다고 봄이 타당하다.

2. 대규모점포개설자 내지 시장관리자가 갖는 관리비 징수권 및 그 상대방

1) 구 유통산업발전법 제12조 제1항 제3호는 대규모점포개설자가 수행하는 업무로서 '그 밖에 대규모점포의 유지·관리를 위하여 필요한 업무'를 규정하고 있고, 제4항은 매장이 분양된 대규모점포에서는 제1항 각호의 업무 중 구분소유와 관련된 사항에 대하여는 집합건물법에 따른다고 규정함으로써 대규모점포의 관리에 있어서 구분소유자와 입점상인 사이의 이해관계를 조절하고 있다. 여기서 **대규모점포개설자 또는 대규모점포관리자의 업무에서 제외되는 '구분소유와 관련된 사항'**이란 대규모점포의 유지·관리 업무 중 그 업무를 대규모점포개설자 또는 대규모점포관리자에게 허용하면 점포소유자들의 소유권 행사와 충돌되거나 구분소유자들의 소유권을 침해할 우려가 있는 사항이라고 해석되므로, 당해 대규모점포의 운영·관리를 위해 부과되는 관리비 징수는 **대규모점포의 본래의 유지·관리를 위하여 필요한 업무에 속한다**(대법원 2011. 10. 13. 선고 2007다83427 판결 등 참조). 그리고 이러한 법리는 유통산업발전법이 2017. 10. 31. 법률 제14997호로 개정됨에 따라 대규모점포관리자의 입점상인에 대한 관리비 등 청구권에 관한 규정이 제12조의3에 신설되어 시행·적용되기 전까지의 사안에 대하여 그대로 적용된다고 봄이 타당하다.

그러나 위와 같이 대규모점포개설자 또는 대규모점포관리자에게 점포에 대한 관리비 징수권이 부여되더라도, 이는 대규모점포의 구분소유자들이나 그들로부터 임차하여 대규모점포의 매장을 운영하고 있는 상인들에 대해서만 행사할 수 있을 뿐, 관리단과 사이에 관리비 징수에 관한 약정이 체결되는 등 특별한 사정이 없는 한 대규모점포개설자 또는 대규모점포관리자가 관리단을 상대로 직접 관리비를 청구할 수는 없다. 관리단은 대규모점포의 구분소유자들이나 위 상인들과는 별개의 권리·의무 주체일 뿐 아니라, 대규모점포개설자 또는 대규모점포관리자가 관리단으로부터 직접 관리비를 징수할 수 있다거나 관리비 납부에 관하여 관리단을 수범자로 하는 아무런 근거 규정이 존재하지 않기 때문이다. 관련하여 2017. 10. 31. 법률 제14997호로 개정된 유통산업발전법 제12조의3 제1항은 "대규모점포 등 관리자는 대규모점포 등을 유지·관리하기 위한 관리비를 입점상인에게 청구·수령하고 그 금원을 관리할 수 있다."라고 규정하여 대규모점포 등 관리자가 입점상인에 대하여 관리비의 징수권이 있음을 명문화하면서도 관리단에 대하여는 어떠한 규정도 두고 있지 않다.

2) 한편 구 재래시장법 제67조는 시장관리자가 수행하는 업무로서 상업기반시설(시장 또는 상점가의 상인이 직접 사용하거나 고객이 이용하는 상업시설, 공동이용시설 및 편의시설 등)의 유지 및 관리, 화재의 예방, 청소 및 방범 활동, 고객의 안전유지 및 고객과 인근지역 주민의 피해·불만의 처리, 상거래 질서의 확립, 그 밖에 시장의 관리를 위하여 필요하다고 시장·군수·구청장이 인정하는 업무를 규정하면서(제1항), 시

장관리자로 지정될 수 있는 자격요건으로서 '제65조의 규정에 의하여 설립한 상인회 또는 상인 조직'(제1호), '민법 또는 상법의 규정에 따라 설립한 법인'(제2호), '중소기업협동조합법의 규정에 따라 시장상인을 조합원으로 설립한 사업협동조합 또는 협동조합'(제3호), '그 밖에 시장·군수·구청장이 제1항 각호의 규정에 의한 업무를 수행할 능력이 있다고 인정하는 공공 법인·단체'(제4호)를 들고 있다(제2항).

이 가운데 특히 구 재래시장법 제67조 제2항 제1호에 따라 시장관리자로 지정될 자격을 갖는 상인회는, 시장 등에서 사업을 직접 영위하는 상인의 전부 또는 일부에 의하여 자율적으로 설립될 수 있고(제65조 제1항), 그 설립을 위해서는 산업자원부령이 정하는 바에 따라 시장·군수·구청장에게 등록이 마쳐져야 하며(제3항 전문), 제67조의 규정에 의한 시장관리자의 역할을 겸하는 경우에 한하여 상업기반시설의 관리업무를 할 수 있고(제4항 제5호), 상인회의 운영 및 제4항 각호의 규정에 의한 사업의 수행에 필요한 경비를 회원으로부터 징수할 수 있도록 되어 있다(제5항).

이러한 규정들의 내용과 체계에 비추어 보면, **상인회가 구 재래시장법 제67조 제1항 및 제2항 제1호에 따라 시장관리자로 지정될 경우 상업기반시설의 유지 및 관리, 화재의 예방, 청소 및 방범 활동 등의 업무를 수행함과 아울러, 그 회원인 상인들을 상대로 이러한 업무수행에 소요되는 경비를 부과·징수할 수 있고, 이는 상인회 외에 구 재래시장법 제67조 제2항 각호에 규정된 나머지 자들이 시장관리자로 지정**

될 경우에도 마찬가지라고 봄이 타당하다. 나아가 이와 같이 **시장관리자에게 부여되는 경비의 부과·징수권은 구 유통산업발전법상의 대규모점포개설자 또는 대규모점포관리자의 경우와 마찬가지로 상인들에 대하여 행사할 수 있는 것이지, 이와는 별개 주체인 관리단에 대해서는 관리단이 시장관리자에게 직접 경비를 지급하기로 약정하는 등 특별한 사정이 없는 한 이를 행사할 수 없다**고 보아야 한다. 이러한 법리는, 앞서 본 구 재래시장법상의 규정들이 여러 차례의 개정과 법률명칭 변경을 거친 현행 전통시장 및 상점가 육성을 위한 특별법하에서도 실질적인 내용 변경 없이 유지되고 있는 이상, 현행법이 적용되는 사안에 대해서도 동일하게 적용된다.

3. 이 사건에 대한 적용

1) 앞서 본 법리에 비추어 이 사건을 살펴본다. 원고가 2007. 11. 30. 구 재래시장법 제67조에 따라 시장관리자로 지정된 데에 이어 2012. 8. 23. 구 유통산업발전법 제8조에 따라 대규모점포 개설등록을 마쳤음은 앞서 본 바와 같고, 기록상 원고 이외의 제3자가 대규모점포관리자로 새롭게 지정되었다고 볼 만한 자료가 없으며, 달리 원고에 대한 종전 행정처분이 당연무효이거나 적법하게 취소되었다고 볼 만한 사정을 찾아 볼 수 없다. 이에 따라 원고가 대규모점포개설자 내지 시장관리자의 지위를 그대로 유지한다고 볼 수는 있겠으나, 다만 이 경우에도 원고는 점포의 구분소유자들이나 상인들을 상대로 관리비를 징수할 수 있을 뿐, 곧바로 관리단인 피고에 대하여 관리비를 부과·징수할 수는 없다고 보아야 한다.

2) 원심의 이유 설시에 일부 적절하지 아니한 부분이 있으나, 원고가 대규모점포관리자 내지 시장관리자의 지위에 기하여 직접 피고에게 관리비 등을 징수할 수 있다는 원고 주장을 배척한 원심의 판단은 결론에 있어 정당하다. 거기에 상고이유 주장과 같이 논리와 경험의 법칙을 위반하여 자유심증주의의 한계를 벗어나 전통시장 및 상점가 육성을 위한 특별법에 따른 관리비 징수권에 관한 사실을 오인하거나 구 도·소매업진흥법(1995. 1. 5. 법률 제4889호로 전부 개정된 것) 부칙 제4조의 경과규정에 관한 법리를 오해하거나 석명의무를 위반하는 등의 잘못이 없다.

집합건물에 관리단외에 유통산업발전법상의 대규모 점포관리자가 별도로 있었을 경우라도 집합건물의 주차장 등 공용부분에 대한 관리권은 집합건물법상의 관리단에게 존재한다(대법원 2018. 7. 12. 선고 2017다291517, 2017다291524(독립당사자참가의소) 판결)

> **판례 해설**
>
> 기존 판례 입장에 따르면 당해 대규모점포의 운영·관리를 위해 부과되는 관리비 징수권한은 대규모점포의 본래의 유지·관리를 위하여 필요한 업무에 속하므로 이에 따라 **원심은 대규모점포와 오피스텔이 혼합된 집합건물에서 주차장 등 공용부분에 관한 관리권과 주차장 수익금에 관한 권리가 대규모점포관리자인 피고에게 있다고** 판단하였다.

> 그러나 대법원은 **집합건물법상 공용부분의 관리권과 유통산업발전법상 대규모점포관리자의 관리권의 범위를 오해하였다는 이유로 원심을 파기**하였다.

법원 판단

대규모점포관리자에게 당해 점포에 대한 관리비 징수권한이 있다고 해서 건물의 공용부분에 대한 관리권까지 있다고 할 수 없다. 즉 집합건물법상 공용부분은 구분소유자에 의한 결의에 따라 관리단이 공용부분을 관리하고(집합건물법 제16조), 공용부분에서 발생하는 수익은 지분의 비율에 따라 취득하도록(집합건물법 제17조) 명시되어 있는 반면, **대규모점포관리자의 관리대상인 유통산업발전법의 '매장'에는 주차장 등의 공용부분이 포함되지 아니하고, 대규모점포개설자의 업무에 관하여 '대규모점포 등을 유지·관리하기 위하여 필요한 업무'라고 규정되어 있을 뿐 그 관리의 범위에 관하여 구체적인 규정도 없다**. 또한 구 유통산업발전법 제13조와 구 유통산업발전법 시행규칙 제8조의2에 의하면 대규모점포관리자를 두게 한 입법취지는 상거래질서의 확립을 위한 대규모점포의 적절한 운영에 있는 것이지 건물의 관리에 있는 것이 아니고, 구분소유자의 동의 없이 입점상인들의 동의만으로 설립된 대규모점포관리자가 공용부분 관리에 관한 사항까지 결정하는 것은 **구분소유자의 소유권 행사와 충돌하게 되는 것이며, 점포구분소유자가 그 임차인에게 공용부분의 사용권한을 넘어서 관리권한까지 위임했다고 볼 수 없**

다. 더욱이 집합건물 중 일부가 대규모점포가 아닌 경우까지 공용부분에 대한 관리권이 대규모점포관리자에게 있다고 한다면, <u>점포소유자가 아닌 다른 구분소유자들은 공용부분 관리에 대한 의결권을 행사할 방법이 없게 되어 결국 그 구분소유자의 소유권을 침해하게 된다.</u>

따라서 건물 전체가 대규모점포에 해당하여 대규모점포관리자에 의해 관리되고 주차장 등의 공용부분이 대규모점포의 운영·관리에 불가분적으로 연결되어 있다는 등의 특별한 사정이 없는 한, **<u>건물의 공용부분에 대한 관리권과 그로부터 발생하는 수익금은 집합건물법상의 "관리단"에게 있다고 봄이 상당하고, 집합건물의 상당 부분이 대규모점포에 해당한다고 하더라도 달리 볼 것은 아니다.</u>**

> 제17조(공용부분의 부담·수익) 각 공유자는 규약에 달리 정한 바가 없으면 그 지분의 비율에 따라 공용부분의 관리비용과 그 밖의 의무를 부담하며 공용부분에서 생기는 이익을 취득한다.

주차장 등의 공용부분이 대규모점포의 운영·관리에 불가분적으로 연결되어 있다는 특별한 사정이 없는 한 대규모점포관리자에게 공용부분에 대한 관리권한은 인정되지 않는다 (서울중앙지방법원 2019. 3. 8. 선고 2018카합21324)

> 판례 해설
>
> 건물에서 제공되는 주차장 등이 구조상 구분소유자 전원 또는 일부의 공용에 제공되는 '공용부분'에 해당함에는 이견이 없으나 그러한 공용부분에 대해서 대규모점포관리자에게 관리권한이 당연히 인정될 것인지의 여부에 대해서는 논쟁의 여지가 다분하다.
>
> 특히 유통산업발전법상의 대규모점포관리자가 존재하는 이유는 상거래질서의 확립을 위한 대규모점포의 적절한 운영임에 비추어 볼 때, 공용부분인 주차장에 대해서 대규모점포관리자의 관리권한을 당연히 인정하는 것은 어려워 보인다. 이에 따라서 대상판결은 **대규모점포관리자의 관리하에 있는 대규모점포상인들과 공용부분이 불가분적으로 밀접하게 연결되어 있는지 여부에 따라서 그 공용부분에 대해서도 대규모점포관리자의 관리권한을 인정한 것인지여부를** 판단하여야 한다고 보면서 해당 사건의 주차장은 대규모점포를 위해서만 사용되는 공간이 아니라고 보아 대규모점포관리자의 관리권한을 인정해줄 수 없다고 한 사례이다.

법원 판단

1) 채무자는 관련 소송의 판단은 구 유통산업발전법에 따른 판단이며 현행 유통산업발전법에 따르면 대규모점포관리자인 채무자에게 A빌딩의 공용부분인 주차장 등에 대한 관리권이 있다고 주장한다.

그러나 관련 소송 상고심 판단의 쟁점은, **A빌딩의 주차장 등이 대규모점포와 불가분적으로 밀접하게 연결된 공용부분**인지, 즉 주차장 등에 관한 관리가 구분소유와 관련된 사항인지 대규모점포의 운영에 관한 사항인지를 판단하는 것이므로, 구 유통산업발전법이 아닌 현행 유통산업발전법에 따르더라도 그 판단이 달라지기는 어렵다. 오히려 현행 유통산업발전법에 따르더라도, **대규모점포관리자는 '대규모점포 등을 유지·관리하기 위한' 관리비를 청구·수령, 관리할 뿐이며(제12조의3 제1항), 구분소유와 관련된 사항에 대하여는 집합건물법에 따라야** 한다(제12조 제4항).

2) 채무자는 집합건물법 및 채무자의 관리규약에 따라 주차장 등을 관리할 권한이 있고, 이를 변경하기 위해서는 위 관리규약을 변경하여야 한다고 주장한다.

그러나 채무자는 A빌딩의 집합건물법상 관리단이 아니므로, 채무자의 이 부분 주장은 나머지 점에 관하여 나아가 살펴볼 필요도 없이 받아들이지 않는다.

3) 채무자는 주차장 등을 실제로 이용하는 사람은 대부분 A빌딩의 입점 상인 및 위 점포를 방문하는 고객들이므로, 주차장 등은 실질적으로 대규모점포와 불가분적으로 밀접하게 연결된 공용부분이라고 주장한다.

그러나 채무자의 위 주장은 관련 소송에서 모두 배척된바, 앞서 인정한 바와 같이 A빌딩은 층별로 구분되어 있는 점, 주차장 등을 제외한 지하 2층부터 지상 15층까지 중 지상 11층부터 지상 15층까지는 대규모점포가 아닌 오피스텔인 점, 지하 6층 내지 지하 3층에 위치한 주차장 중 지하 5, 6층은 오피스텔 입주자 등 정기 주차 차량의 주차용으로 권장되는 점 등에 비추어, **주차장 등이 실질적으로 대규모 점포와 불가분적으로 밀접하게 연결된 공용부분이라고 볼 수는 없다.**

유통산업발전법에 따라 대규모 점포 관리자가 선정되었을 경우 점포등에 대한 관리비 징수 등의 업무는 구분소유자로 이루어진 관리단이 아닌 유통산업발전법 상의 관리자에게 이관된다(대법원 2016. 3. 10. 선고 2014다46570 판결).

> 판례 해설
>
> 일반적으로 집합건물에는 집합건물법상의 관리단이 관리비 징수 업무를 도맡아 할 수 있고, 그 외의 단체는 관리단이 성립되지 않은 경우에 예외적으로 관리단이 성립될 때까지 한시적으로만 관리비 징수업무를 수행할 수 있다.

그러나 **유통산업발전법의 적용을 받는 대규모 점포의 경우**, 대규모 점포 관리자가 적법하게 설립되고 신고절차까지 마무리하면, 아무리 집합건물법상 적법한 관리단이고 그때까지 관리비 징수 업무를 도맡아 해왔다 하더라도 대규모 점포 관리자의 **설립신고가 수리되는 순간 관리비 징수 권한은 소멸**하고 그 징수 권한은 대규모 점포 관리자에게 이관된다.

대법원이 이와 같이 해석한 이유는 집합건물법은 원칙적으로 구분소유자의 소유권과 관련된 사항을 규정하는 반면, 유통산업발전법은 대규모 점포의 유지·관리를 목적으로 만들어진 법이기 때문에 대규모 점포의 **관리비 징수 업무는 집합건물법 보다는 유통산업발전법의 조항이 그 취지에 더 부합**한다고 해석한 것이다.

집합건물법과 유통산업발전법의 취지 등을 고려한 위 판결은 타당하다고 보인다.

법원 판단

가. 유통산업발전법 제12조 제1항 제3호는 대규모점포개설자가 수행하는 업무로서 '그 밖에 대규모점포 등을 유지·관리하기 위하여 필요한 업무'를 규정하고 있고, 제4항은 '매장이 분양된 대규모점포에서는 제1항 각 호의 업무 중 구분소유와 관련된 사항에 대하여는 「집합건물의 소유 및 관리에 관한 법률」(이하 '집합건물법'이라 한다)에 따른다.'고 규정하고 있다. 여기서 **대규모점포관리자의 업무에서 제외되는 '구분소유와 관련된 사항'이란 대규모점포의 유지·관리 업무 중 그 업무를 대규**

모점포관리자에게 허용하면 점포소유자들의 소유권 행사와 충돌되거나 구분소유자들의 소유권을 침해할 우려가 있는 사항이라고 해석함이 타당하다. 이러한 법리에 비추어 볼 때 **대규모점포관리자가 대규모점포의 구분소유자들이나 그들로부터 임차하여 대규모점포의 매장을 운영하고 있는 상인들을 상대로 대규모 점포의 유지·관리에 드는 비용인 관리비를 부과·징수하는 업무**는 점포소유자들의 소유권행사와 충돌되거나 구분소유자들의 소유권을 침해할 우려가 있는 '구분소유와 관련된 사항'이라기보다는 **대규모점포의 운영 및 그 공동시설의 사용을 통한 상거래질서의 확립, 소비자의 보호와 편익증진에 관련된 사항으로서 대규모점포 본래의 유지·관리를 위하여 필요한 업무에 해당**하여 대규모점포관리자의 권한에 속한다고 할 것이다(대법원 2011. 10. 13. 선고 2007다83427판결 등 참조).

나아가 대규모점포의 효율적이고 통일적인 유지·관리를 통하여 상거래질서 확립, 소비자 보호 등을 도모하려는 유통산업발전법의 입법 목적과 취지 등에 비추어 보면, 집합건물법상의 집합건물인 대규모점포에 관하여 관리단이 관리비 부과·징수 업무를 포함한 건물의 유지·관리 업무를 수행하여 오던 중 <u>대규모점포관리자가 적법하게 설립되어 신고 절차를 마치는 등</u>으로 새로이 관리비 부과·징수권한을 가지게 된 경우에는 <u>그때부터 대규모점포관리자의 권한에 속하게 된 범위에서 관리단이 가지던 관리비 부과·징수권한은 상실된다</u>고 봄이 타당하다.

그러나 **대규모점포관리자의 설립·신고 전까지 관리단이 대규모점포의 유지·관리업무를 수행함으로써 취득한 관리비채권마저 대규모점포관리자에게 당연히 이전한다고 해석할 법률상의 근거가 없으므로, 특별한 사정이 없는 한** <u>그 관리비채권은 대규모점포관리자가 새로이 관리비 부과·징수권한을 취득한 후에도 그대로 관리단에 귀속되고, 관리단이 그 관리비를 징수할 권한을 상실하지는 아니한다</u>고 할 것이다.

나. 기록에 의하면 다음과 같은 사정을 알 수 있다. 즉 ① 보조참가인은 매장이 분양된 대규모점포인 이 사건 상가의 입점상인 3분의 2 이상의 동의를 받아 2013. 10. 30. 설립된 후 대규모점포관리자 신고절차를 마쳤다. ② 원고는 보조참가인이 설립되기 전까지 집합건물인 이 사건 상가의 관리단으로서 이 사건 상가의 관리업무를 수행하여 왔다. ③ 원고는 이 사건에서 피고(선정당사자) 및 선정자들에 대하여 보조참가인이 설립되기 훨씬 전인 2013년 3월 이전에 발생한 미납 관리비의 지급을 구하고 있다.

다. 이러한 사정을 앞서 본 법리에 비추어 살펴보면, 보조참가인은 이 사건 상가의 입점상인 3분의 2 이상의 동의를 받아 적법하게 설립되어 신고절차를 마치는 등으로 유통산업발전법상의 대규모점포관리자로서 새로이 관리비 부과·징수권한을 가지게 되었으므로, 그와 같이 보조참가인의 권한에 속하게 된 범위에서 관리단인 원고가 가지던 관리비 부과·징수권한은 상실된다고 할 것이다. 같은 취지의 원심판단은 정당하고, 이를 다투는 상고이유의 주장은 받아들일 수 없다.

그러나 원고가 주장하는 관리비채권이 보조참가인의 설립 전에 관리단으로서 적법하게 관리업무를 수행하여 취득한 정당한 범위 내에 있는 것이라면 그 관리비채권은 대규모점포관리자인 보조참가인이 새로이 관리비 부과·징수권한을 가지게 된 후에도 원고에게 그대로 귀속되고, 원고가 이 부분 관리비를 징수할 권한을 상실하지는 아니한다고 할 것이다.

그럼에도 원심은 원고가 청구하는 관리비가 보조참가인이 대규모점포관리자 신고를 마치기 전에 발생한 것이더라도 보조참가인이 유통산업발전법상의 대규모점포관리자로서 관리비 부과·징수권한을 가지게 된 이상 원고가 그 관리비를 징수할 권한을 상실하였다는 등의 이유만으로 원고의 청구를 모두 기각하였다. 이러한 원심의 조치에는 관리단과 대규모 점포관리자의 권한 범위 등에 관한 법리를 오해하여 필요한 심리를 다하지 아니함으로써 판결결과에 영향을 미친 위법이 있다. 이 점을 지적하는 상고이유의 주장은 이유 있다.

대규모점포관리자가 대규모점포의 구분소유자들이나 그들에게서 점포를 임차하여 매장을 운영하는 상인들에게 관리비를 부과·징수할 권한이 있는지 여부(적극) (대법원 2011. 10. 27. 선고 2008다7802 판결)

판례 해설

유통산업발전법 제12조에서는 대규모점포개설자의 업무 및 권한에 대하여 설시하고 있는데, 상거래 질서의 확립, 소비자의 안전유지와 소비자 및 인근지역 주민의 피해·불만의 신속한 처리 의무에 대해서는 명확하게 규정하고 있으나 그 외에는 단지 '그 밖에 대규모점포등을 유지·관리하기 위하여 필요한 업무'라고 규정하고 있다.

한편, 동법 제12조 제4항에 따르면 대규모 점포내부에서 '구분소유'와 관련된 사항에 대해서는 『집합건물법』이 적용되고 있다. 이와 관련하여 대상판결은 '관리비를 부과·징수하는 업무'가 '그 밖에 대규모점포 등을 유지·관리하기 위하여 필요한 업무'에 포함되는지 집합건물법이 적용되는 '구분소유와 관련한 사항'에 해당되는지 여부가 주된 쟁점이 된 사례이다.

결국 '그 밖에 대규모점포등을 유지·관리하기 위하여 필요한 업무'의 범위가 어디까지인지 그 해석에 대한 문제라고 볼 수 있는데, 대상판결의 원심에서는 '그 밖에 대규모점포등을 유지·관리하기 위하여 필요한 업무'가 대규모점포개설자 내지 대규모점포관리자가 입점상인들을 대표하는 지위에서 행하는 현실적인 유지·관리 업무에 한정될 뿐, 구분소유자들을 대상으로 관리비를 부과·징수하는 업무는 포함되지 않는다는 취지로 설시하여 업무의 범위를 제한적으로 해석했었다.

그러나 대상판결에서는 그러한 원심의 판단을 뒤집고 유통산업발전법의 입법 취지 및 집합건물법과의 관계를 고려하면 대규모점포관리자의 업무에서 제외되는 '구분소유와 관련된 사항'이라 함은 대규모점포의 유지·관리 업무 중 그 업무를 대규모점포개설자 내지 대규모점포관리자에게 허용하면 점포소유자들의 소유권행사와 충돌이 되거나 구분소유자들의 소유권을 침해할 우려가 있는 사항이라고 해석함이 타당하다고 보아 대규모점포의 유지·관리에 드는 비용인 관리비를 부과·징수하는 업무는 대규모점포의 운영 및 그 공동시설의 사용을 통한 상거래질서의 확립, 소비자의 보호 및 편익증진에 관련된 사항으로서 대규모점포 본래의 유지·관리를 위하여 필요한 업무에 속하는 것이라고 봄이 상당하다고 보았다.

법원 판단

「유통산업발전법」제12조는 대규모점포의 개설등록을 한 자(이하 '대규모점포개설자'라 한다)가 수행하는 업무로서 상거래질서의 확립, 소비자의 안전유지와 소비자 및 인근지역 주민의 피해·불만의 신속한 처리, 그 밖에 대규모점포의 유지·관리를 위하여 필요한 업무를 규정하면서(제1항), 매장이 분양된 대규모점포에 있어서는 매장면적의 2분의 1 이상을 직영하는 자가 있는 경우에는 그 직영하는 자(제2항 제1호), 매장면적의 2분의 1 이상을 직영하는 자가 없는 경우에는 입점상인 3분의 2 이상이 동의하여 설립한 「민법」 또는 「상법」에 의한 법인[제2항 제2호 (가)목], 「중소기업협동조합법」에 의한 협동조합 내지 사업협동조합[같은 호 (나)목], 자치관리단체[같은 호 (다)목, 이 경우 6월 이내에 (가)목 또는 (나)목의 규정에 의한 법인·협동조합 또는 사업조합의 자격을 갖추어야 한다]가 위 각 대규모점포개설자의 업무를 수행하고, 위 각 경우에 해당하는 자가 없는 경우에는 입점상인 2분의 1 이상이 동의하여 지정하는 자[같은 호 (라)목, 이 경우 6월 이내에 (가)목 또는 (나)목의 규정에 의한 법인·협동조합 또는 사업조합을 설립하여야 한다]가 위 각 업무를 수행하고, 그와 같이 대규모점포개설자의 업무를 수행하게 된 자는 관할관청에 신고를 하여야 하며(제3항,「유통산업발전법 시행규칙」제6조 제2항은 그 신고를 마친 자를 '대규모점포관리자'라고 정의하고 있다), 매장이 분양된 대규모점포에 있어서 **대규모점포개설자 내지 대규모점포관리자가 수행하는 위 각 업무 중 '구분소유와 관련된 사항'에 대하여는 「집합건물의 소유 및 관리에 관한 법률」(이하 '집합건물법'이라 한다)에 따르도록 규정하고 있다(제4항)**.

「유통산업발전법」은 구분소유자 전원으로 당연 설립되는 집합건물법상의 관리단이 아닌 입점상인들에 의해서 설립되는 **대규모점포관리자에게 대규모점포의 유지·관리에 관한 일반적인 권한을 부여**하면서도, '구분소유와 관련된 사항'에 관하여는 구분소유자 단체인 관리단에 의해서 설정된 규약 또는 관리단 집회의 결의 등 집합건물법의 규정에 따르도록 함으로써 대규모점포의 관리에 있어서 구분소유자와 입점상인 사이의 이해관계를 조절하고 있다.

따라서「유통산업발전법」의 입법 취지 및 집합건물법과의 관계를 고려하면 대규모점포관리자의 업무에서 <u>제외되는 '구분소유와 관련된 사항'이라 함은 대규모점포의 유지·관리 업무 중 그 업무를 대규모점포개설자 내지 대규모점포관리자에게 허용하면 점포소유자들의 소유권 행사와 충돌이 되거나 구분소유자들의 소유권을 침해할 우려가 있는 사항</u>이라고 해석함이 타당하다. 그리고 <u>대규모점포관리자가 대규모점포의 구분소유자들이나 그들로부터 임차하여 대규모점포의 매장을 운영하고 있는 상인들을 상대로 대규모점포의 유지·관리에 드는 비용인 관리비를 부과·징수하는 업무</u>는, 점포소유자들의 소유권 행사와 충돌되거나 구분소유자들의 소유권을 침해할 우려가 있는 '구분소유와 관련된 사항'이라기보다는 <u>대규모점포의 운영 및 그 공동시설의 사용을 통한 상거래질서의 확립, 소비자의 보호 및 편익증진에 관련된 사항으로서 대규모점포 본래의 유지·관리를 위하여 필요한 업무에 속하는 것</u>이라고 봄이 상당하다(대법원 2011. 10. 13. 선고 2007다83427 판결 참조).

이와 달리 대규모점포개설자 내지 대규모점포관리자가 수행하는 '대규모점포의 유지·관리를 위하여 필요한 업무'는 입점상인들을 대표하는 지위에서 행하는 현실적인 유지·관리업무에 한정되고, 구분소유자들을 대상으로 관리비를 부과·징수하는 업무는 거기에 포함되지 아니한다는 취지로 판단한 원심판결에는「유통산업발전법」상 대규모점포관리자의 업무범위에 관한 법리오해의 위법이 있다.

> 유통산업발전법 제12조(대규모점포등개설자의 업무 등)
> ① 대규모점포등개설자는 다음 각 호의 업무를 수행한다.
> 3. 그 밖에 대규모점포등을 유지·관리하기 위하여 필요한 업무
> ④ 매장이 분양된 대규모점포 및 등록 준대규모점포에서는 제1항 각 호의 업무 중 구분소유(區分所有)와 관련된 사항에 대하여는 「집합건물의 소유 및 관리에 관한 법률」에 따른다.

유발법상 대규모 점포 시장관리자가 대규모 점포의 구분소유자들로 구성된 '관리단'에 대하여 관리비를 청구할 수는 없다 (서울중앙지방법원 2019. 1. 23. 선고 2016나78105)

판례 해설

대규모점포관리자에게 관리비를 징수할 수 있는 권한이 있는지에 대하여는 앞서 많은 판례들에서 언급되었다. 그러나 문제 사안에서 그 관리비를 납부하는 주체는 점포소유자에 한정되었는바, 대상 판결에서는 **대규모 점포 관리자가 관리하는 시장권역 내의 구분소유자들로 구성된 관리단에 직접 관리비를 청구할 수 있는지가 쟁점**이 되었다.

전통시장법상의 시장관리자는 시장에 대규점포등개설자 또는 대규모점포등관리자가 존재하지 않을 때 그 역할을 대신하기 위에 있는 자로, 일반적으로 해당 권역 내의 소유자들로부터 관리비를 징수할 수 있는 주체의 지위는 인정된다. 그러나 대상판결에서는 그 권리를 인정한다 하더라

> 도 관리비 청구의 상대방은 해당 대규모점포에 입점해 영업을 하는 상
> 인에 한정된다고 판시하면서 <u>관리단은 '단체'일 뿐 대규모점포에 입점
> 해 영업을 하는 상인이라고 보기 어려워 관리단으로부터 관리비를 징
> 수할 수는 없다</u>는 결론을 내렸다.
>
> 뿐만 아니라, 만약 관리단과 시장관리자 사이에 관리비 징수 주체를 시
> 장관리자로 하는 별도의 계약을 맺은 사정이 있다면 시장관리자를 관리비
> 징수주체로 인정할 수 있을 것이나, 이전에 관리단이 일부 관리비를 지급
> 한 사정이 있을 뿐, 이를 토대로 시장관리자를 관리비의 징수주체로 인
> 정하여 묵시적으로 계약을 맺었다고 보기는 어렵다고 보고 있다.

법원 판단

2. 법률에 따른 관리비 징수권 유무

나. 전통시장법상 시장관리자의 권한 및 청구 상대방

전통시장법 제67조 제1항은 시장·군수·구청장으로 하여금 해당 시장에 유통산업발전법 제12조 제1항부터 제3항까지의 규정에 따른 대규모점포등개설자 또는 대규모점포등관리자의 업무를 수행하는 자가 없을 때에는 제2항 각 호의 자 중에서 상업기반시설의 유지 및 관리, 화재의 예방, 청소 및 방범 활동 등의 각종 관리업무를 수행할 시장관리자를 지정할 수 있도록 규정하고 있는데, 원고가 서울 중구청장으로부터 위 조항에 따른 시장관리자로 지정받은 사실은 앞서 본 바와 같다.

피고는 전통시장법에 따른 시장관리자라 하더라도 그 관리업무에 동

의하는 상인에게 임의로 관리비를 청구할 권한이 있을 뿐, 이에 동의하지 않는 상인에게까지 강제로 관리비를 징수할 권한은 없다고 주장한다.

살피건대 전통시장법은 유통시장발전법에 따른 대규모점포등관리자가 없는 경우에 그 업무를 대신 수행하게 하여 시장의 질서를 유지하기 위한 목적으로 시장관리자를 지정하도록 규정하고 있어, 그 문맥 및 입법 취지에 비추어 시장관리자에게 대규모점포등관리자에 준하는 지위를 부여하는 것으로 이해할 수 있고, 상인들이 함께 이용하는 시설이나 공간의 관리업무를 수행하는 과정에서 동의하는 상인들로부터만 관리비를 수령하게 되면 비동의 상인들은 비용을 부담하지 않으면서 혜택만 누리는 부당한 결과가 발생하게 되는 사정들을 고려하면, 시장관리자로 지정된 자는 상업기반시설 유지, 관리 등 업무를 수행할 권한이 있고 위 권한에는 관리비 부과·징수 권한이 포함되어 있다고 볼 여지가 적지 않다.

그러나 시장관리자의 관리비 부과·징수 권한을 인정하더라도, **대규모점포등관리자를 대신하는 시장관리자의 지위 및 역할에 비추어 볼 때 대규모점포등관리자가 유통시장발전법에 따라 행사할 수 있는 권한을 넘어서 관리비를 징수할 수는 없다**고 보아야 하는데, 유통산업발전법 제12조의3 제1항은 "대규모점포등관리자는 대규모점포등을 유지·관리하기 위한 관리비를 입점상인에게 청구·수령하고 그 금원을 관리할 수 있다."고 규정하여 **관리비 청구의 상대방이 해당 대규모점포에 입점하여 영업을 하는 상인임을 명시**하고 있다(대법원 2018. 7. 12. 선고 2017다291517, 291524 판결 참조).

그런데 **피고는 집합건물의 소유 및 관리에 관한 법률에 따른 관리단**

으로서 B건물의 구분소유자들을 구성원으로 하는 단체일 뿐, 대규모 점포의 입점상인에는 해당하지 않음이 분명하므로, 전통시장법은 **원고가 피고를 상대로 관리비를 징수할 수 있는 법적 근거가 될 수 없다**. 이와 다른 전제에 선 원고의 주장은 받아들이지 않는다.

3. 묵시적 동의에 따른 징수권 유무

원고는 피고가 2003년에 소방차 운영비 중 일부인 110만 원을 납부했었고, 2009년경부터 2013년경까지 사이에 14차례에 걸쳐 합계 3,200만 원을 관리청소비용으로 스스로 납부한 적이 있으므로, 원고가 수행하는 관리업무에 대하여 피고가 관리비를 지급하기로 하는 묵시적 약정이 체결되었다고 주장한다.

계약은 당사자 간에 청약의 의사표시와 그에 대한 승낙의 의사표시의 합치로 성립되고, 이러한 의사표시는 명시적으로는 물론 묵시적으로도 이루어질 수 있으나, 그 청약의 의사표시는 그 내용이 이에 대한 승낙만 있으면 곧 계약이 성립될 수 있을 정도로 구체적이어야 하고, 승낙은 이와 같은 구체적인 청약에 대한 것이어야 한다(대법원 1992. 10. 13. 선고 92다29696 판결 참조).

그런데 이 사건에서 원고는 금액을 책정하여 피고에게 관리비를 청구하기만 하였을 뿐, 구체적인 관리업무의 내용, 대상, 기간에 관하여 자료를 제공한 적은 없어 이것만 가지고는 원고가 피고의 승낙만 있으면 계약이 성립될 정도로 구체적인 청약의 의사표시를 하였다고 볼 수 없고, 따라서 피고 역시 일부 관리비를 납부한 것만으로는 내용과 기간을 정한 관리계약에 대하여 승낙의 의사를 표시한 것으로 볼 수 없다.

그렇다면 피고가 실제로 원고에게 관리비를 지급한 기간에 대하여는 원고의 관리행위를 추인하였다고 볼 수 있더라도 관리비를 지급하지 않은 기간에 대하여까지 원고와 피고 사이에 위탁관리 약정이 체결되었다고는 볼 수 없으므로, 이와 다른 전제에 선 원고의 위 주장은 받아들이지 않는다.

유발법상 대규모 점포 관리자가 점포입점상인으로부터 관리비를 징수하는 행위는 '대규모점포 등을 유지·관리하기 위한 업무'로 적법하다 (부산지방법원 2019. 1. 17. 선고 2017나47212)

판례 해설

대상 판결에서는 전통시장 상인회인 원고와 해당 상인회의 구역 중 한 개의 점포의 구분소유자인 피고 사이에서 집합건물법상 관리단에 해당하지 않는 상인회인 원고가 피고에 대하여 관리비를 징수할 권한이 있는지가 쟁점이 되었다.

이 사안에 적용되는 유통산업발전법에는 대규모점포 개설자가 직접적으로 관리비 징수에 대한 규정은 없다. 다만 대규모점포개설자는 '그 밖에 대규모점포 등을 유지·관리하기 위하여 필요한 업무'를 할 수 있다는 규정과 '구분소유와 관련된 사항에 대해서는 집합건물법에 따른다'는 규정이 있을 뿐인데, 이 법의 적용을 받는 구분소유자의 입장에서는 관리비를 징수하는 것이 대규모점포 등을 유지·관리하는 업무에 해당하는지 집합건물법이 적용되는 구분소유와 관련된 사항인지를 판단하는 데 있어 어려움을 겪을 수 있다.

이에 대하여 대상판결에서는 집합건물법이 적용되는 구분소유와 관련된 사항은 점포소유자들의 소유권 행사와 충돌되거나 구분소유자들의 소유권을 침해할 우려가 있는 사항을 의미하고, **관리비의 징수는 대규모점포의 운영 및 그 공동시설의 사용을 통한 상거래질서의 확립, 소비자의 보호와 편익증진에 관련된 사항이므로 대규모점포의 유지·관리를 위해 필요한 업무에 해당한다고 보아 대규모 점포관리자의 권한에 속한다**고 판시하여 혼란사항을 정리하였다. 또한 이러한 규정은 대규모점포개설자의 업무를 수행하는 자가 없는 전통시장의 관리자에 대하여도 적용된다고 보고 있다.

법원 판단

가. 원고의 관리비 징수권 존부

전통시장법 제67조 제1항은 유통산업발전법 제12조 제1항부터 제3항까지의 규정에 따른 대규모점포개설자의 업무를 수행하는 자가 없는 전통시장에 대하여 시장·군수·구청장이 상업기반시설의 유지 및 관리 등의 업무를 수행할 자(이하 '시장관리자'라 한다)를 지정할 수 있도록 규정하고 있는데, 유통산업발전법 제12조 제1항 제3호는 대규모점포개설자가 수행하는 업무로서 '그 밖에 대규모점포 등을 유지·관리하기 위하여 필요한 업무'를 규정하고 있고, 제4항은 '매장이 분양된 대규모점포에서는 제1항 각 호의 업무 중 구분소유와 관련된 사항에 대하여는 집합건물법에 따른다'고 규정하고 있다. 여기서 **대규모점포관리자의 업무에서 제외되는 '구분소유와 관련된 사항'이란 대규모점포의 유지·관리 업무 중 그 업무를 대규모점포관리자에게 허용하면 점포소유자들의 소유권 행사와 충돌되거나 구분소유자들의 소유권을 침해할 우려가 있는 사항**이라고 해석함이 타당하다. 이러한 법리에 비추어 볼 때 대규모점포관리자가 대규모점포의 구분소유자들이나 그들로부터 임차하여 대규모점포의 매장을 운영하고 있는 상인들을 상대로 **대규모점포의 유지·관리에 드는 비용인 관리비를 부과·징수하는 업무**는 점포소유자들의 소유권 행사와 충돌되거나 구분소유자들의 소유권을 침해할 우려가 있는 '구분소유와 관련된 사항'이라기보다는 **대규모점포의 운영 및 그 공동시설의 사용을 통한 상거래질서의 확립, 소비자의 보호와 편익증진에 관련된 사항으로서 대규모점포 본래의 유지·관리를 위하여 필요한 업무에 해당하여 대규모점포관리자의 권한에 속한다**고 할 것이고(대법원 2016. 3. 10. 선고 2014다46570 판결 등 참조), 이러한 법리는 **유통산업발전법에 따른 대규모점포개설자의 업무를 수행하는 자가 없는 전통시장의 시장 관리자에 대하여도 마찬가지로 적용된다**고 봄이 타당하다.

위 법리에 비추어 살피건대, 앞서 본 바와 같이 원고는 2015. 1. 29. 부산광역시 사상구청장으로부터 전통시장법에 기하여 이 사건 상가의 시장관리자로 지정되었고, 이 사건 점포는 원고의 업무구역 내에 있으므로, 원고는 이 사건 점포의 구분소유자인 피고로부터 관리비를 징수할 권한이 있다.

> 유통산업발전법 제12조(대규모점포등개설자의 업무 등)
> ① 대규모점포등개설자는 다음 각 호의 업무를 수행한다.
> 3. 그 밖에 대규모점포등을 유지·관리하기 위하여 필요한 업무
> ④ 매장이 분양된 대규모점포 및 등록 준대규모점포에서는 제1항 각 호의 업무 중 구분소유(區分所有)와 관련된 사항에 대하여는 「집합건물의 소유 및 관리에 관한 법률」에 따른다.

대규모점포관리자가 관리단의 영업방해 행위로 인하여 피해를 입은 구분소유자에 대하여 관리비 청구를 할수 있는지 (대법원 2019. 12. 27. 선고 2018다41610 [관리비])

판례 해설

대법원은 원칙적으로 대규모점포관리자로 신고된 자가 관리하고 있는 해당 부분에 대해서는 점포관리자가 관리비를 청구할 수 있다고 판시하고 있다. 문제는 관리단의 행위로 인하여 영업행위를 하지 못한 구분소유자가 점포 관리자의 관리비 청구를 거부할 수 있는지 여부이다.

하급심 법리에서는 관리단에서 사용·수익하게 하지 못하게 하는 경우

> 관리비를 청구할 수 없다고 판시하고 있고 이는 일응 타당한 것으로 보이며 특히 이 사건 원심에서도 점포관리자의 관리비 청구를 기각하였다.
>
> 그러나 대상판결에서는 피해를 초래한 관리단에 대한 손해배상 청구를 하는 것은 별론으로 하더라도 그와 별개의 주체인 점포관리자의 관리비 청구를 기각할 수는 없다고 판시하였다.
>
> 사실 도식적으로만 본다면 방해한 주체와 관리비를 청구하는 주체가 별개라고 보아 관리비 청구가 인정된다고 판시하였으나 관리비를 납부하는 측에서는 굉장히 억울한 사안임에 분명하다.

법원 판단

1. 소액사건에서 구체적 사건에 적용할 법령의 해석에 관한 대법원판례가 아직 없는 상황에서 같은 법령의 해석이 쟁점으로 되어 있는 다수의 소액사건들이 하급심에 계속되어 있을 뿐 아니라 재판부에 따라 엇갈리는 판단을 하는 사례가 나타나고 있는 경우, 소액사건이라는 이유로 대법원이 그 법령의 해석에 관하여 판단을 하지 않은 채 사건을 종결한다면 국민생활의 법적 안전성을 해칠 것이 우려된다. 이와 같은 특별한 사정이 있는 경우에는 소액사건에 관하여 상고이유로 할 수 있는 '대법원의 판례에 상반되는 판단을 한 때'의 요건을 갖추지 아니하였다고 하더라도 법령해석의 통일이라는 대법원의 본질적 기능을 수행하는 차원에서 실체법 해석적용의 잘못에 관하여 판단할 수 있다고 보아야 한

다(대법원 2004. 8. 20. 선고 2003다1878 판결, 대법원 2015. 3. 26. 선고 2012다48824 판결 등 참조).

2. 가. 구 유통산업발전법(2017. 10. 31. 법률 제14997호로 개정되기 전의 것, 이하 '구 유통산업발전법'이라 한다)은 구분소유자 전원으로 당연 설립되는 집합건물의 소유와 관리에 관한 법률(이하 '집합건물법'이라 한다)상의 관리단이 아닌 입점상인들에 의해서 설립되는 대규모점포관리자에게 대규모점포의 유지·관리에 관한 일반적인 권한을 부여하면서도, '구분소유와 관련된 사항'에 관하여는 구분소유자단체인 관리단에 의해서 설정된 규약 또는 관리단 집회의 결의 등 집합건물법의 규정에 따르도록 함으로써 대규모점포의 관리에서 구분소유자와 입점상인 사이의 이해관계를 조절하고 있다. 따라서 구 유통산업발전법의 입법 취지 및 집합건물법과의 관계를 고려하면 대규모점포관리자의 업무에서 제외되는 '구분소유와 관련된 사항'은 대규모점포의 유지·관리업무 중 그 업무를 대규모점포개설자 내지 대규모점포관리자에게 허용하면 점포소유자들의 소유권 행사와 충돌이 되거나 구분소유자들의 소유권을 침해할 우려가 있는 사항'이라고 해석함이 타당하다(대법원 2011. 10. 13. 선고 2007다83427 판결 등 참조).

한편 상가건물이 집합건물법의 규율대상인 집합건물인 경우 분양이 개시되고 입주가 이루어짐으로써 공동관리의 필요가 생긴 때에는 그 당시의 미분양된 전유부분의 구분소유자를 포함한 구분소유자 전원을 구성원으로 하는 집합건물법 제23조에서 말하는 관리단이 당연히 설립되고, 관리단의 설립 이후에는 집합건물법 제28조의 관리단규약을 통하여 업종제한을 새로 설정하거나 변경할 수도 있는데, 이러한 업종제한에는 기본적으로 수분양자 또는 구분소유자에게 해당 업종에 관한 독점적 운영권을 보장하는 의미가 내포되어 있으므로 이를 변경하기 위해서는 임차인 등의 제3자가 아닌 수분양자들이나 구분소유자들 스스로의 합의가 필요하다(대법원 2012. 11. 29. 선고 2011다79258 판결 등 참조). 따라서 **상가건물의 업종 제한 또는 변경 업무는 대규모점포개설자나 대규모점포관리자에게 허용하면 점포소유자들의 소유권 행사와 충돌하거나 구분소유자들의 소유권을 침해할 우려가 있는 '구분소유와 관련된 사항'에 해당하고, 대규모점포 본래의 유지·관리를 위하여 필요한 업무에 포함되지 않는다**고 보아야 한다.

나. 원심판결 이유와 기록에 의하면, 아래와 같은 사실을 알 수 있다.

1) 원고는 서울 중구 H에 위치한 지하 7층, 지상 16층 건물인 'D'(이하 '이 사건 쇼핑몰'이라 한다)에 관하여 구 유통산업발전법에 따라 2013. 9. 4. 서울특별시 중구청장에게 대규모점포관리자 신고 절차를 마치고, 대규모점포관리자의 자격으로 관리비 부과·징수업무 등을 처리하고 있다.

2) 피고는 이 사건 쇼핑몰 제6층 E, F호(이하 '이 사건 각 점포'라 한다)의 구분소유자이다.

3) 집합건물법 제23조 제1항에 따른 관리단인 이 사건 쇼핑몰 관리단은 상가활성화를 위해 쇼핑몰의 5, 6, 7층에 대하여 각 층의 점포를 한꺼번에 임대하는 단체입점을 추진하기로 하고, 피고를 포함한 구분소유자들로부터 단체입점 추진 관련 동의서를 제출받았다.

4) 이 사건 쇼핑몰의 관리규약 제41조에 의하면, 층별 업종 변경 및 추가 배정에 관한 사항은 각 층별 대표로 구성된 이 사건 쇼핑몰 관리단의 운영위원회에서 결정하도록 되어 있다. 이에 따라 2009. 11. 12. 이 사건 쇼핑몰 관리단의 운영위원회는 5, 6, 7층의 기존 영업품목을 다른 층으로 이동하고 해당 층은 '국내외브랜드 입점, 엔터테인먼트, 컨벤션 유치 전시 홍보관 전품목'으로 변경하기로 하는 내용의 '단체입점 유치를 위한 층간 품목조정 및 이동의 건'을 의결하였다.

5) 위 의결에 따라 **이 사건 쇼핑몰 6층에서 영업하던 입점상인들이 모두 다른 층으로 이동하여 6층이 공실이 되자, 2010. 3.경 이 사건 쇼핑몰 관리단은 점포의 안전 관리 등을 위해 6층에 단전, 단수 및 에스컬레이터·엘리베이터 운행정지 등의 조치**를 취하였다.

6) 이후 여러 차례에 걸쳐 단체입점이 추진되었으나 계약 체결이 성사되지 못하였다. 이에 고유품목 환원 및 그 시행사기를 안건으로 삼아 2012. 8. 3. 이 사건 쇼핑몰관리단의 운영위원회가 개최되었는데, 각 층별 영업품목을 위 2009. 11. 12.자 의결로 변경되기 전의 고유품목으로 환원하는 안건은 의결되었으나, 품목 환원의 시행시기에 관하여는 정족수 부족으로 부결되었고, 이 사건 쇼핑몰 관리단은 고유품목 환원 조치를 취하지 않았다.

다. 이러한 사실관계에 의하여 알 수 있는 다음과 같은 사정들을 앞서 본 법리에 비추어 보면, **이 사건 쇼핑몰 관리단 등의 불법적인 사용방해행위가 인정되는 경우 피고가 이 사건 쇼핑몰 관리단 등에 대하여 손해배상을 청구하는 것은 별론으로 하고, 원고가 이 사건 각 점포를 불법적으로 폐쇄하거나 점포 폐쇄조치를 유지함으로써 피고의 이 사건 각 점포에 관한 사용·수익을 방해한 것으로 보기 어렵다.**

1) 이 사건 쇼핑몰 6층의 영업품목을 변경하고, 6층 입점상인들이 모두 다른 층으로 이동한 것은 이 사건 쇼핑몰 관리단 운영위원회의 2009. 11. 12.자 의결에 따른 것이다.

2) 피고가 2012. 8. 이후 이 사건 각 점포를 당초의 용도에 따라 사용하지 못한 것은, 이 사건 쇼핑몰 관리단 운영위원회가 2012. 8. 3. 고유품목 환원 시기를 결의하지 못해 6층에서 개별 영업이 가능하도록 회복하지 못하였기 때문이고, 이와 달리 원고가 6층에 전기와 수도 등을 공급하지 않았기 때문이라고 보기는 어렵다.

3) 각 층별 고유품목 환원은 상가건물의 업종 제한 또는 변경에 관한 업무로서 '구분소유와 관련된 사항'에 해당하므로, 입점상인들에 의해서 설립된 대규모점포관리자인 원고의 업무에 포함되지 않는다.

4) 대규모점포의 구분소유자와 입점상인 사이의 이해관계를 조절하기 위하여 관련법령에서 집합건물법상 관리단과 유통산업발전법상 대규모점포관리자를 따로 두고 있는 이상, 이 사건 쇼핑몰 관리단의 의결이나 조치에 의하여 구분소유자가 받은 경제적 손해를 원고에게 전가하는 것은 부당하다.

라. 그럼에도 원심은 판시와 같은 이유만으로, 원고가 피고의 이 사건 각 점포에 대한 사용·수익을 방해하였다고 보아 원고의 관리비 청구를 기각하였다. 이러한 원심의 판단에는 구분소유자의 관리비 지급채무에 관한 법리 등을 오해하여 판결에 영향을 미친 위법이 있다. 이 점을 지적하는 취지의 상고이유 주장은 이유 있다.

3. 그러므로 원심판결을 파기하고, 사건을 다시 심리·판단하도록 원심법원에 환송하기로 하여, 관여 대법관의 일치된 의견으로 주문과 같이 판결한다.

입주자대표회의와 관리단과의 관계

입주자대표회의에 집합건물법상의 관리단 권한을 포괄 위임하였다고 본 특별한 사례(대법원 2017. 3. 16. 선고 2015다3570 판결)

> **판례 해설**
>
> 법리상 다소 맞지 않은 판결임에도 불구하고 대법원이 정말 부득이하게 이와 같은 판결을 선고할 수 밖에 없었구나 라는 생각을 하게 하는 판결이다.
>
> 우리나라에서는 공동주택관리법과 집합건물법은 근본적으로 다르다. 공동주택관리법은 아파트 관리에 관한 법인 반면 집합건물법은 집합건물의 구분소유자의 재산권에 관련된 법이다.
>
> 문제는 아파트일 경우 공동주택관리법과 집합건물법이 위 법들의 취지에 따라 적용되는 반면 실무에서는 아파트일 경우에는 공동주택관리법이 적용된다고 착오를 일으키게 되고, 대표적인 부분은 입주자대표회의와 관리단의 권한의 혼용이다. 즉 아파트일 경우에도 재산권과 관련된 부분은 관리단이 그 권한을 행사할 수 있을 뿐 입주자대표회의는 그에 대한 어떠한 권한도 행사할 수 없고 이에 대하여 수많은 대법원 판결들이 부적

법하다고 판시하고 있다.

대상판결에서도 역시 기존 판례의 법리로 본다면 이 사건 청구는 기각되어야 마땅할 것이었으나 구체적 타당성 측면에서 부득이하게 인정을 해준 판결에 해당한다

즉 이 사건 아파트의 입주민이 공용부분 변경에 관한 공사비를 지급하지 않았고 이에 대하여 입주자대표회의가 관리비 청구를 하기에 이르렀는데 **공용부분 변경에 관한 공사는 공용부분에 관한 공사로서 구분소유자의 재산권과 관련된 문제이기 때문에 관리단이 원칙적으로 소송의 주체가 되어야** 하지만 아파트 측에서는 "당연히" 입주자대표회의 명의로 소송을 진행하게 되었고 결국 원심에서까지 패소하기에 이르렀던 것이다.

그러나 **대법원은 공용부분 변경에 관한 서면결의서를 받을 당시 이미 그에 대한 서면결의서에 입주자대표회의에 관리단의 권한을 포괄위임한 것이라고 선해해석**하여 대상판결과 같은 내용의 선고를 하였던 것이다.

대법원으로서는 부득이한 판결이지만 여하튼 기존 법리와 다소 차이가 있어 아쉬울 따름이다.

법원 판단

가. 집합건물의 공용부분 변경에 관한 업무는 구분소유자 전원으로 **법률상 당연하게 성립하는 관리단에 귀속**되고, 그 변경에 관한 사항은 관리단집회에서의 구분소유자 및 의결권의 각 4분의 3 이상의 결의(집합건물법 제15조 제1항) 또는 구분소유자 및 의결권의 각 5분의 4 이상의 서면이나 전자적 방법 등에 의한 합의(집합건물법 제41조 제1항)로써 결정하는 것이므로, 집합건물의 관리단은 위와 같은 방법에 의한 결정으로 **구분소유자들의 비용 부담 아래 공용부분 변경에 관한 업무를 직접 수행할 수 있음**은 물론, **타인에게 위임하여 처리할 수 있고**, 집합건물이 일정 규모 이상의 공동주택에 해당하여 입주자대표회의가 구성되어 있는 경우라면 그 입주자대표회의에 위임하여 처리할 수도 있다고 할 것이다.

따라서 **집합건물의 구분소유자 및 의결권의 각 5분의 4 이상**이 난방방식의 변경과 같이 공용부분 변경에 해당하는 **공사에 동의한다는 내용의 서면동의서를 입주자대표회의 앞으로 제출**하고 이에 따라 입주자대표회의가 그 업무를 처리한 경우에는 특별한 사정이 없는 한 집합건물의 관리단이 집합건물법 제41조 제1항에서 정한 구분소유자들의 서면동의로써 입주자대표회의에 그 공용부분 변경에 관한 업무를 포괄적으로 위임한 것으로 보아야 한다.

나. 집합건물의 관리단이 집합건물법 제15조 제1항에서 정한 특별결의나 집합건물법 제41조 제1항에서 정한 서면이나 전자적 방법 등에 의한 합의의 방법으로 입주자대표회의에 공용부분 변경에 관한 업무를 포괄적으로 위임한 경우에는, **공용부분 변경에 관한 업무처리로 인하여 발생하는 비용을 최종적으로 부담하는 사람이 구분소유자들**이라는 점을 고려해 보면 **통상적으로 그 비용에 관한 재판상 또는 재판외 청구를 할 수 있는 권한도 함께 수여한 것**으로 볼 수 있다. 이 경우 **입주자대표회의가 공용부분 변경에 관한 업무를 수행하는 과정에서 체납된 비용을 추심하기 위하여 직접 자기 이름으로 그 비용에 관한 재판상 청구를 하는 것은 임의적 소송신탁에 해당**한다.

임의적 소송신탁은 원칙적으로는 허용되지 않지만, 민사소송법 제87조에서 정한 변호사대리의 원칙이나 신탁법 제6조에서 정한 소송신탁의 금지 등을 회피하기 위한 탈법적인 것이 아니고, 이를 **인정할 합리적인 이유와 필요가 있는 경우에는 예외적·제한적으로 허용**될 수 있다(대법원 2012. 5. 10. 선고 2010다87474 판결, 대법원 2016. 12. 15. 선고 2014다87885 판결 등 참조).

그런데 **구분소유자들의 비용 부담 아래 그 구분소유자들로 구성되는 집합건물의 관리단이 입주자대표회의에 위임하여 공용부분 변경에 관한 업무를 수행하도록 하는 데에는 합리적인 이유와 필요가 있고, 그러한 업무처리방식이 일반적인 거래현실이며, 공용부분 변경에

따른 비용의 징수는 그 업무수행에 당연히 수반되는 필수적인 요소라고 할 것이고, 공동주택에 대해서는 주택관리업자에게 관리업무를 위임하고 주택관리업자가 관리비에 관한 재판상 청구를 할 수 있는 것이 법률의 규정에 의하여 인정되고 있다[구 주택법(2015. 8. 11. 법률 제13474호로 개정되기 전의 것) 제43조 제2항, 제5항, 제45조 제1항].

이러한 점 등을 고려해 보면, 집합건물법 제15조 제1항에서 정한 특별결의나 집합건물법 제41조 제1항에서 정한 서면이나 전자적 방법 등에 의한 합의의 방법으로 집합건물의 관리단으로부터 공용부분 변경에 관한 업무를 위임받은 입주자대표회의는 특별한 사정이 없는 한 구분소유자들을 상대로 자기 이름으로 소를 제기하여 공용부분 변경에 따른 비용을 청구할 권한이 있다고 할 것이다.

제15조(공용부분의 변경)
① 공용부분의 변경에 관한 사항은 관리단집회에서 구분소유자의 4분의 3 이상 및 의결권의 4분의 3 이상의 결의로써 결정한다. 다만, 다음 각 호의 어느 하나에 해당하는 경우에는 제38조제1항에 따른 통상의 집회결의로써 결정할 수 있다.
제41조(서면 또는 전자적 방법에 의한 결의 등)
① 이 법 또는 규약에 따라 관리단집회에서 결의할 것으로 정한 사항에 관하여 구분소유자의 5분의 4 이상 및 의결권의 5분의 4 이상이 서면이나 전자적 방법 또는 서면과 전자적 방법으로 합의하면 관리단집회에서 결의한 것으로 본다. 다만, 제15조제1항제2호의 경우에는 구분소유자의 과반수 및 의결권의 과반수가 서면이나 전자적 방법 또는 서면과 전자적 방법으로 합의하면 관리단집회에서 결의한 것으로 본다.

입주자대표회의가 공동주택의 구분소유자를 대리하여 공용부분 등의 구분소유권에 기초한 방해배제청구 등의 권리를 행사할 수 있다고 규정한 공동주택관리규약의 효력(=무효)(대법원 2003. 6. 24. 선고 2003다17774 판결)

> 판례 해설
>
> 집합건물의 공용부분은 구분소유자가 지분비율로 소유하고 있기 때문에 만약 공용부분에 관하여 어떠한 침해가 발생한다면, <u>보존행위를 제외하고는 구분소유자 과반수이상(관리행위일 경우)의 동의를 받아 그 침해의 방해배제를 구해야</u> 한다.
>
> 다만 실무에서는 아파트의 공용부분의 침해에 대한 방해배제 행위를 아파트 입주자대표회의가 구분소유자의 동의 없이 단순히 입주자대표회의 의결로서 할 수 있다고 착오를 하는 경우가 많다. 이 사건에서도 아파트의 공용부분에 관하여 어떠한 자가 방해 행위(불법적치물을 쌓아두는 행위)를 하였고 입주자대표회의는 주민들의 민원에 따라 위 방해에 대한 방해배제 청구를 하였다. 그러나 **법원은 입주자대표회의가 방해배제청구에 대한 구분소유권자의 동의를 받지 않았고 그 권한의 위임도 받지 않았다고 하여 원고의 청구를 기각**하였다.

법원 판단

가. 집합건물에 있어서 공용부분이나 구분소유자의 공유에 속하는 건물의 대지 또는 부속시설을 제3자가 불법으로 점유하는 경우에 그 제

3자에 대하여 방해배제와 부당이득의 반환 또는 손해배상을 청구하는 법률관계는 **구분소유자에게 단체적으로 귀속되는 법률관계가 아니고 공용부분 등의 공유지분권에 기초한 것이어서 그와 같은 소송은 1차적으로 구분소유자가 각각 또는 전원의 이름으로 할 수 있다.**

나. 나아가 집합건물에 관하여 구분소유관계가 성립하면 동시에 법률상 당연하게 구분소유자의 전원으로 건물 및 그 대지와 부속시설의 관리에 관한 사항의 시행을 목적으로 하는 단체인 관리단이 구성되고, 관리단집회의 결의에서 관리인이 선임되면 관리인이 사업집행에 관련하여 관리단을 대표하여 그와 같은 재판상 또는 재판외의 행위를 할 수 있다.

다. 주택건설촉진법 제38조, 공동주택관리령 제10조의 규정에 따라 성립된 입주자대표회의는 공동주택의 관리에 관한 사항을 결정하여 시행하는 등의 관리권한만을 가질 뿐으로 구분소유자에게 고유하게 귀속하는 공용부분 등의 불법 점유자에 대한 방해배제청구 등의 권리를 재판상 행사할 수 없다.

라. 또 집합건물의소유및관리에관한법률 부칙 제6조에 따라서 집합주택의 관리방법과 기준에 관한 주택건설촉진법의 특별한 규정은 그것이 위 법률에 저촉하여 구분소유자의 기본적인 권리를 해하면 효력이 없으므로 공동주택관리규약에서 입주자대표회의가 공동주택의 구분소유자를 대리하여 공용부분 등의 구분소유권에 기초한 방해배제청구

등의 권리를 행사할 수 있다고 규정하고 있다고 하더라도 이러한 규약내용은 효력이 없다.

입주자대표회의는 구분소유자를 대신하여 물권적 방해배제 청구를 대신하여 행사할 수 없고 대외적인 권한을 행사할 여지도 없다(수원지방법원 안산지원 2013가합6398 사건)

판례 해설

입주자대표회의는 주택법에서 특별히 인정한 입주민들의 대표기관에 불과하기에, 주택법 및 동법 시행령, 그리고 해당 아파트 관리규약에 규정된 조문에 의하여 권한의 범위가 결정된다.(물론 해당 아파트 관리규약이 공주법의 조문에 위배된다면 해당 관리규약은 무효이다). 주택법에서는 입주자대표회의의 권한을 공동주택의 관리에 관한 사항 결정으로 한정 짓고 있기에, 이에 대한 집행은 관리방식이 위탁관리일 경우에는 관리주체가, 자치관리일 경우에는 관리소장이 각 담당한다.

이 사건에서 공장 가동으로 입주민들이 피해를 입었는바, 이러한 **입주민의 소유권 또는 점유권에 기초한 방해배제, 방해예방청구권은 오직 입주민들 고유의 권리일 뿐이고, 입주자대표회의와는 관계없는 권리이다.**

본안소송이나 그 밖의 신청사건에서 입주자대표회의가 소송의 당사자가 되기 위해서는 앞에서 언급한 바와 같이 주택법 및 시행령과 규약에서 인정한 권한이 있는 경우에만 제한적으로 가능할 뿐이고, 그 외사인 간에는 계약당사자이지 않은 한 즉, 입주자대표회의가 계약서에 계약 주체로 되어 있지 않은 한 소송의 주체가 될 수 없다. 그러므로 누구를 소송당사자로 지정할 것인가에 관해 신중을 기하여야 한다.

원고의 주장

피고가 운영하는 이 사건 공장은 이 사건 아파트 인근에 위치하여 이 사건 아파트 주민들이 도저히 수인할 수 없을 정도의 소음과 악취, 조명을 발생시켜 주민들이 이 사건 아파트 입주 후 지속적으로 피해를 보고 있는바, 이러한 피해를 막기 위하여 피고는 자동차 생산 작업이 이루어지지 않는 22:00부터 다음날 07:00까지의 시간에는 이 사건 공장 내에 설치되어 있는 모든 설비 및 기계를 작동하여서는 안 되고, 만약 이에 위반되는 행위를 하면 간접강제금으로 원고에게 위반일 1일당 500만 원을 지급하여야 한다.

법원 판단

가. 주택법 등 관련 규정에 의하면, 원고와 같은 공동주택의 **입주자대표회의는 공동주택의 관리에 관한 사항을 결정하여 시행함으로써 입주자들로부터 관리비를 징수하여 공동주택의 유지·보수 업무를 수행하고, 공동주택의 입주자들 상호 간에 이해가 상반되는 문제가 발생하는 경우 그 분쟁을 조정하는 등 공동주택의 입주자 내부관계에서

발생하는 문제에 관한 사항을 해결하는 권한과 하자보수의무를 부담하는 사업주체에 대하여 하자보수청구권을 행사할 수 있는 권한을 가지고 있는 등 공동주택의 관리자로서 관련 법령에 따른 관리권한만을 가지고 있을 뿐, 나아가 <u>공동주택 인근에서 공장을 가동하는 자를 상대로 작업금지 청구를 하는 등 대외적인권 권한을 행사할 수 있는 지위에 있지 않다</u>고 봄이 타당하다.

나. 더구나 원고가 명확히 밝히고 있지는 않으나, 이 사건 금지청구는 이 사건 공장에서 발생하는 소음, 악취, 조명으로 인하여 정온하고 쾌적한 일상생활을 영유할 수 있는 생활이익이 침해된 이 <u>사건 아파트 입주자들의 소유권 또는 점유권에 기초한 방해제거, 방해예방청구권을 청구원인으로 삼고 있는 것</u>으로 보이는바(대법원 1999. 7. 27. 선고 98다47528 판결, 대법원 2007. 6. 15. 선고 2004다37904 판결 등 참조), 입주자대표회의에 불과한 원고가 개개 입주자들의 방해제거, 방해예방청구권을 대신하여 행사할 수 있는 지위에 있다고도 보이지 않는다.

다. 나아가 원고는 이 사건 총구가 '총유물 보존행위'의 목적으로 제기된 것이라고도 주장하나, **입주자대표회의가 비록 법인 아닌 사단으로서의 성격이 있다고 하더라도, 그 구성원은 개개 입주자들이 아니라 동별로 선출된 동별대표자에 불과하고**(대법원 2007. 6. 15. 선고 2007다6307 판결 참조), 개개 입주자들이 이 사건 아파트를 총유하는 것도 아닌 이상[집합건물의 소유 및 관리에 관한 법률(이하 '집합건물법'이라고만 한다) 소정의 전유부분은 물론 공유부분도 구분소유자 전원이 이를 '공유'할 뿐 총유하는 것은 아니다(집합건물법 제10조 제1항)], 위 주장은 이유 없다.

라. 따라서 입주자대표회의인 원고는 이 사건 공장을 운영하는 피고를 상대로 공장 내부 설비와 기계의 작동 금지를 구할 수 있는 지위에 있지 아니하다.

위탁관리업체와의 분쟁 및
기타 관리 관련 분쟁

집합건물이 만들어지고 구분소유자가 구성되기 전 시행사가 지정한 관리업체는 한시적인 관리업무만을 맡을 수 있을 뿐이다(부산지방법원 동부지원 2016카합10003 업무방해금지가처분).

> 판례 해설
>
> 집합건물이 만들어진 이후 처음에는 수분양자들이 없거나 한꺼번에 입주하는 것은 아니기 때문에 사실상 관리단을 만들기가 불가능하다. 이와 같은 상황을 고려하여 집합건물법 제9조의 3에서는 분양자에게 한시적으로 관리업무를 할 수 있게끔 규정되어 있다. 문제는 분양자가 자신의 지인 등을 동원하여 관리업체를 만들거나 자신이 지정한 관리업체로 하여금 해당 건물을 관리하도록 한 이후 관리단 성립을 방해하는 경우가 종종 있다. 그 이유는 여러 가지가 있지만 집합건물법에서 구분소유자는 자신이 건물을 사용하지 않더라도 공용부분에 관한 관리비를 납부하여야 하므로 미분양 부분의 공용부분 관리비 역시 분양자가 전부 부담하여야 하는 상황이 발생하고, 분양자는 이를 회피하고자 하기 때문이다. 즉 분양자가 지정한 관리업체는 분양자에게 소위 "을"의 위치이기 때문에 분양자에 대하여 미납관리비를 청구하지 않고 결국 분양자의 미납분은 온전히

다른 구분소유자에게로 전가되는 것이다.

결국 이와 같은 상황 속에서 일부 뜻이 있는 구분소유자들은 스스로 관리단을 만들어 분양자가 지정한 관리업체에 대하여 위탁관리계약을 해지하게 된다.

그러나 문제는 여기에서 끝나지 않는다. **분양자가 지정한 관리업체는 관리업무를 종료한 이후 관리업무를 인수인계를 하고 나가야 하나 대부분의 관리업체는 그와 같은 인수인계를 전혀 하지 않게 된다.** 인수인계를 하지 않은 이유는 다름 아닌 관리업무를 함으로써 어느 정도의 이익이 있기 때문으로 결국 이와 같은 상황에서 법적 소송이 발생하게 된 것이다.

대상판결은 이와 같은 상황에서 구분소유자들이 뜻을 합하여 관리단을 만들게 되었고, 이에 시행사(분양자) 및 시행사가 지정한 관리업체가 자신들의 업무를 방해한다며 업무방해금지 가처분 신청을 한 사안으로서, 가처분 신청은 기각되었다.

법원 판단

가. 먼저 **채권자들에게 관리 권한이 있는지에 관하여 보건대,** 채권자들에게 집합건물법 제9조의3 제1항이 여전히 적용되는지, 즉 센텀◀○◆ 관리단이 관리를 개시하였는지 여부가 쟁점이다. 그런데 집합건물법은 집합건물의 관리 권한과 의무는 기본적으로 관리단에게 있는 것으로 보면서 **다만 입주 초기에는 입주자들의 정보 부족, 의결정족수**

충족의 어려움 등으로 관리단 구성이 잘 이루어지지 않는 상황임을 감안하여 한시적으로 분양자에게 관리 의무를 부여한 것이므로, 관리단이 스스로 집회를 열어 조직행위를 하고 의사결정을 할 수 있는 상태에 이르렀다면 분양자의 한시적 관리의 필요성은 소멸된 것으로 볼 수 있는 점, 집합건물법 제9조의 제3항에서는 일정 기간이 지나도 관리단이 규약 설정 및 관리인 선임을 위한 관리단집회를 소집하지 않는 경우 분양자에게 관리단 집회를 소집할 의무를 부과하고 있고, 이는 관리단에 의한 관리가 이루어지지 않는 상태를 마냥 방치하지 않으려는 **취지**로 보이는데, 이에 비추어 규약 설정 및 관리인 선임을 위한 관리단집회를 관리 개시의 첫 단계로 볼 수 있는 점, 집합건물법 제25조에서 정한 관리인의 권한과 의무에 비추어 볼 때 관리인이 선임되면 관리단의 사무 집행을 위한 비용을 징수하고 관리단을 대표하여 대외적인 활동을 하는 것이 가능해서, 관리업무에 속하는 구체적인 행위들을 할 기초가 마련되는 점, 관리단이 활동을 하기 전까지 집합건물을 관리해 온 분양자의 협조(인수인계)가 없으면 관리단으로서는 실질적인 관리업무를 수행하기 어려우므로, 분양자가 종전에 하던 것과 같은 정도의 관리업무를 하여야만 관리 개시가 있다고 볼 경우 분양자에 의한 관리상태가 부당하게 길어질 수 있는 점 등을 종합하면, **관리단이 관리단 집회를 소집하여 관리에 관한 의사결정을 하고 관리인 선임까지 하였다면, 현실적으로 관리업무를 수행하지 않더라도 관리를 개시한 것으로 봄이 타당**하다.

채권자들은 관리규약이 설정되지 않으면 관리를 개시한 것으로 볼 수 없다는 취지의 주장을 하나, 집합건물 관리에 관한 기본적인 사항은 집합건물법에 규정되어 있고 법에서 정하지 않은 사항을 규약으로 정하도록 하고 있으므로(집합건물법 제28조) 관리에 관한 일차적인 기준은 마련되어 있는 점, 관리단은 유효한 관리규약이 존재하지 않더라도 집합건물법 제17조, 제25조 제1항 등에 따라 적어도 공용부분에 대한 관리비는 그 부담의무자인 구분소유자에 대하여 청구할 수 있는 점 등을 고려하면, 관리규약이 설정되지 않았다고 하여 관리 개시가 인정되지 않는다고 볼 수는 없다.

이 사건에서 센텀◀○◆ 구분소유자들이 2015. 8. 15. 관리단 창립집회를 개최하여 관리인 역할을 하는 관리단장으로 채무자 A를 선임하고 관리위원회를 조직하였으며 관리단의 위임을 받은 관리위원회가 관리회사 채무자 D를 선정한 사실은 앞서 본 바와 같으므로, 센텀◀○◆ 관리단이 관리를 개시하였다고 봄이 상당하다.

제9조(담보책임)
③ 제1항 및 제2항에 따른 시공자의 담보책임 중 「민법」 제667조제2항에 따른 손해배상책임은 분양자에게 회생절차개시 신청, 파산 신청, 해산, 무자력(無資力) 또는 그 밖에 이에 준하는 사유가 있는 경우에만 지며, 시공자가 이미 분양자에게 손해배상을 한 경우에는 그 범위에서 구분소유자에 대한 책임을 면(免)한다.

관리단이나 관리인이 아닌 이상 구분소유자 개인으로서는 위탁관리업자에 대하여 계약의 해지를 요구할 수 없고, 계약 종료 확인을 구할 확인의 이익도 없다(인천지방법원 2013가합7055 판결)

판례 해설

집합건물 관리업체는 위탁계약을 체결할 당시 관리단이나 입주자대표회의와 계약을 체결할 뿐 입주민이나 구분소유자 개개인과 계약을 체결하지는 않는다. 문제는 입주민들이 관리업체가 마음에 들지 않을 경우 입주민 개개인이 위탁관리 업체를 해지할 수 있는지 여부인데 민법상 계약의 해지는 계약을 체결한 당사자 사이에서만 가능하므로 **입주민 개개인이 위탁관리업체가 맘에 들지 않는다고 하여 개별적으로 계약을 해지할 수는 없고 대신 관리단이나 입주자대표회의에 건의하여 관리단 등이 비로소 해지하도록 할 수 있을 뿐이다.**

법원 판단

별도의 조직행위가 없었더라도 집합건물인 A건물의 구분소유자 전원을 구성원으로 하여 성립되는 A건물의 **관리단이 그 대표 또는 대리인을 통하여 피고와 이 사건 계약을 체결**하였던 것으로 봄이 상당하므로, 원고들은 이 사건 계약의 당사자가 아니어서 피고가 관리계약의 존속을 주장하더라도 자신들의 법률상 지위가 직접적으로 부인, 방해 내지 **침해되는 것은 아니라** 할 것이어서 이 사건 계약의 당사자인 A건물의 관리단이 피고를 상대로 이 사건 계약의 종료확인 및 채무부존재확인을 구함은 별론으로 하고 단지 이 사건 건물에서 영업을 하고 있음에 불과한 원고들이 그 종료확인을 구할 법률상 이익은 없다.

관리단의 부적법한 대표가 체결한 위탁관리계약은 무효이고 더불어 표현대리가 성립할 여지가 없다면 위탁관리계약의 효력을 인정할 수 없다(서울고등법원 2016나2017185 판결).

> 판례 해설
>
> 이 사건에서 여러 가지 쟁점이 있었으나 <u>**적법한 대표자가 체결한 위탁관리계약의 적법 여부에 관하여**</u>만 보겠다.
>
> 법인이 계약을 체결할 경우 해당 대표가 적법하게 성립되어야 비로소 계약이 유효가 됨은 두말할 필요가 없다. 다만 적법한 대표인지 여부에 관하여는 상대방은 알 수 없기 때문에 **외관상 적법하다는 자료** 즉 고유번호증 또는 법인등기부등본 등에 **적법한 대표자라고 표시되어 있을 경우**에는 예외적으로 상대방은 민법상 표현대리를 주장할 수 있다.
>
> 그러나 그와 같은 표현대리가 성립하기 위해서도 역시 법률요건이 존재하고 **상대방은 해당 대표자가 적법하다는 점에 관하여 고의, 과실이 존재하지 않아야** 한다. 입주자대표회의나 관리단과 계약을 체결한 일반 용역업체 또는 공사업체로서는 그와 같은 사실을 확인하기 어렵기 때문

> 에 고의과실 여부가 문제되지 않지만 <u>관리업체는 입주자대표회의 또는 관리단 전반에 영향을 미치기 때문에 최소한 일반용역업체나 일반 공사업체보다 고도의 주의의무</u>가 있다고 할 것이다. 여기에 더 나아가 기존 관리업체가 입주자대표화의나 관리단과 재계약을 하는 것이라고 한다면 이미 관리를 해온 상황이기 때문에 **계약을 체결한 해당 대표자가 적법하다는 점에 관하여 더 높은 주의의무를 부담하는** 것이다.
>
> 다만 그와 같은 주의의무라고 하더라도 법적 판단까지는 요하는 것은 아니지만 대상판결에서는 기존 관리업체였다는 점, 관리단 대표의 성립을 위한 관리단 집회의 위임장 등을 전혀 존재하고 있지 않았다는 점 등을 고려하여 표현대리가 성립되지 않는다고 판단한 것이다.

법원 판단

(1) 이 사건 관리계약의 효력 유무

앞에서 본 바와 같이 ○○○은 피고를 대표하는 관리인으로 선임된 사실이 없음에도 관리인임을 자처하며 원고와 이 사건 관리계약을 체결하였고, 달리 피고가 이를 추인하였음을 인정할 만한 증거는 없으므로, **이 사건 관리계약의 효력은 피고에게 미치지 아니한다고 할 것**이다.

이에 대하여 원고는 이사건 관리계약 체결 당시 ○○○이 더 이상 피고의 관리인이 아니라고 하더라도 **민법 제129조에 따른 표현대리가 성립한다고 주장하나, ○○○은 피고의 관리인으로 선임된 사실이 없음**은 앞에서 본 바와 같으므로 ○○○의 관리인 업무가 종료되었음을 전제로 하는 원고의 위 주장은 이유 없다. 더구나 이 사건 관리계약이 체결된 경위 등에 비추어 **원고가 선의라거나 ○○○에게 대표권이 있다고 믿을 만한 정당한 이유가 있다고 보기도 어렵다.**

따라서 이 사건 관리계약이 적법하게 체결되었음을 전제로 하는 원고의 청구는 더 나아가 살펴볼 필요 없이 이유 없다.

방화셔터가 제대로 작동하지 않아서 손해가 확대되었다면, 관리단과 관리업체에게도 화재로 인한 손해를 배상할 책임이 있다(서울중앙지방법원 2014. 10. 16. 선고 2013가합535689 판결)

판례 해설

당해 판결에서의 원고 인용금액이 약 8억 9,000만 원에 달한다는 점은 관리단이나 위탁관리업체의 입장에서 억울한 마음이 들 수도 있을 것이다. 법리상으로는 당연하지만, 일반적으로 아파트입주자대표회의나 관리업체들이 화재 발생을 대비한 방화문이나 기타 안전상의 관리업무를 거의 하지 않는다. 이러한 문제는 실제 화재가 발생하여야만 그와 같은 하자를 확인할 수 있다는 점에서 평시에는 안전상의 관리업무를 해태하기 쉽다.

대상 판결에서도 화재 발생 전에는 아무런 확인을 하지 않고 있다가 화재가 발생한 이후 이와 같은 문제점이 알게 되었고 불운하게도 해당 화재로 인하여 발생한 손해는 통상의 경우보다 훨씬 가중된 상태였다.

> 결국, 대상 판례를 계기로 기존 관리단이나 아파트 입주자대표회의에서는 화재가 실제 발생할 수 있음을 전제로 안전점검의무를 해태하지 않도록 주의해야 할 것이다.

법원 판단

– 방화셔터의 정상작동 여부

살피건대, 앞서 든 각 증거 및 갑 제12, 15, 17호증의 각 기재, 증인 G의 증언, 이 법원의 안산소방서에 대한 각 사실조회결과에 변론 전체의 취지를 종합하면, 이 사건 건물 6층에는 출입로(램프) 앞의 방화셔터, 631호와 632호 사이의 방화셔터(이하 이 사건 방화셔터)를 포함해 총 4개의 방화셔터가 설치되어 있는 사실, 이 사건 화재 발생 당시 위 출입로(램프) 앞의 방화셔터는 작동하였으나 이 사건 화재가 발생한 630호와 원고가 이 사건 설비를 보관하고 있던 632호 사이에 있는 이 사건 방화셔터는 작동하지 아니한 사실을 인정할 수 있고, (중략) 이 사건 방화셔터가 정상적으로 관리되었다면 연기감지기와 열감지기의 동작을 통해서 자동으로 작동, 완전히 하강하였어야 함에도 이 사건 화재 발생 당시 정상적으로 작동하지 아니하여 원고가 이 사건 설비를 보관하고 있던 632호로 매연 및 소화수 등이 유입되었다고 봄이 상당하다. 따라서 위 **피고들은 화재가 발생하는 경우 이 사건 방화셔터가 제대로 작동하도록 유지·관리할 주의의무가 있음에도 이를 다하지 아니한 과실이 있다.**

따라서 피고 관리단 및 D은 피고 B와 각자 원고에게 이 사건 화재로 인하여 발생한 손해를 배상할 책임이 있다.

관리단이 주차 시설의 관리를 타 업체에 도급을 주었다면 주차시설의 고장으로 인하여 발생한 손해에 관하여 점유자의 책임을 부담하지 않고, 사회통념상 일반적으로 요구되는 정도의 방호조치 의무를 다하였으므로 소유자의 책임도 부담하지 않는다(서울중앙지방법원 2014나2265 판결)

판례 해설

가끔 아파트 또는 집합건물에서 발생한 사고에 관하여 입주자대표회의 또는 관리단에 대하여 손해배상책임을 추궁하는 경우가 종종 있는데, 대상판결 또한 이에 관한 사안이다. 대상판결에서는 건물에 설치된 주차시설의 고장으로 인하여 차량 수십 대가 훼손되었고, 이에 훼손된 차량의 소유자가 해당 관리단에 공작물 점유자 또는 소유자 책임을 추궁한 것이다.

그러나 관리단이 주차시설을 관리를 별도의 업체에 운영권 일체를 위임하였고 거기에 대하여 매월 일정금을 받는 이외에 어떠한 수익도 받지 않았다면 해당 주차시설의 관리자인 업체가 점유자로서 과실이 존재하여 책임을 부담할 뿐 관리단에 대하여는 전혀 손해배상 청구를 하지 못한다는 것이다.

다만 바로 앞에서 다룬 판례에서는, 아파트 입주자대표회의가 위탁관리업체에 위탁관리를 주었다고 하더라도 공작물 관리자로서 책임을 부담하여야 한다는 취지의 판시를 한 것과 비교해 볼 때, 대상판결에서는 위탁관리의 수준을 넘어 아예 관리권 일체를 위임하였기 때문에 손해배상을 추궁당하지 않았던 것으로 보인다.

원고의 주장

원고는 피고가 A건물의 부속시설인 이 사건 주차기를 사실상 지배하면서 그 설치 또는 보존상의 하자로 인하여 발생하는 사고를 방지하기 위하여 위 시설을 보수, 관리할 권한 및 책임이 있는 자로서 공작물인 이 사건 주차기의 점유자에 해당하고, B는 점유자인 피고로부터 이 사건 주차기의 일상적인 유지·관리를 위임받은 자로서 피고의 점유보조자이거나 공동점유자의 지위에 있는바, 피고는 이 사건 주차기가 노후화로 인해 고장 가능성이 높음에도 적절한 보수를 하지 아니하는 등 주의의무를 위반함으로써 이 사건 사고가 발생하였으므로, 민법 제758조에 따라 공작물 책임을 부담한다고 주장한다.

법원 판단

가. 공작물 점유자라 함은 공작물을 사실상 지배하면서 그 설치 또는 보존상의 하자로 인하여 발생할 수 있는 각종 사고를 방지하기 위하여 공작물을 보수·관리할 권한 및 책임이 있는 자를 말한다.

나. B는 피고로부터 이 사건 주차기의 운영권 일체를 위임받은 다음 매월 일정금액을 지급하는 외에는 이 사건 주차기의 운영으로 얻은 수입 전부를 스스로 취득하되, 이 사건 주차기의 점검료를 포함한 일체의 운영비용을 부담하고, 그 운영 과정에서 발생하는 통상적인 고장을 스스

로의 책임 하에 보수하기 위하여 이 사건 **주차기의 보수업체와 보수점검계약을 체결하여 이 사건 주차기의 점검 보고, 보수 지시, 비용 부담 등을 책임지는 지위**에 있었음이 인정된다.

다. 반면 피고는 입주업체 차량 등의 주차요금에 관하여 승인할 수 있는 것 외에는 특별한 사정이 없는 한 이 사건 주차관리계약 기간 동안은 이 사건 주차기의 운영에 관여할 수 없는바, 이에 의하면 **B가 피고로부터 이 사건 주차기를 임차하여 주차장 영업을 하면서 위 공작물로 인한 각종 사고를 방지하기 위하여 보수·관리할 권한 및 책임이 있는 이 사건 주차기의 점유자에 해당한다** 할 것이다.

라. 한편 점유자인 B가 공작물의 위험성에 비례하여 사회통념상 일반적으로 요구되는 정도의 방호조치 의무를 다하였다고 볼 수 없으므로 B가 최종 손해배상책임자로서 원고 차량에 대한 손해배상도 이를 배상하여야 하는 이상 이 사건 주차기의 소유자 측인 피고는 민법 제758조 제1항에 의한 책임을 지지 않는다.

관리단 정확히 관리인이 선임되기 이전 건축주와 계약한 관리업체의 관리권한이 유효한 기간 (청주지방법원 2018. 11. 8. 선고 2018카합133)

> **판례 해설**
>
> 집합건물법 제9조의3 제1항에 따르면 분양자는 관리단이 관리를 개시할 때까지 선량한 관리자의 주의로 건물과 대지 및 부속시설을 관리해야 할 의무가 있다. 이에 근거해서 집합건물의 건축주 등은 관리업체와 관리위탁계약을 체결하고는 하는데, '관리단이 관리를 개시한 시점'은 언제까지로 보아야 하는지, 명시적으로 관리위탁계약의 기간은 언제까지인지가 문제될 수 있다.
>
> 대상판결은 이에 대해서 관리단집회를 통해 관리인이 선임된 이상 관리단이 관리를 개시하였다고 보아야 하므로, 이때 이전 건축주과 관리업체간의 관리위탁계약은 종료되었다고 보아 더 이상 이전 관리업체의 관리권한이 없다고 판시함으로써 이러한 논쟁을 정리하였다.

법원 판단

집합건물의 관리단이 실제로 조직되기 이전에 집합건물의 건축주 또는 최초 구분 소유자의 다수가 어느 업체에 집합건물의 관리를 위탁한 경우 그 업체의 관리권한은 관리를 위탁한 건축주 또는 그 업체가 관리단의 관리인으로 선임된 것이라고 볼 만한 특별한 사정이 없는 한, 관리위탁계약에 정하여진 계약기간과 상관없이 관리단이 실제로 조직되어 자치적 관리를 시작할 때까지만 한시적으로 존속한다(대법원 2006. 12. 8. 선고 2006다33340 판결, 대법원 2005. 7. 14. 선고 2004다67011 판결 등 참조).

위와 같은 법리에 비추어 이 사건에 관하여 본다. **이 사건 건물의 시행사와 이 사건 건물에 관한 관리계약을 체결한 채무자는 이 사건 상가에 적법한 관리인이 선임될 때까지만 이를 관리할 권한이 있다**고 할 것인데, 이 사건 관리단 집회에서 D을 채권자의 관리인으로 선임하는 결의가 있었고 관리인을 통하여 관리단의 사무집행이 가능해졌으며 채권자가 채무자에 대하여 이 사건 상가 관리업무의 인계를 요청한 이상, 채무자는 더 이상 이 사건 상가에 관한 위탁관리업체의 지위에 있음을 전제로 하여 관리업무를 수행할 권한이 없다고 할 것이다. 따라서 채권자로서는 채무자의 권한 없는 관리행위에 의하여 이 사건 상가에 관한 관리권한을 침해바고 있음을 이유로 그 방해행위의 배제를 구할 수 있는바, 채권자의 이 사건 신청은 피보전권리가 소명되고, 채무자가 이 사건 상가에 관한 관리권한이 있음을 주장하며 다투고 있으므로 그 보전의 필요성도 인정된다.

제9조의3(분양자의 관리의무 등)
① 분양자는 제23조제1항에 따른 관리단이 관리를 개시(開始)할 때까지 선량한 관리자의 주의로 건물과 대지 및 부속시설을 관리하여야 한다.

임기가 종료되었다고 하더라도 민법상 위임사무 처리규정에 따라 업무수행권이 존재함으로 관리인 지위 부존재 확인을 구할 이익이 있다(부산고등법원 2016나57178 회장당선무효확인).

> **판례 해설**
>
> 이 사건에서의 논점은 관리단 대표의 임기가 종료되었을 경우 과연 그 지위의 확인을 구하는 소송을 제기할 수 있을지 여부이다. 즉 확인의 소에서는 필수적으로 확인의 이익을 요구하는데, 여기에서의 확인의 이익이란 사실상, 감정상의 이익이 아닌 **법률상의 확인의 이익**이어야 하는바, 대부분 임기가 종료된 자에 대한 확인의 이익은 존재하지 않는다고 판단하여 이유 여하를 막론하고 소 자체를 각하하고 있다.
>
> 그러나 대상판결에서는 임기가 종료되었다고 하더라도 <u>후임 회장이나 관리인이 선출되지 않은 경우에는 임기 종료된 자가 민법상 위임법리에 의한 긴급사무 처리권을 가지고, 그 기존의 지위에서 권한을 행사하고 있기 때문에 확인의 이익이 존재한다</u>고 판단한 것이다.
>
> 결국 입주자대표회의나 관리단 대표들에 대한 지위부존재 확인의 소가 적법하게 진행될 수 있는 범위는 **임기 개시 시부터 차기 대표들이 선출되기 전까지**라고 할 것이다.

피고 주장의 요지

C는 2016. 3. 31.로 임기 만료됨으로써 더 이상 회장의 지위에 있지 아니하므로, C를 회장으로 선임한 결의의 효력을 다투는 이 사건 소는 소의 이익이 없다.

법원 판단

비법인사단과 그 대표자의 관계는 위임자와 수임자의 법률관계와 같은 것으로서 대표자는 임기가 만료되면 일단 그 위임관계는 종료되어 대표자로서의 지위를 상실하므로 더 이상 대표자로서의 지위에 있다고 할 수 없다. 다만 그 후임자가 선임될 때까지 대표자가 존재하지 않는다면 대표기관에 의하여 행위를 할 수밖에 없는 비법인사단은 정상적인 활동을 중단하지 않을 수 없는 상태에 처하게 되므로, **민법 제691조의 규정을 유추하여 종전대표자로 하여금 비법인사단의 업무를 수행케 함이 부적당하다고 인정할 만한 특별한 사정이 없는 한 그 급박한 사정을 해소하기 위하여 필요한 범위 내에서 새로운 대표자가 선임될 때까지 임기만료된 종전 대표자에게 대표자의 직무를 수행할 수 있는 업무수행권이 인정**될 수 있을 뿐이다(대법원 2003. 7. 8. 선고 2002다74817 판결 등 참조).

앞서 본 사실관계에 의하면 **피고는 이 사건 상가의 구분소유자들로**

구성되어 고유의 목적을 가지고, 규약에 근거하여 의사결정기관 및 집행기관인 대표자를 두는 등 조직을 갖추고 있고, 그 구성원의 가입, 탈퇴 등과 관계없이 단체 그 자체로서 존속되고 있으므로, 피고는 비법인사단의 실체를 가지고 있다고 볼 수 있다.

그런데 당심 변론종결일까지 C의 후임자로 새로운 회장이 선출되지 않고 있으므로, **특별한 사정이 없는 한 C로서는 새로운 대표자가 선임될 때까지 대표자의 직무를 수행할 수 있고, 원고로서는 C를 회장으로 선임한 이 사건 결의의 효력을 다툴 법률상의 이익이 있다.**

> 민법 제691조(위임종료시의 긴급처리) 위임종료의 경우에 급박한 사정이 있는 때에는 수임인, 그 상속인이나 법정대리인은 위임인, 그 상속인이나 법정대리인이 위임사무를 처리할 수 있을 때까지 그 사무의 처리를 계속하여야 한다. 이 경우에는 위임의 존속과 동일한 효력이 있다.

대지사용권 관련 사례

구분건물의 전유부분에 대한 소유권이전등기만 경료되고 대지지분에 대한 소유권이전등기가 경료되기 전에 전유부분만에 관하여 설정된 저당권의 효력 범위가 추후 경매 절차시 대지지분까지 효력을 미치는 지 여부(대법원 2001. 9. 4. 선고 2001다22604 판결)

판례 해설

이 사건은 대지사용권이 아닌 전유부분에만 저당권이 설정된 이후 저당권의 실행으로 인하여 전유부분 뿐만 아니라 대지사용권까지 함께 낙찰된 점에 관하여 대지 사용권은 부당한 이득으로 반환되어야 한다고 주장한 사안이다.

그러나 <u>이미 98다45652 판결에서도 본 바와 같이 구분소유권과 대지 사용권은 분리 처분이 금지되어 있고 규약이 없는 한 일체로 이전되어야 하므로, 2001다22604판례는 낙찰인은 경매목적물인 전유부분을 낙찰받음에 따라 종물 내지 종된 권리인 대지지분도 함께 취득하였다 할 것</u>이고, 만약 낙찰인이 대지지분에 관하여 소유권이전등기를 경료받은 것을 두고 법률상 원인 없이 이득을 얻은 것이라고 한다면 구분소유권과 대지사용권의 분리 처분을 금지한 취지를 몰각하는 것이므로 감정

평가액을 반영하지 않은 상태에서 경매절차를 진행하였다고 하더라도 대지지분도 함께 취득한다고 판시하고 있다.

결국 집합건물 전유부분에 관하여 별도로 경매절차가 진행된다고 하더라도 대지사용권을 한꺼번에 취득할 수 있는 상황이 존재할 수 있으므로, 이에 대상 판례를 잘 숙지하여 실수가 없도록 해야할 것이다.

법원판단

집합건물의소유및관리에관한법률 제20조 제1항, 제2항과 민법 제358조 본문의 각 규정에 비추어 볼 때, 집합건물의 대지의 분·합필 및 환지 절차의 지연, **각 세대당 지분비율 결정의 지연 등으로 인하여 구분건물의 전유부분에 대한 소유권이전등기만 경료되고 대지지분에 대한 소유권이전등기가 경료되기 전에 전유부분만에 관하여 설정된 저당권의 효력은, 대지사용권의 분리처분이 가능하도록 규약으로 정하였다는 등의 특별한 사정이 없는 한, 그 전유부분의 소유자가 나중에 대지지분에 관한 등기를 마침으로써 전유부분과 대지권이 동일 소유자에게 귀속하게 되었다면 당연히 종물 내지 종된 권리인 그 대지사용권에까지 미친다.**

구분건물의 전유부분에 대한 소유권이전등기만 경료되고 대지지분에 대한 소유권이전등기가 경료되기 전에 전유부분만에 관하여 설정된 근저당권에 터잡아 임의경매절차가 개시되었고, 집행법원이 구분건물에 대한 입찰명령을 함에 있어 대지지분에 관한 감정평가액을 반영하지 않은 상태에서 경매절차를 진행하였다고 하더라도, 전유부분에 대한 대지사용권을 분리처분할 수 있도록 정한 규약이 존재한다는 등의 특별한 사정이 없는 한 낙찰인은 경매목적물인 전유부분을 낙찰받음에 따라 종물 내지 종된 권리인 대지지분도 함께 취득하였다 할 것이므로, 구분건물의 대지지분 등기가 경료된 후 집행법원의 촉탁에 의하여 낙찰인이 대지지분에 관하여 소유권이전등기를 경료받은 것을 두고 법률상 원인 없이 이득을 얻은 것이라고 할 수 없다.

아파트일 경우 전유부분만 소유권이 이전되고 대지 지분에 관하여 소유명의가 아직까지 이루어지지 않아 이전이 되지 않고 있는 상황에서 해당 전유부분이 경매, 매도되었을 경우 대지 지분의 소유자 확정(대법원 2000. 11. 16. 선고 98다45652,45669 전원합의체 판결)

판례 해설

판례에서도 설시된 바와 같이 아파트와 같은 대규모 집합건물일 경우 여타의 사정으로 인하여 전유부분의 소유권만이 표시되어 이전되고 대지지분에 관하여 분할절차 등이 지연됨으로 인하여 그 소유명의가 결정되지 않은 경우가 종종 있다.

그러나 집합건물법 제20조는 구분소유자의 대지 사용권은 그가 가지는 전유부분의 처분에 따르고 더불어 전유부분과 분리하여 처분하지 못한다고 규정하고 있으며 대법원은 본 조항을 강행규정으로 보아 당사자의 합의에 의하여서는 본 규정과 다른 내용을 만들지 못한다고 하고 있다.

따라서 **전유부분에 대하여만 소유권이전등기를 경료받았으나 매수인의 지위에서 대지에 대하여 가지는 점유·사용권에 터잡아 대지를 점유하고 있는 수분양자는 대지지분에 대한 소유권이전등기를 받기 전에 대지에 대하여 가지는 점유·사용권인 대지사용권을 전유부분과 분리 처분하지 못할 뿐만 아니라 전유부분 및 장래 취득할 대지지분을 다른 사람에게 양도한 후 그 중 전유부분에 대한 소유권이전등기를 경료해 준 다음 사후에 취득한 대지지분도 전유부분의 소유권을 취득한 양수인이 아닌 제3자에게 분리 처분할 수 없고, 이를 위반한 대지지분의 처분행위는 무효라고 할 것이다.**

법원 판단

가. 집합건물의소유및관리에관한법률(이하 '집합건물법'이라 한다)은, 제20조에서, 구분소유자의 대지사용권은 그가 가지는 전유부분의 처분에 따르고(제1항), 구분소유자는 규약으로써 달리 정하지 않는 한 그가 가지는 전유부분과 분리하여 대지사용권을 처분할 수 없으며(제2항), 위 분리처분금지는 그 취지를 등기하지 아니하면 선의로 물권을 취득한 제3자에 대하여 대항하지 못한다(제3항)고 규정하고 있는바, 위 규정의 취지는 집합건물의 전유부분과 대지사용권이 분리되는 것을 최대한 억제하여 대지사용권 없는 구분소유권의 발생을 방지함으로써 집합건물에 관한 법률관계의 안정과 합리적 규율을 도모하려는 데 있다고 할 것이다.

한편 아파트와 같은 대규모 집합건물의 경우, 대지의 분·합필 및 환지절차의 지연, 각 세대당 지분비율 결정의 지연 등으로 인하여 전유부분에 대한 소유권이전등기만 수분양자를 거쳐 양수인 앞으로 경료되고, 대지지분에 대한 소유권이전등기는 상당기간 지체되는 경우가 종종 생기고 있는 데, 이러한 경우 집합건물의 건축자로부터 전유부분과 대지지분을 함께 분양의 형식으로 매수하여 그 대금을 모두 지급함으로써 소유권 취득의 실질적 요건은 갖추었지만 전유부분에 대한 소유권이전등기만 경료받고 대지지분에 대하여는 앞서 본 바와 같은 사정으로 아직 소유권이전등기를 경료받지 못한 자는 <u>매매계약의 효력으로써 전유부분의 소유를 위하여 건물의 대지를 점유·사용할 권리가 있다</u>고 하여야 할 것인바, 매수인의 지위에서 가지는 이러한 점유·사용권은 단순한 점유권과는 차원을 달리하는 본권으로서 집합건물법 제2조 제6호 소정의 구분소유자가 전유부분을 소유하기 위하여 건물의 대지에 대하여 가지는 권리인 대지사용권에 해당한다고 할 것이고, 수분양자로부터 전유부분과 대지지분을 다시 매수하거나 증여 등의 방법으로 양수받거나 전전 양수받은 자 역시 당초 수분양자가 가졌던 이러한 대지사용권을 취득한다고 할 것이다(대법원 1995. 3. 14. 선고 93다60144 판결, 1998. 6. 26. 선고 97다42823 판결 등 참조).

그리고 앞서 본 집합건물법의 규정내용과 입법취지를 종합하여 볼 때, 대지의 분·합필 및 환지절차의 지연, 각 세대당 지분비율 결정의 지연 등의 사정이 없었다면 당연히 전유부분의 등기와 동시에 대지지분의 등기가 이루어졌을 것으로 예상되는 경우, 전유부분에 대하여만 소유권이 전등기를 경료받았으나 매수인의 지위에서 대지에 대하여 가지는 점유·사용권에 터잡아 대지를 점유하고 있는 수분양자는 대지지분에 대한 소유권이전등기를 받기 전에 대지에 대하여 가지는 점유·사용권인 대지사용권을 전유부분과 분리 처분하지 못할 뿐만 아니라, **전유부분 및 장래 취득할 대지지분을 다른 사람에게 양도한 후 그 중 전유부분에 대한 소유권이전등기를 경료해 준 다음 사후에 취득한 대지지분도 전유부분의 소유권을 취득한 양수인이 아닌 제3자에게 분리 처분하지 못한다 할 것이고, 이를 위반한 대지지분의 처분행위는 그 효력이 없다**고 봄이 상당하다 할 것이다.

대지 지분이 정리되지 않았다고 하더라도 대지 지분은 구분소유권과 일체로 처분되어야 하지만 경매 목적물에 관하여 수분양자가 분양대금을 완납하지 못한 경우 분양자로서는 대지사용권을 근거로 분양대금 납부를 동시이행 항변할 수 있다(대법원 2006. 9. 22. 선고 2004다58611 판결)

> 판례 해설
>
> 본 판례는 실무적으로 주의해야 할 판례 중 하나이다.
>
> 수분양자가 분양자에게 그 분양대금을 완납한 경우는 물론 그 분양대금을 완납하지 못한 경우에도 마찬가지이다. 따라서 그러한 경우 경락

인은 대지사용권 취득의 효과로서 분양자와 수분양자를 상대로 분양자로부터 수분양자를 거쳐 순차로 대지지분에 관한 소유권이전등기절차를 마쳐줄 것을 구하거나 분양자를 상대로 대지권변경등기절차를 마쳐줄 것을 구할 수 있다.

다만 등기절차를 마쳐줄 것을 위와 같이 구하게 되면 분양자가 너무 불리할 수 있는데 그래서 분양자는 이에 대하여 수분양자의 분양대금 미지급을 이유로 한 동시이행항변을 할 수 있도록 하고 있다. 그러나 본 판례는 수분양자가 잔금을 지급하지 않았을 때 문제되는 법리로서 통상 잔금을 모두 지급하여야만 비로소 소유권이 이전되는 점을 고려한다면 실무상 그리 흔한 상황으로는 보이지 않는다.

덧붙여, 이 판례의 법리는 경매 낙찰자가 수분소유자의 지위를 승계하는 것으로 법리가 구성되었는 바 이는 아마 수분양자의 지위가 말소기준권리보다 우선하여 발생하였다고 이해해야만 다른 경매 법리와 충돌되지 않는다.

법원 판단

집합건물의 분양자가 지적정리 등의 지연으로 대지지분에 대한 소유권이전등기나 대지권변경등기는 지적정리 후 해 주기로 하고 우선 전유부분에 대하여만 소유권보존등기를 한 후 수분양자에게 소유권이전등기를 마쳐 주었는데, **그 후 대지지분에 대한 소유권이전등기나 대지권변경등기가 되지 아니한 상태에서 전유부분에 대한 경매절차가 진행**

되어 제3자가 전유부분을 경락받은 경우, 그 경락인은 본권으로서 집합건물의 소유 및 관리에 관한 법률 제2조 제6호 소정의 대지사용권을 취득한다고 할 것이고 (대법원 2004. 7. 8. 선고 2002다40210 판결 참조), 이는 수분양자가 분양자에게 그 분양대금을 완납한 경우는 물론 그 분양대금을 완납하지 못한 경우에도 마찬가지라고 할 것이다.

따라서 그러한 경우 그 경락인은 대지사용권 취득의 효과로서 분양자와 수분양자를 상대로 분양자로부터 수분양자를 거쳐 순차로 대지지분에 대한 소유권이전등기절차를 마쳐줄 것을 구하거나 분양자를 상대로 대지권변경등기절차를 마쳐줄 것을 구할 수 있다고 할 것이고, 분양자는 이에 대하여 수분양자의 분양대금 미지급을 이유로 한 동시이행항변을 할 수 있을 뿐이라고 할 것이다.

그렇다면 피고 성남시가 피고 주식회사 경동(이하 '피고 회사'라고 한다)에게 이 사건 전유부분과 이 사건 대지지분을 함께 분양한 다음 지적정리의 지연으로 이 사건 대지지분에 대한 소유권이전등기나 대지권변경등기는 지적정리 후 해 주기로 하고 우선 이 사건 전유부분에 대하여만 소유권이전등기를 마쳐 주었는데, 그 후 이 사건 대지지분에 대한 소유권이전등기나 대지권변경등기가 되지 아니한 상태에서 이 사건 전유부분에 대한 경매절차가 진행되어 원고가 이 사건 전유부분을 경락받은 것이 기록상 분명한 이 사건에서, 비록 피고 회사가 피고 성남시에게 그 분양대금을 완납하지 못하였다고 하더라도, 원고는 본권으로서 대지사용권을 취득하는 한편, 더 나아가 그 법률적 효과로서 이 사건 부동산의 분양자인 피고 성남시가 수분양자인 피고 회사에게 이 사건 전유부분에 대하여 먼저 소유권이전등기를 경료하여 주고 대지지분에 대한 소유권이전등기는 지적정리가 마쳐지는 대로 경료하여 주기로 한 것인 만큼, 그 밖의 다른 특별한 사정이 없는 **이 사건에서는 위 전유부분의 소유권을 취득한 원고가 위 대지사용권과 함께 위 전유부분에 대응하는 이 사건 대지지분에 대한 소유권이전등기청구권도 취득하였다고 할 것이어서, 피고 성남시와 피고 회사를 상대로 피고 성남시로부터 피고 회사를 거쳐 순차로 이 사건 대지지분에 대한 소유권이전등기절차의 이행을 구할 수 있는 권원이 있다**고 할 것이다.

그럼에도 불구하고, 원심은 피고 회사가 피고 성남시에게 그 분양대금을 완납하지 못하였기 때문에 원고가 이 사건 전유부분의 소유를 위한 대지사용권을 취득하지 못하였다고 판단하고 원고의 이 사건 대지지분에 대한 소유권이전등기청구를 모두 배척하고 말았으니, 이러한 원심판결에는 대지사용권에 관한 법리를 오해하여 판결 결과에 영향을 미친 위법이 있다고 할 것이다.

아파트 전유부분 소유자는 대지사용권에 관하여 일정 요건하에 점유취득시효를 주장할 수 있다(대법원 2017. 1. 25. 선고 2012다72469 판결)

판례 해설

전유부분의 소유자는 대지 지분에 관하여 자신의 명의로 되어 있지 않더라도 20년동안 평온 공연하게 점유하고 있었다면 해당 대지지분에 관하여 점유취득시효를 인정받을 수 있다고 판단된 사례이다.

원고의 주위적 청구는 자신에게 분양을 한 재개발재건축 조합을 대위하여 한국주택공사에 대하여 대지지분을 반환하도록 요청하였던 것이었는데 재개발재건축 조합은 대지 지분을 취득하거나 취득할 수 있는 지위에 있지 않다는 이유로 동 청구는 배척당하였다. 결국 원고는 최후의 수단으로 점유취득 시효를 주장하였는데 동 주장이 받아들여져 대지 지분권을 가져오게 되었다.

그러나 본 판결은 부득이하게 인정된 판결로서 이 사건 자체가 한국주택공사가 무슨 이유로 대지 지분을 이전해주지 않았는지도 의문이고 더불어 집합건물법상 전유부분과 대지사용권의 분리처분 금지 또는 분리되는 상황을 어떻게든 방지하기 위하여 부득이 대법원에서 점유취득시효를 가지고와서 인정한 것으로 보인다.

결국 대상판결의 법리는 경매절차에서 대지권이 없는 상태에서 아파트 전유부분이 매각목적물로 나왔을 경우 점유취득 시효기간을 고려하여 경매 낙찰자가 원용할 수 있다는데 그 의의가 있다.

법원 판단

가. 건물은 일반적으로 그 대지를 떠나서는 존재할 수 없으므로, 건물의 소유자가 건물의 대지인 토지를 점유하고 있다고 볼 수 있다. 이 경우 건물의 소유자가 현실적으로 건물이나 그 대지를 점유하지 않고 있더라도 건물의 소유를 위하여 그 대지를 점유한다고 보아야 한다(대법원 2003. 11. 13. 선고 2002다57935 판결 등 참조).

그리고 점유는 물건을 사실상 지배하는 것을 가리키므로, 1개의 물건 중 특정 부분만을 점유할 수는 있지만, 일부 지분만을 사실상 지배하여 점유한다는 것은 상정하기 어렵다.

따라서 1동의 건물의 구분소유자들은 그 전유부분을 구분소유하면서 공용부분을 공유하므로 특별한 사정이 없는 한 그 건물의 대지 전체를 공동으로 점유한다고 할 것이다(대법원 2014. 9. 4. 선고 2012다7670 판결 참조). 이는 집합건물의 대지에 관한 점유취득시효에서 말하는 '점유'에도 적용되므로, 20년간 소유의 의사로 평온, 공연하게 집합건물을 구분소유한 사람은 등기함으로써 그 대지의 소유권을 취득할 수 있다. 이와 같이 점유취득시효가 완성된 경우에 집합건물의 구분소유자들이 취득하는 대지의 소유권은 전유부분을 소유하기 위한 대지사용권에 해당한다.

집합건물의 소유 및 관리에 관한 법률(이하 '집합건물법'이라고 한다)은 구분소유자의 대지사용권은 그가 가지는 전유부분의 처분에 따르고(제20조 제1항), 구분소유자는 규약에 달리 정한 경우를 제외하고는 그가 가지는 전유부분과 분리하여 대지사용권을 처분할 수 없다(제20조 제2항)고 정함으로써, 전유부분과 대지사용권의 일체성을 선언하고 있다. 나아가 집합건물법은 각 공유자의 지분은 그가 가지는 전유부분의 면적 비율에 따르고(제12조 제1항), 구분소유자가 둘 이상의 전유부분을 소유한 경우에 규약으로써 달리 정하지 않는 한 대지사용권이 전유부분의 면적 비율대로 각 전유부분의 처분에 따르도록 규정하고 있다(제21조 제1항, 제12조). 이 규정은 전유부분을 처분하는 경우에 여러 개의 전유부분에 대응하는 대지사용권의 비율을 명백히 하기 위한 것인데, 대지사용권의 비율은 원칙적으로 전유부분의 면적 비율에 따라야 한다는 것이 집합건물법의 취지라고 할 수 있다. 이러한 취지에 비추어 보면, 집합건물의 구분소유자들이 대지 전체를 공동점유하여 그에 대한 점유취득시효가 완성된 경우에도 구분소유자들은 대지사용권으로 그 전유부분의 면적 비율에 따른 대지 지분을 보유한다고 보아야 한다.

집합건물의 대지 일부에 관한 점유취득시효의 완성 당시 구분소유자들 중 일부만 대지권등기나 지분이전등기를 마치고 다른 일부 구분소유자들은 이러한 등기를 마치지 않았다면, 특별한 사정이 없는 한 구분소유자들은 각 전유부분의 면적 비율에 따라 대지권으로 등기되어야 할 지분에서 부족한 지분에 관하여 등기명의인을 상대로 점유취득시효완성을 원인으로 한 지분이전등기를 청구할 수 있다.

구분소유권이 이미 성립한 집합건물이 증축되어 새로운 전유부분이 생긴 경우, 새로운 전유부분을 위한 대지사용권이 인정되는지 여부(원칙적 소극) (대법원 2017. 5. 31. 선고 2014다236809 판결)

판례 해설

간혹 다세대 주택이기는 하나 대지사용권이 존재하지 않은 건물들이 종종 있고 특히 경매 목적물 중에 이와 같은 건물이 심심치 않게 발생하고 있다. 이와 같은 건물이 생기는 이유는 이미 성립한 집합건물에 임의로 증축하여 새로운 전유부분이 생긴 것으로 이는 해당 집합건물의 다른 구분소유자들과 대지사용권에 관한 충분한 논의 없이 증축된 건물이다.

이와 같이 문제가 된 건물의 대지사용권에 관하여 본 대상판결에서는 명확히 선을 그었다. 즉 건물의 일부 증축으로 새로이 생긴 전유부분에 대하여는 대지사용권은 존재하지 않고 결국 해당 전유부분은 대지사용권이 존재하지 않은 채로 남아있으며 추후 매매 등을 할 때에도 여전히 대지 사용권이 존재하지 않기 때문에 언제든지 철거의 운명이 있을 수 있고 특히 재개발이나 재건축 당시 대지지분권이 없기 때문에 그 가치는 형편없이 감정된다는 것이다.

이 점을 유의하여 대상판결과 같은 상황 즉 기존 건물에 임의로 증축하여 대지사용권이 없는 전유부분을 매수하거나 경매건으로 낙찰을 받을 경우에는 특히 주의하여야 할 것이다.

법원판단

집합건물의 소유 및 관리에 관한 법률(이하 '집합건물법'이라고 한다)은 제20조에서, 구분소유자의 대지사용권은 그가 가지는 전유부분의 처분에 따르고(제1항), 구분소유자는 규약 또는 공정증서로써 달리 정하지 않는 한 그가 가지는 전유부분과 분리하여 대지사용권을 처분할 수 없다(제2항, 제4항)고 규정하고 있다. 집합건물의 건축자가 그 소유인 대지 위에 집합건물을 건축하고 전유부분에 관하여 건축자 명의로 소유권보존등기를 마친 경우, 건축자의 대지소유권은 집합건물법 제2조 제6호에서 정한 구분소유자가 전유부분을 소유하기 위하여 건물의 대지에 대하여 가지는 권리인 대지사용권에 해당한다. 따라서 전유부분에 대한 대지사용권을 분리처분할 수 있도록 정한 규약이 존재한다는 등의 특별한 사정이 인정되지 않는 한 전유부분과 분리하여 대지사용권을 처분할 수 없고, 이를 위반한 대지지분의 처분행위는 효력이 없다.

그러므로 **구분소유권이 이미 성립한 집합건물이 증축되어 새로운 전유부분이 생긴 경우에는, 건축자의 대지소유권은 기존 전유부분을 소유하기 위한 대지사용권으로 이미 성립하여 기존 전유부분과 일체불가분성을 가지게 되었으므로 규약 또는 공정증서로써 달리 정하는 등의 특별한 사정이 없는 한 새로운 전유부분을 위한 대지사용권이 될 수 없다.**

집합건물의 분양자가 전유부분의 소유권은 구분소유자들에게 모두 이전하면서 대지는 일부 지분에 대해서만 소유권이전등기를 하고 나머지 지분을 그 명의로 남겨 둔 경우, 분양자 또는 보유지분을 양수한 양수인이 구분소유자들에 대하여 대지에 관한 공유지분권을 주장할 수 있는지 여부(한정 적극) (대법원 2020. 6. 4 선고 2016다245142 판결 [지료청구])

판례 해설

대지사용권에 관한 기본적인 사례이다. 집합건물법상 전유부분과 대지사용권에 관하여 특별한 사정(규약 등)이 없는 이상 분리처분이 금지되고 분리처분이 된다고 하더라도 이를 무효라고 본다. 더 나아가 기존 사례 역시 전유부분에 관하여 근저당권의 임의경매실행으로 인하여 낙찰되었을 경우 경매 목적물에 전유부분만 기재되어 있다고 하더라도 특별한 사정이 없는 한 대지사용권도 종물로서 당연 취득한다고 판시하고 있다.

그 이유는 건물이 토지를 사용할 수 있는 권리가 존재하여야 비로소 사실상 건물을 소유할 수 있는바 집합건물에서 구분소유권 역시 대지사용권이 존재하여야 하고 그렇지 않을 경우 철거당할 위험이 존재하기 때문에 집합건물법에서는 제20조를 적용하여 분리 처분 금지를 원칙으로 하고 있는 것이다.

법원 판단(구분소유권의 성립 및 대지사용권의 범위에 관한 주장에 대하여)

원심은 판시와 같은 이유로 이 사건 건물은 1996. 1. 9.경 1동의 건물의 집합건물로서 구분소유권이 성립하였고, 이 사건 건물의 건축주인 대❶개발 주식회사(이하 '대❶개발'이라고 한다)는 이 사건 계쟁지분을 포함하여 이 사건 대지 전체에 대해서 대지사용권을 설정할 의사를 가지고 있었다고 봄이 타당하므로, 이 사건 대지 전체에 대하여 이 사건 건물의 전유부분을 위한 대지사용권이 성립한다고 판단하였다.

관련 법리 및 적법하게 채택한 증거들에 비추어 보면, 원심판단에 상고이유 주장과 같은 법리오해나 채증법칙 위반으로 인한 사실오인, 심리미진, 판단누락, 이유모순 등으로 인해 판결에 영향을 미친 잘못이 없다.

3. 이 사건 계쟁지분 분리처분의 효력에 관한 주장에 대하여

가. 1) 집합건물의 부지 전체에 대하여 대지권이 성립한 이후에는 구분소유자의 대지사용권은 규약으로 달리 정한 경우가 아니면 전유부분과 분리하여 처분할 수 없으므로(집합건물의 소유 및 관리에 관한 법률 제20조), **집합건물의 분양자가 전유부분의 소유권은 구분소유자들에게 모두 이전하면서도 대지는 일부 지분에 대해서만 소유권이전등기를 하고 나머지 지분을 그 명의로 남겨 둔 경우에 그 분양자 또는 그 보유 지분을 양수한 양수인이 구분소유자들에 대하여 공유지분권을 주장할 수 있으려면, 전유부분과 대지사용권을 분리처분할 수 있도록 규약**

의나 공정증서에서 달리 정하였다는 등 특별한 사정이 있어야 한다(대법원 2013. 11. 14. 선고 2013다33577 판결, 대법원 2018. 12. 28. 선고 2018다219727 판결 등 참조).

2) 구「집합건물의 소유 및 관리에 관한 법률」(2010. 3. 31. 법률 제10204호로 개정되기 전의 것, 이하 '구 집합건물법'이라고 한다)은 복수의 구분소유자들이 제정한 규약에서 달리 정하면 전유부분과 대지사용권의 분리처분을 허용하면서(제20조 제2항 단서), 복수의 구분소유자들이 존재하기 전이라도 집합건물의 전유부분 전부를 소유하는 사람은 공정증서로써 전유부분과 대지사용권을 분리하여 처분할 수 있도록 허용하고 있다(제20조 제4항, 제3조 제3항). 여기서 **구분소유자라 함은 일반적으로 구분소유권을 취득한 사람(등기부상 구분소유권자로 등기되어 있는 사람)을 지칭하는 것이나, 다만 수분양자로서 분양대금을 완납하였음에도 분양자 측의 사정으로 소유권이전등기를 마치지 못한 경우와 같은 특별한 사정이 있는 경우에는 이러한 수분양자도 구분소유자에 준하는 것**으로 보아야 한다(대법원 2005. 12. 16.자 2004마515 결정 참조). 따라서 위와 같이 구분소유자에 준하는 수분양자가 있는 경우에는 **구 집합건물법 제20조 제2항 단서에 따라 규약으로써 전유부분과 대지사용권을 분리하여 처분할 수 있도록 정하여야 하고, 구 집합건물법 제20조 제2항 단서, 제4항에 따라 분양자 단독으로 작성한 공정증서로는 대지사용권의 분리처분이 허용되지 않는다.**

나. 원심판결 이유에 의하면, ① 대◐개발이 이 사건 대지 위에 집합건물인 이 사건 건물을 신축하면서 1994. 6.경부터 수분양자들과 분양계약을 체결하여 오던 중 1996. 1. 9.경 이 사건 대지의 지상에 이 사건 건물을 완공한 사실, ② 대◐개발은 이 사건 건물이 완공될 당시 일부 수분양자들로부터는 분양대금의 전부를 납부받은 상태였고, 이에 따라 일부 수분양자들은 1996. 2.경부터 대◐개발로부터 각 전유부분을 인도받아 영업을 개시한 사실, ③ 대◐개발은 1997. 2.경부터 수분양자들에게 이 사건 각 구분건물에 대한 소유권이전등기를 마쳐주기 시작한 사실을 알 수 있다.

다. 위와 같은 사실관계를 앞서 본 법리에 비추어 살펴보면, **대◐개발이 이 사건 각 구분건물의 소유권을 구분소유자들에게 이전하고 대지사용권의 목적이 된 이 사건 계쟁지분을 그 명의로 유보하는 등기를 할 때 전유부분과 이 사건 계쟁지분을 분리하여 처분하는 것을 허용하는 공정증서가 제출된 것으로 보더라도, 당시에는 일부 수분양자들이 이미 분양대금을 완납하고 해당 전유부분을 인도받아 사용하기 시작하였지만 대◐개발의 사정으로 그 소유권이전등기를 미처 마치지 못한 것으로 보이므로, 이 경우 대◐개발은 구 집합건물법 제20조 제2항 단서에 따라 구분소유자에 준하는 수분양자들과 함께 설정한 규약에 의해서만 이 사건 계쟁지분을 전유부분과 분리하여 처분하는 것을 정할 수 있고, 대◐개발이 단독으로 작성한 공정증서로는 그 분리처분을 정할 수 없다.**

따라서 이 사건 계쟁지분에 대해서 대지사용권이 성립하였지만 그 대지사용권을 이 사건 각 구분건물의 전유부분과 분리처분할 수 있도록 정한 규약이 존재하지 아니한 이상 대⦁개발이 단독으로 작성한 공정증서만으로 이 사건 계쟁지분을 전유부분과 분리처분한 것은 구 집합건물법 제20조 제2항에 반하여 무효이므로, 원고들이 비록 이 사건 공매절차를 통해 이 사건 계쟁지분의 소유권을 취득하였더라도 이는 효력이 없다.

라. 원심의 이유 설시에 다소 적절하지 못한 부분이 있으나, 대⦁개발이 그 공정증서만으로 이 사건 계쟁지분을 전유부분과 분리처분한 것은 구 집합건물법 제20조 제2항에 반하여 무효라고 본 원심판단은 결과적으로 정당하다. 거기에 상고이유 주장과 같은 구 집합건물법상 전유부분과 대지사용권의 분리처분에 대한 법리를 오해하여 판결에 영향을 미친 잘못이 없다.

4. 구 집합건물법 제20조 제3항의 '선의의 제3자' 관련 주장에 대하여
원심은 판시와 같은 이유로 원고들이 공매공고와 등기부등본을 통해 이 사건 계쟁지분이 집합건물인 이 사건 건물의 대지 중 일부 지분이라는 점을 잘 알고 있었다고 봄이 타당하다는 이유로 원고들이 구 집합건물법 제20조 제3항에서 정한 선의의 제3자에 해당하지 않는다고 판단하였다.
관련 법리 및 적법하게 채택한 증거들에 비추어 보면, 원심판단에 구 집합건물법 제20조 제3항에서 정한 선의에 대한 법리를 오해하여 판결에 영향을 미친 잘못이 없다.

5. 등기부취득시효에 관한 주장에 대하여

원심은 판시와 같은 이유로 원고들이 이 사건 계쟁지분 중 등기부시효 취득할 수 있는 지분은 존재하지 않는다고 판단하였다.

관련 법리 및 적법하게 채택한 증거들에 비추어 보면, 원심판단에 등기부취득시효에 대한 법리를 오해하여 판결에 영향을 미친 잘못이 없다.

6. 신의칙, 금반언의 원칙 및 실효의 원칙에 관한 주장에 대하여

원심은 원고들이 주장하는 사정들만으로는 피고들의 주장이 신의칙 및 금반언의 원칙에 반하거나 피고들의 주장에 실권의 법리가 적용되지 않는다고 판단하였다.

관련 법리 및 적법하게 채택한 증거들에 비추어 보면, 원심판단에 상고이유 주장과 같은 법리를 오해하여 판결에 영향을 미친 잘못이 없다.

집합건물 대지의 소유자가 대지사용권 없이 전유부분을 소유하는 구분소유자에 대하여 전유부분의 철거를 구할 수 있는지 여부(적극) (대법원 2021. 7. 8 선고 2017다204247 판결 [건물등철거])

판례 해설

집합건물은 건물 내부를 (구조상·이용상 독립성을 갖춘) 여러 개의 부분으로 구분하여 독립된 소유권의 객체로 하는 것일 뿐 1동의 건물 자체는 일체로서 건축되어 전체 건물이 존립과 유지에 있어 불가분의 일체를

> 이루는 것이므로, 1동의 집합건물 중 일부 전유부분만을 떼어내거나 철거하는 것은 사실상 불가능하다. 그러나 <u>구분소유자 전체를 상대로 각 전유부분과 공용부분의 철거 판결을 받거나 동의를 얻는 등으로 집합건물 전체를 철거하는 것은 가능하고 이와 같은 철거 청구는 구분소유자 전원을 공동피고로 해야 하는 필수적 공동소송이라고 할 수 없으므로, 일부 전유부분만을 철거하는 것이 사실상 불가능하다는 사정은 집행개시의 장애요건에 불과할 뿐 철거 청구를 기각할 사유에 해당하지 않는다</u>(대법원 2011. 9. 8. 선고 2011다23125 판결 참조).

법원 판단(전유부분의 철거가 불가능하다는 주장(상고이유 제2점)에 대하여)

1동의 집합건물의 구분소유자들은 그 전유부분을 구분소유하면서 건물의 대지 전체를 공동으로 점유·사용하는 것이므로(대법원 2014. 9. 4. 선고 2012다7670 판결 등 참조), 대지 소유자는 대지사용권 없이 전유부분을 소유하면서 대지를 무단 점유하는 구분소유자에 대하여 그 전유부분의 철거를 구할 수 있다(대법원 1996. 11. 29. 선고 95다40465 판결 등 참조).

집합건물은 건물 내부를 (구조상·이용상 독립성을 갖춘) 여러 개의 부분으로 구분하여 독립된 소유권의 객체로 하는 것일 뿐 1동의 건물 자체는 일체로서 건축되어 전체 건물이 존립과 유지에 있어 불가분의 일체를 이루는 것이므로, 1동의 집합건물 중 일부 전유부분만을 떼어내거나 철거하는 것은 사실상 불가능하다. 그러나 구분소유자 전체를 상대로 각 전유부분과 공용부분의 철거 판결을 받거나 동의를 얻는 등으로 집합건물 전체를 철거하는 것은 가능하고 이와 같은 철거 청구가 구분소유자 전원을 공동피고로 해야 하는 필수적 공동소송이라고 할 수 없으므로, 일부 전유부분만을 철거하는 것이 사실상 불가능하다는 사정은 집행 개시의 장애요건에 불과할 뿐 철거 청구를 기각할 사유에 해당하지 않는다(대법원 2011. 9. 8. 선고 2011다23125 판결 참조).

원심은, 피고가 이 사건 토지 위에 대지사용권 없이 이 사건 구분건물을 소유하고 있고 원고는 이 사건 구분건물의 대지권에 상응하는 이 사건 계쟁 지분을 소유하고 있는 사실을 인정한 다음, 피고는 원고에게 이 사건 구분건물을 철거할 의무가 있고 이 사건 구분건물이 3층 집합건물 중 2층에 있다는 이유만으로 그 부분 철거가 물리적으로 불가능하다고 단정할 수 없을 뿐 아니라 이는 집행개시의 장애요건에 불과하여 청구를 기각할 사유가 아니라고 판단하였다.

원심이 이 사건 건물 중 이 사건 구분건물만의 철거가 물리적으로 가능하다고 판단한 것은 적절하지 않으나, 원고의 철거 청구를 받아들인 원심의 결론은 정당하다. 원심의 판단에 상고이유 주장과 같이 건물철거청구권에 관한 법리를 오해하는 등으로 판결 결과에 영향을 미친 잘못이 없다.

형사 범죄

단체의 대표자 개인이 자신이 소송당사자가 된 민·형사사건의 변호사 비용을 단체의 비용으로 지출한 경우, 횡령죄가 성립하는지 여부(원칙적 적극)(대법원 2011. 9. 29. 선고 2011도4677 판결)

> **판례 해설**
>
> 최근 늘어나는 입주자대표회의 또는 관리단 사건으로 인하여 각 입대의 및 관리단에서는 소송 비용을 단체 비용으로 사용할 수 밖에 없다. 문제는 그와 같은 관리비를 사용함으로 단체비용으로 사용함으로서 발생할 수 있는 법률적 문제이다.
>
> 대상판결은 그와 같은 법률적 문제를 일목요연하게 기준을 제시한 판결에 해당한다. 즉 단체 자체의 명의로 소송을 제기되거나 제기할 경우에는 원칙적으로 단체 비용에서 소송 비용 특히, 변호사 수임료 등 단체 자체가 아닌 개인 명의로 소송이 제기될 경우 소송의 성질에 따라 만약 소송의 내용이 실질적으로 단체와 연관되어 있다면 수임료를 지출하여도 되고 그렇지 않은 경우 개인이 소송 비용을 부담하여야 할 뿐 그 때 단체 비용으로 사용할 경우에는 횡령죄의 책임을 부담할 수 있다.

다만 최근 서울시 관리규약 준칙을 보면 소송 진행시 수임료 지불을 위해서는 주민 과반의 동의를 받도록 요구하고 있고 더 나아가 장기수선충당금은 목적이 특정된 금원에 해당하기 때문에 어떠한 경우라도 법무 비용으로 사용할 수 없다.

법원 판단

원칙적으로 단체의 비용으로 지출할 수 있는 변호사 선임료는 단체 자체가 소송당사자가 된 경우에 한하므로 단체의 대표자 개인이 당사자가 된 민·형사사건의 변호사 비용은 단체의 비용으로 지출할 수 없고, 예외적으로 분쟁에 대한 실질적인 이해관계는 단체에게 있으나 법적인 이유로 그 대표자의 지위에 있는 개인이 소송 기타 법적 절차의 당사자가 되었다거나 대표자로서 단체를 위해 적법하게 행한 직무행위 또는 대표자의 지위에 있음으로 말미암아 의무적으로 행한 행위 등과 관련하여 분쟁이 발생한 경우와 같이, 당해 **법적 분쟁이 단체와 업무적인 관련이 깊고 당시의 제반 사정에 비추어 단체의 이익을 위하여 소송을 수행하거나 고소에 대응하여야 할 특별한 필요성이 있는 경우에 한하여** 단체의 비용으로 변호사 선임료를 지출할 수 있다(대법원 2006. 10. 26. 선고 2004도6280 판결 등 참조).

관리단 집회에서 이미 완성된 투표지 대장에 피고인이 자신의 이름을 기입하여 일련번호를 하나 더 만들었다면 이는 사문서 변조 및 변조사문서 동행사죄에 해당한다(대법원 2010. 1. 28. 선고 2009도9997 판결)

> **판례 해설**
>
> 사문서 변조죄는 권한 없는 자가 이미 진정하게 성립된 타인 명의의 문서 내용에 대하여 동일성을 해하지 않을 정도로 변경을 가하여 새로운 증명력을 작출케 함으로서 공공적 신용을 해할 위험성이 있을 경우 성립한다(형법제231조). 사문서 변조는 이와 같은 요건으로 인하여 경솔히 저지르는 경우가 종종 있다.
>
> 관리단 집회 관련 사건에서는 연명부 등은 필수 서류이기 때문이므로 법원에 당연히 제출하여야 하고 대상판결에서의 문제는 연명부에 기재된 적이 없었던 자가 법원에 제출하기 위하여 자신의 이름을 연명부에 기재함으로써 문서의 기존 내용을 변경하였던 것이다.
>
> 대상판결의 피고인은 자신의 이름을 그냥 기재한다는 의미에 불과하다고 하여 경솔히 기재하였으나 해당 연명부는 이를 확인한 또 다른 자의 날인이 있었다는 점 등에 비추어 이미 완성된 내용에 동일성을 해하지 않지만 최소한 연명자를 한 명 더 추구함으로써 새로운 증명력을 작출하였다는 점에서 사문서 변조죄 그리고 동 행사죄를 인정하였다.
>
> 결국 이와 같은 이유로 관리단 집회 관련 서류는 가급적 그대로 제출하는 것이 민사뿐 아니라 불필요한 형사 사건을 만들지 않기 위해서도 중요하다.

법원 판단

피고인 1의 사문서변조 및 변조사문서행사의 점에 관하여

이 부분 공소사실의 요지는, " 피고인 1이, 일련번호 16번까지 투표지를 받은 사람들의 기명 및 서명이 기재되어 있고, 투표 후에 공소외 1, 2가 하단 공백 부분에 서명한 '2008년 임시관리단집회 투표지대장'의 일련번호 17번란에 피고인 1이라고 기명하고 서명하여, 공소외 1, 2 명의의 사문서인 위 투표지대장을 변조하고, 이를 법원에 증거자료로 제출하여 행사하였다"는 것이다.

원심은, 위 투표지대장은 투표용지를 받은 사람들(이하 '투표자들'이라 한다)이 이를 교부받았다는 뜻으로 이름을 순서대로 적은 일종의 연명문서에 해당하여, 비록 한 장의 종이에 담겨 있으나 이에 서명한 투표자들 부분은 각 개별적으로 독립한 문서를 구성하고, 공소외 1, 2가 투표 절차를 확인하였다는 의미로 개표 후 그 하단 공백에 서명한 부분은 투표자들의 서명 부분과는 분리되는 별개 문서일 뿐이어서, 공소외 1, 2의 서명이 있었다고 하여 기존의 투표자들의 서명 부분이 공소외 1, 2 명의의 문서에 포섭되어 위 투표지대장 전체가 ' 공소외 1, 2 명의의 문서'로 되는 것은 아니라는 이유로 이 부분 공소사실을 무죄로 판단한 제1심판결을 그대로 유지하였다.

그러나 원심의 위와 같은 판단은 수긍할 수 없다.

위 투표지대장은 투표자격이 있는 사람을 확인하여 그에게 투표지를 교부하는 업무를 담당하는 사람이 위와 같은 확인업무를 기록에 남기기 위한 용도로 작성된 것으로서(즉 투표자들이 공동의 의사로 어떤 법률관계를 형성한다는 의사표시가 표시된 것이 아니다), 이 사건에서 공소외 1, 2가 그와 같은 업무를 담당하면서 최종적으로 총 16명이 투표지를 받아 투표를 하였다는 사실을 확인한 후 이에 서명한 것이므로, **위와 같이 공소외 1, 2가 서명을 마친 투표지대장은 개별투표자 및 그 총인원수를 증명하는 기능을 가진 공소외 1, 2 명의의 독립적인 문서로도 완성되었다고 할 것이고, 그 후에 피고인이 임의로 17번란에 기명하고 서명한 것은 위와 같이 완성된 문서의 동일성을 해한 것이어서 사문서변조죄가 성립한다고 할 것이다.**

그렇다면 원심판결이 앞서 본 바와 같은 사유로 이 부분 공소사실에 대하여 무죄로 판단한 것은 위 투표지대장의 문서성 및 작성명의인에 관한 법리를 오해한 것이다.

부록

아파트와 상가간
주차방해 사건 정리

최근 대법원 판결에 의하여 아파트, 상가의 주차 분쟁은 결국 일부 공용부분 법리로 정리되었다(대법원 2022. 1. 13.선고 2020다278156 판결).

1. 문제제기

아파트와 상가는 하나의 필지에 각기 다른 동으로 건축되어 있는 상황이 일반적이다. 그러나 각기 다른 동으로 각각의 건물임에도 상가 구분소유자들 및 신원을 확인할 수 없는 일반인인 상가 이용객들이 지속적으로 아파트 주차 공간을 사용함에 따라 아파트에서는 급기야 주차공간을 제한하는 일이 빈번하게 발생하여 왔다. 이에 상가 구분소유자들은 주차장은 전체 공용부분이고 해당 부분에는 자신들의 지분도 포함되어 있다고 주장하면서 소유권에 기한 방해배제 청구권을 행사하며 쌍방간의 분쟁이 계속되고 있다. 이런 문제에 대하여 그간 대법원은 상가이용객이 상가 건물과는 동떨어진 아파트 내부 주차공간에 주차를 하고 있는 점, 아파트에서는 일반인 출입시 신분확인을 하는데 상가 손님들에 대해서는 신분 확인이 제한 되는 극히 불합리한 상황이 발생하는 점을 이유로 이른바 수인한도론이라는 법리를 원용하여 이 문제를 해결하려고 하였다. 그러나 수인한도론은 그 자체로 해석에 주관이 개입할 여지가 크고, 그 해석의 범위가 너무 광범위하여 하급심 법원에서는 법관에 따라 우후죽순의 서로 다른 판결들이 속출한 상황이어서 이에 대한 분쟁은 끊임없이 지속되었다.

한편 이런 상황에서 2000년대 초반부터 건설사들은 위와 같은 분쟁을 최소화 하기 위해 선제적으로 아파트와 상가 간의 주차 공간을 구조적으로 분리하여 건축하기에 이르렀고, 결국 아파트 주차장과 상가가 연결되지 않은 구조로 만들어지면서 하급심에서는 수인한도론이 아니라 일부 공용부분에 관한 법리가 적용되기 시작하였다.

2. 기존 판례의 경향

1) 원칙적으로 공용부분은 소유한 전유부분 면적 비율에 따라 전체를 자유롭게 사용할 수 있다(**대법원 2012. 12. 13. 선고 2011다89910 판결**)

즉 대법원은 "1동의 건물의 구분소유자들이 그 건물의 대지를 공유하고 있는 경우, 각 구분소유자는 별도의 규약이 존재하는 등의 특별한 사정이 없는 한 <u>그 대지에 대하여 가지는 공유지분의 비율에 관계없이 그</u>

건물의 대지 전부를 용도에 따라 사용할 수 있는 적법한 권원을 가진다. 이러한 법리는 한 필지 또는 여러 필지의 토지 위에 축조된 수동의 건물의 구분소유자들이 그 토지를 공유하고 있는 경우에도 마찬가지로 **적용**된다(대법원 1995. 3. 14. 선고 93다60144판결 등 참조)"라고 판시하여 원칙적으로 아파트 주차장은 전체 공용부분을 전제로 상가 구분소유자 역시 자유롭게 사용할 수 있다고 판시하였다.

2) 그러나 현실적으로 상가 이용객들이 아무런 제한 없이 사용하게 되자 그 때부터 다음과 같이 수인한도론을 적용하여 제한하기 시작한 것이다(**대법원 2009. 12. 10. 선고 2009다49971 판결**).

"아파트 단지를 관리하는 단체가 ○○아파트 단지 내 출입을 통제하는 것이 ○○아파트 단지 내 상가건물 구분소유자들의 대지 사용권을 방해하는 침해행위가 되는지에 관하여, ○○아파트 단지 내 상가건물과 그 부속주차장의 위치 및 이용 관계, 아파트 단지 안으로의 출입 통제 방법, 아파트 및 상가건물 부근의 지리적 상황, 아파트 입주자들과 상가건물의 소유자 또는 이용자의 이해득실 기타 제반 사정을 참작하여 사회통념에 따라 판단하여야 한다."

3. 대상판결 사실관계

1) 이 사건 단지는 공동주택 용도의 아파트 10개동(1,036세대), 근린생활시설 용도의 상가 1개동, 그 밖에 관리사무소 등으로 구성된 집합건물 단지이다. 원고들은 상가의 구분소유자나 임차인이고, 피고는 집합건물법 제51조에 따라 아파트의 공용부분을 관리 하는 단지 관리단이다.

2) 중략

3) 원고는 피고를 상대로 지하주차장의 이용을 방해하는 행위를 금지하고 위자료의 지급을 청구하는 이 사건 소를 제기하였다.

4. 법원판단

1) 집합건물 중 여러 개의 전유부분으로 통하는 복도, 계단, 그 밖에 구조상 구분소유자의 전원 또는 일부의 공용에 제공되는 건물부분과 규약이나 공정증서로 공용부분으로 정한 건물부분 등은 공용부분이다. 집합건물의 공용부분은 원칙적으로 구분소유자 전원의 공유에 속하지만, 일부 구분소유자에게만 공용에 제공되는 일부공용부분은 그들 구분소유자의 공유에 속한다(집합건물법 제3조, 제10조 제1항).
건물의 어느 부분이 구분소유자 전원이나 일부의 공용에 제공되는지 여부는 일부공용부분이라는 취지가 등기되어 있거나 소유자의 합의가 있다면 그에 따르고, 그렇지 않다면 **건물의 구조·용도·이용 상황,**

설계도면, 분양계약서나 건축물대장의 공용부분 기재내용 등을 종합하여 구분소유가 성립될 당시 건물의 구조에 따른 객관적인 용도에 따라 판단하여야 한다.

이러한 법리는 여러 동의 집합건물로 이루어진 단지 내 특정 동의 건물부분으로서 구분소유의 대상이 아닌 부분이 해당 단지 구분소유자 전원의 공유에 속하는지, 해당 동 구분소유자 등 일부 구분소유자만이 공유하는 것인지를 판단할 때에도 마찬가지로 적용된다(대법원 2018. 10. 4. 선고 2018다217875 판결, 대법원 2021. 1. 14. 선고 2019다294947 판결 참조).

2) 원심은 다음과 같은 이유로 지하주차장이 아파트 구분소유자만의 공용에 제공되는 일부공용부분이라고 보아 원고의 청구를 배척하였다.

상가는 이 사건 단지의 대로변에 위치하고 단지의 부속상가로 건축되었으나, 아파트 10개동과 상가는 별개의 건물로 신축·분양되고 구조나 외관상 분리·독립되어 있으며 기능과 용도가 다르다. 지하주차장은 구조에 따른 객관적 용도에 비추어 아파트 구분소유자만의 공용에 제공되고 있다. 지하주차장은 이 사건 단지 정문의 출입구로만 들어갈 수 있고 차단기가 설치되어 아파트 입주민과 방문자만 출입할 수 있으나, 지상주차장은 누구나 이용할 수 있다. 지하주차장에는 아파트 10개동의 승강기로 직접 연결되는 출입문이 있고 출입문에는 해당 아파트 동의 입주민만 들어갈 수 있는 출입통제장치가 있으나, 지하주차장과 상가는 직접 연결되어 있지 않다. 아파트 구분소유자는 지하주차장 전체 면적 중 전유부분 면적에 비례하여 분할·산출한 면적을 공용부분으로 분양받았다. 아파트의 집합건축물대장에는 지하주차장에 대해 아파트 구분소유자만이 공유하고 위와 같이 분양받은 면적이 공용부분 면적으로 기재되어 있다. 이러한 공용부분 면적을 계산할 때 상가의 연면적은 고려되지 않았다. 반면 상가의 분양계약서와 건축물대장에는 지하주차장이 분양면적이나 공용부분으로 기재되어 있지 않다. 지하주차장은 대지사용권의 대상이 아니므로, 대지사용권이 있다고 하여 지하주차장을 사용할 수 있는 것은 아니다.

원심판결 이유를 위에서 본 법리에 비추어 살펴보면, 원심판결은 정당하고 상고이유 주장과 같이 필요한 심리를 다하지 않고 논리와 경험의 법칙에 반하여 자유심증주의의 한계를 벗어나거나 집합건물법의 대지사용권이나 공용부분 이용에 관한 법리를 오해한 잘못이 없다.

5. 대상판결의 의의

대상판결은 사실 일부 공용부분에 관한 판단을 명시한 것으로서 대법원 2021. 1. 14 선고 2019다294947 판결과 그 결을 같이 한다. 즉 최근 건물들은 대부분 각기 다른 용도의 공간이 혼합되어 있는 이른바 주상복합건물이나 아파트와 상가 건물 등이 주류를 이루고 있는바, 이와 같은 상황에서 성질이 다른 각 단체들 사이의 법적 분쟁은 집합건물법상 관리단은 당연 설립된다는 법리나 한 필지의 대지라고 하더라도 이를 전체 공용부분으로 전제하는 법리에 따른 혼동으로 주택과 상가 사이의 분쟁이 비일비재하게 있어왔다.

더욱이 아파트와 상가 간 주차장에 관한 분쟁에 대한 하급심 판결은 지속적으로 엇갈려 왔는바, 어떤 법원에서는 아파트 입주민이, 또 다른 법원에서는 상가 구분소유자들이 승소하며, 판결들 사이의 불일치가 수없이 발생하였는데 이는 결국 수인한도론이라는 불분명한 법리를 적용한 탓이었다.

물론 건설사들 역시 이와 같은 분쟁을 미연에 방지하기 위하여 최근에는 아파트 및 상가간의 전용주차장을 설치하고 구조적으로 이를 분리되게끔 건설한 것도 분쟁 종식의 하나의 이유 였으나, 명쾌한 법리가 부재한 상황에서 대법원이 2021. 1. 14 선고 2019다294947 판결의 연장선상에서 아파트와 상가의 분쟁을 일거에 해결하는 대상판결을 판시하였던 것이다.

결론적으로 대상판결은 공용부분에 해당하는 주차장이 아파트와 상가 건물 간에 구조적으로 구분되어 있을 것을 전제로 하여 아파트와 상가 사이에 주차장이라는 공용부분에 대한 사용관계를 명확히 정리한 것으로 2000년대 이후 건축된 대부분의 아파트에 적용되어 이와 같은 분쟁을 일거에 해결하는 아주 중요한 판결에 해당하는 것이다.

6. 마무리하며

결론적으로 현재도 수많은 하급심에 계류되어 있는 이와 같은 아파트 상가와 관련된 각 주차장에 관한 분쟁은 본 대상판결로 어느정도 해결될 수 있다고 보이는 바 각 구분소유자로서는 이와 같은 판결을 숙지하게 되면 더 이상 동일한 분쟁을 발생하지 않을 것으로 보인다.

|제3판|
권형필 변호사의 분쟁 사례 시리즈
집합건물법의
관리단분쟁사례

초판 발행　2015년 04월 20일
2판발행　2019년 05월 31일
3판발행　2022년 04월 22일

지 은 이　권형필
디 자 인　이나영
발 행 처　주식회사 필통북스
출판등록　제2019-000085호
주　　소　서울특별시 관악구 신림로59길 23, 1201호(신림동)
전　　화　1544-1967
팩　　스　02-6499-0839
homepage　www.feeltongbooks.com

ISBN　　979-11-6792-043-0 [03360]

ⓒ 권형필 2022

정가 **27,000**

지혜와지식은 교육미디어그룹
주식회사 필통북스의 인문서적 임프린트입니다.

❙이 책은 저자와의 협의 하에 인지를 생략합니다.
❙이 책은 저작권법에 의해 보호를 받는 저작물이므로
　주식회사 필통북스의 허락 없는 무단전제 및 복제를 금합니다.